古典文獻研究輯刊

二　編

潘美月・杜潔祥　主編

第 **1** 冊

二編總目

編　輯　部　著

清代圖書館事業發展史

宋　建　成　著

國家圖書館出版品預行編目資料

清代圖書館事業發展史／宋建成著 —— 初版 —— 台北縣永和市：
花木蘭文化出版社，2006〔民 95〕

目 2 + 156 面；19×26 公分（古典文獻研究輯刊 二編；第 1 冊）

ISBN：986-7128-21-4（精裝）
1. 圖書館事業 – 中國 – 清（1644-1912）

020.927   95003499

ISBN 986712821-4

9 789867 128218

古典文獻研究輯刊
二 編 第一 冊   ISBN：986-7128-21-4

清代圖書館事業發展史

作 者 宋建成
主 編 潘美月 杜潔祥
企劃出版 北京大學文化資源研究中心
出 版 花木蘭文化出版社
發 行 所 花木蘭文化出版社
發 行 人 高小娟
聯絡地址 台北縣永和市中正路五九五號七樓之三
　　　　 電話：02-2923-1455／傳真：02-2923-1452
電子信箱 sut81518@ms59.hinet.net
初 版 2006 年 3 月
定 價 二編 20 冊（精裝）新台幣 31,000 元

二編總目

編輯部　著

《古典文獻研究輯刊》出版工作委員會

企劃出版　北京大學文化資源研究中心
監　　修　龔鵬程
主　　編　潘美月・杜潔祥
副 主 編　盧仁龍
顧　　問　王明蓀・李致忠・楊　忠
出 品 人　高小娟

何　序

　　臺灣近五十多年來，其高等教育中綿延一甚優良之傳統，即重視古典文獻學教育與研究。導夫先路者乃楊家駱、蔣復璁、屈萬里、王叔岷、昌彼得諸前輩學人；繼之而興者則有潘美月、劉兆祐、吳哲夫、王國良、周彥文諸教授。潘教授諸位現仍授學上庠，除以「目錄學」、「版本學」、「校讎學」等課程設教外，並指導莘莘學子從事相關方面之學術研究。是故，半世紀以來，台灣各大學研究生以古典文獻為主題而撰成博、碩士論文者近千部，成績斐然可觀。上述成績之所以達致，皆拜楊、蔣諸大師篳路藍縷，開創斯學；亦賴潘、劉諸教授仍力耕耘，循循善誘之賜也。

　　年前，潘美月教授與杜潔祥先生勞心竭思，認真規畫，就前述近千種之博、碩士論文，選取其中質量俱優者先行彙編出版，其書揭取「文獻」之義，命名為《古典文獻研究輯刊》，目前已付印《初編》四十一種、四十冊，《二編》十七種、二十冊，皇皇碩果，裨益學林矣！

　　考「文獻」一詞，始見《論語・八佾》篇，其文曰：

　　　　子曰：「夏禮，吾能言之，杞不足徵也；殷禮，吾能言之，宋不足徵
　　也，文獻不足故也；足，則吾能徵之矣。」

　　東漢鄭玄注此章曰：「獻，猶賢也。我不以禮成之者，以此二國之君，文章賢才不足故也。」鄭玄所解似過迂曲，良難明白。

　　南宋朱熹《論語集註》則曰：「杞，夏之後；宋，殷之後；徵，證也；文，典籍也；獻，賢也。言二代之禮，我能言之，而二國不足取以為證，以其文獻不足故也；若足，則我能取之，以證吾言矣。」朱子釋「徵」為「證」，較鄭玄平白易曉；惟釋「獻」為「賢」，則仍據鄭氏，依舊難明也。

　　宋末馬端臨著《文獻通考》，其〈自序〉解「文獻」之義則曰：

　　　　凡敘事則本之經史，而參之以歷代會要，以及百家傳記之書，信而有
　　證者從之，乖異傳疑者不錄，所謂文也；凡論事則先取當時臣僚之奏疏，
　　次及諸儒之評論，以至名流之燕談、稗官之紀錄，凡一話一言可以訂典故
　　之得失，證史傳之是非者，則採而錄之，所謂獻也。

　　案：余揣馬氏所釋之「文」，殆指古代史料也；所釋之「獻」，則謂近世史料也。馬氏如是闡說，直接明晰，言之成理，應為確解。據是，則孔子所言之文獻，乃指

古今史料；於《論語・八佾》中，孔子並清楚道出其說解夏、殷禮之準則與要求，蓋須用文獻以證成之，否則其所說解者，於學術上均難成立。就此以理解孔子之意，則孔子重視文獻之用心，及講學務求藉文獻以證己說之主張，殆可審悉矣。

潘教授、杜先生對治學重文獻，及以文獻證成學說之認知，想必與孔子無異。用是本其堅毅意志、高瞻遠矚，排除艱難，以肩承出版之重擔。其目的殆欲藉此次之出版，一則鼓吹研究學術須重視文獻之主張，再者則給予台灣博、碩士生出版論文之機會，三則爲學術研究者提供豐富之學術資料，眞可謂一舉而三得。據是，則潘、杜二氏擇心之高致，其嘉惠學壇之勞績，及版行古典文獻研究論文之豐碩成果，有目共睹矣。

茲以《古典文獻研究輯刊》二編付印在即，承潘、杜二位之美意，命贅數言，以述《輯刊》出版始末。撰序既竟，余願借序末之一角，謹就二氏之貢獻，略申欽佩之忱，而所草戔戔之文，願讀者垂詧亦焉。

二〇〇六年三月十日，
何廣棪撰於華梵大學東方人文思想研究所。

《古典文獻研究輯刊》二編　書目

圖書館史研究專輯

第一冊　《二編》總目

宋建成：清代圖書館事業發展史

歷代出版研究專輯

第二冊　黃韻靜：南宋出版家陳起研究

第三冊　張　璉：明代中央政府出版與文化政策之研究

專題書目研究專輯

第四冊　何廣棪：陳振孫之經學及《直齋書錄解題》經錄考證（上）

第五冊　何廣棪：陳振孫之經學及《直齋書錄解題》經錄考證（下）

輯佚學研究專輯

第六冊　江秀梅：《初學記》徵引集部典籍考（上）

第七冊　江秀梅：《初學記》徵引集部典籍考（下）

傳注學研究專輯

第八冊　簡逸光：《穀梁傳》解經方法研究

第九冊　劉文清：《墨子閒詁》訓詁研究

經學文獻研究專輯

第十冊　林葉連：中國歷代《詩經》學

史學文獻研究專輯

第十一冊　林珊湘：《史記》「太史公曰」之義法研究

第十二冊　高禎霙：《史》、《漢》論贊之研究

諸子學文獻研究專輯

第十三冊　戴美芝：老子學考

第十四冊　黃聖旻：王先謙《荀子集解》的研究

文字學文獻研究專輯

第十五冊　陳紹慈：徐灝《說文解字注箋》研究

佛教文獻研究專輯

第十六冊　王晴慧：六朝漢譯佛典偈頌與詩歌之研究（上）

第十七冊　王晴慧：六朝漢譯佛典偈頌與詩歌之研究（下）

第十八冊　蕭文真：宗密《禪源諸詮集都序》研究

道教文獻研究專輯

第十九冊　洪嘉琳：唐玄宗《道德真經注疏》研究

出土文獻研究專輯

第二十冊　鄒濬智：《上海博物館戰國楚竹書（一）》〈緇衣〉研究

《二編》各書作者簡介・提要・目錄

第一冊　清代圖書館事業發展史

作者簡介

宋建成，擔任圖書館工作邁 35 年。中國文化大學史學研究所、臺灣師範大學社會教育學系（圖書館組）畢業。現任國家圖書館副館長；輔仁大學圖書資訊學系及臺灣師範大學圖書資訊學研究所兼任副教授。曾任淡江大學圖書館組員，成功大學圖書館、國立中央圖書館、國立中央圖書館臺灣分館組主任；淡江大學教育資料科學系、世新大學圖書資料科兼任副教授。專書有《中華圖書館協會》；論文有〈近代我國圖書館事業的發軔〉、〈岫廬先生與東方圖書館〉、〈國立中央圖書館臺灣分館所見臺灣文獻〉等百餘篇文章。

提　要

清代圖書館事業之發展實與學術隆替有莫大之關係。而清人甚愛好書籍，努力學問，其私人之藏書業為歷代所不及。加以政府官方亦蒐藏圖書，尤以康乾兩朝為盛。編纂圖書以《古今圖書集成》及《四書全書》卷帙最為浩富。遂使賴豐富之圖書為工具之考據學大行於有清一朝。又於光緒末宣統初設圖書館，遂使我國數千年來處於藏書樓觀念之圖書館，進化至涵有社會教育功能之供眾閱覽。此種承先啓後，居功厥偉，清代圖書館事業在圖書館史上之地位，其重要可知。

然而敘述有清圖書事業史之論著，大多一鱗片爪地散於各種期刊。專書亦僅譚卓垣《清代圖書館發展史》（民國 24 年上海商務印書館出版）。譚氏以英文書寫全文，凡 99 頁。敘清代藏書事業之發達頗為簡括，大都語焉未詳；而對清末之創設圖書館更付之闕如。郭斌佳曾加以評論焉。（《文哲季刊》，第四卷第二期，頁 417～427，民國 24 年）

　　職此之故，余大膽試作《清代圖書館事業發展史》。案此實為史實之編排，在於史料蒐羅之勤，本無多創見。以不足二年之光陰，欲窮盡三百年之圖書館史事，至是難甚，不全掛漏之處，亦在所難免。本文祇敘述清代圖書館事業發展情形，至於有關圖書館本身之作業，如分類編目等皆未加以闡述。全文計分五章十八節如下：

　　第一章，緒論，分作三節。略述本文撰作之原因。

　　第二章，保守時期的清代圖書館事業，分作五節。敘述光緒甲午戰爭之前之官方圖書館事業。清一則接收明人所藏，一則本身亦從事於大量蒐編圖書，並建七閣等處囤置之。

　　第三章，啟發時期的清代圖書館事業，分作三節。敘述光緒甲午戰爭之後官方圖書館事業。此時民眾教育之重要性漸為國人所重，經過一段時間之醞釀，遂公布圖書館法規，於各省建置圖書館；並論及韋棣華女士之來華與貢獻。

　　第四章，清代私人圖書館事業，分作五節。敘述私人藏書事業，並述及教會及書院藏書。

　　第五章，結論，分作二節。提出清代圖書館事業為清學之原動力及為近代圖書館事業之胚基，以為本文之結束。

目　錄

第一章　緒　論 1
　第一節　清代學術思想的大勢 1
　第二節　清代圖書的結集與編纂 6
　第三節　清代圖書館在中國圖書館史上的地位 8
第二章　保守時期的清代圖書館事業 11
　第一節　接收明代的典藏 12
　第二節　順康雍的圖書結集與編纂 18
　第三節　乾隆的圖書結集及編纂 33
　第四節　嘉道咸同光五朝圖書的編纂 52
　第五節　保守時期書藏的建立 61
第三章　啟發時期的清代圖書館事業 75
　第一節　新式圖書館的發動 75
　第二節　公共圖書館的建立 80
　第三節　韋棣華女士與中國新圖書館事業的發軔 93
第四章　清代私人圖書館事業 95

　　第一節　私藏總論 ·· 95
　　第二節　清代私人藏書事業概說 ······························ 99
　　第三節　順康雍的私人藏書事業 ···························· 108
　　第四節　乾嘉的私人藏書事業 ······························ 116
　　第五節　道光以降的私人藏書事業 ························ 128
第五章　結　論 ·· 143
　　第一節　清代圖書館事業與清學 ···························· 143
　　第二節　清代圖書館與近代圖書館 ························ 146
參考書目 ·· 151

第二冊　黃韻靜：南宋出版家陳起研究

作者簡介

　　黃韻靜，台灣台南市人。東海大學中國文學研究所修業期間，師事潘美月教授，研究版本、目錄學，撰碩士論文《南宋出版家陳起研究》。現任崑山科技大學通識教育中心講師。

提　要

　　宋代刻書文化發達，民間書鋪刊刻之功實不可沒，而陳起特別是南宋臨安坊刻之巨擘，在中國古代出版史上具有重要地位，其所刻書被歸為「書棚本」，在版本學上很受重視。然而因為有關陳起之文獻資料並不多見，形成許多問題糾葛不清，以致現今研究出版史或版本學者，雖然對於陳起及其所刻之書棚本持肯定、重視的態度，但對一些特定問題並非相當瞭解，甚且有一些誤解！本文藉著全面的整理研究，期望能釐清一些問題，以使中國出版業之先驅陳起及其出版事業能夠被更正確地知悉！本文根據現存文獻，全面呈現陳起之輯書、刻書面貌，其中對陳起、陳思、陳續芸關係之考辨，以及各牌記之考辨、輯書承傳各本的考辨，則是筆者覺得比較有價值的部分。

目　錄

緒　論 ·· 1
第一章　陳起相關問題討論 ·· 5
　　第一節　陳起之生平 ·· 5
　　第二節　陳起、陳思、陳續芸之關係考辨 ···················· 9

第三節　陳起、陳思、陳世隆之關係考辨 …………………………… 12

第四節　陳起之交遊 ……………………………………………………… 14

第二章　《江湖集》輯書考 …………………………………………… 25

第一節　《江湖集》輯書背景 …………………………………………… 25

第二節　《江湖集》版本及所收詩人 …………………………………… 30

第三節　各輯書版本說明 ………………………………………………… 54

第四節　各輯書之流傳 …………………………………………………… 58

第三章　刻書考（上） ………………………………………………… 71

第一節　南宋出版概況 …………………………………………………… 71

第二節　以「陳宅書籍鋪」爲牌記之刻書考 ………………………… 73

第三節　以「陳解元書籍鋪」爲牌記之刻書考 ……………………… 93

第四節　「陳解元」與「陳解元書籍鋪」之考辨 …………………… 102

第四章　刻書考（下） ………………………………………………… 107

第一節　無牌記之書棚本考 ……………………………………………… 107

第二節　以「陳道人書籍鋪」爲牌記之刻書考 ……………………… 118

第三節　「陳道人書籍鋪」之考辨 …………………………………… 123

第五章　書棚本相關問題討論 ……………………………………… 127

第一節　陳宅書棚本之界定 ……………………………………………… 127

第二節　陳宅書棚本之特色 ……………………………………………… 129

第三節　陳宅書棚本之評價 ……………………………………………… 132

第四節　陳宅書棚本之影響 ……………………………………………… 133

結　論 ………………………………………………………………… 139

參考書目 ……………………………………………………………… 141

書　影 ………………………………………………………………… 149

附　表

附表一：陳起交遊表 ……………………………………………………… 19

附表二：陳起與友朋往來詩作 …………………………………………… 21

附表三：各輯《江湖集》編者、版本一覽表 ………………………… 30

附表四：各輯《江湖集》所收詩人一覽表 …………………………… 32

第三冊　張　璉：明代中央政府出版與文化政策之研究

作者簡介

　　張璉，女，河南鄧州人，出生於臺灣南投草屯。1979 年輔仁大學圖書館學系畢業，1983 年中國文化大學史學研究所碩士，任國家圖書館（原國立中央圖書館）兼辦之漢學研究中心副研究員、編輯十餘年。1999 年中國文化大學史學博士，2000 年任教國立東華大學歷史學系至今，2004 年獲該校全校教學特優教師獎。曾任成文出版社《出版與研究》半月刊主編，中國明代研究學會秘書長、常務理事等。主要研究領域為明代思想史、明代社會文化史、中國出版史、文獻學等。著作除本書外，有〈天地分合：明代嘉靖朝郊祀禮議論之考察〉、〈明代嘉靖朝宗廟禮制變革與思想衝突之討論〉、〈載道與率情之間——試論明儒陳白沙之儒學傳述方式〉、〈偕我同志論晚明知識份子自覺意識中的群己觀〉、〈從大禮議看明代中葉儒學思潮的轉向〉、〈從自得之學論朱陸異同〉、〈《三言》中婦女形象與馮夢龍的情教觀〉及〈宋明時代對韓日贈書與書禁探研〉等多部學術作品。

提　要

　　明代繼蒙元而起，明太祖為重建華夏文風、奠定長治久安之基，締造一個郁郁文哉的大明帝國，開國後即積極建構一套王朝價值系統，做為教化治民、安定社會秩序的最高指導原則。首要之務從建立道德價值觀念著手，特別重視文化的建設，尤其在書籍的徵集、修纂及出版事業，皆不遺餘力的推動，堪稱為明代教化施政的重要表徵，本書從出版與文化的角度出發，深入探討明代教化與政策之間的關聯。

　　明朝政府自開國以後，即廣徵遺書，鼓勵民間獻書，至正統時，文淵閣藏書已相當豐富。在掌理圖書政策上，除訪求各方遺書外，也編修各類圖書，舉凡史書、禮制書、天文地理……等，都是重要的編纂項目，修纂完成即交付梓印，並廣頒全國，甚至鄰邦，以利大明帝國的政教推廣。

　　明代中央政府重要出版機構，有司禮監、南京國子監及北京國子監三處。司禮監為內府衙門之一，由宦官主持，其中有「經廠庫」為主要的出版重地，以刊印皇帝御製書為主，堪稱是明代宮廷的皇家出版社。南北二京國子監的「載道所」同為刊印場所，刻書總數量雖不及經廠庫多，但南監因存藏宋、元舊書板，並多次修補舊板與重印流通，對於保存三朝舊版的貢獻頗巨。其他各府部院間或有刻書，唯數量較少。由於刻書出版的機關不同，刊刻圖書的板式、字體、紙張等，皆各具特色。此外，明代中央政府出版諸多的圖書，在人為與外在因素的影響，毀損與散佚嚴重，如今存世已屬稀罕。

　　大明帝國積極建構一套王朝價值系統，其內在思想建構與管制機制，經由圖書

徵集、編纂、出版、傳播等系列流程，可充分觀察其文化政策，包括積極的與消極的兩套價值系統。

目 錄

第一章　緒　論 ……………………………………………………………… 1

第二章　明代中央政府圖書出版政策 ……………………………………… 3

　第一節　訪求遺書 ………………………………………………………… 3

　第二節　編修圖書 ………………………………………………………… 6

　　一、明太祖修書 ………………………………………………………… 6

　　二、明成祖修書 ………………………………………………………… 7

　　三、其他諸帝修書 ……………………………………………………… 8

　第三節　刊刻圖書 ………………………………………………………… 9

　第四節　頒賜圖書 ………………………………………………………… 10

　　一、賜書於太子太孫 …………………………………………………… 11

　　二、賜書於臣子 ………………………………………………………… 11

　　三、賜書於藩府 ………………………………………………………… 12

　　四、賜書於學校 ………………………………………………………… 13

　　五、賜書於鄰邦 ………………………………………………………… 13

第三章　明代中央政府刻書與出版 ………………………………………… 17

　第一節　司禮監刻書 ……………………………………………………… 17

　　一、司禮監組織與職掌 ………………………………………………… 17

　　二、司禮監刻書重地「經廠」 ………………………………………… 19

　　三、司禮監所刻之書 …………………………………………………… 21

　　附：明末啓禎年間內府書版一覽表 …………………………………… 24

　第二節　國子監刻書 ……………………………………………………… 28

　　一、國子監建置與職掌 ………………………………………………… 28

　　二、「典籍官」及「載道所」 ………………………………………… 29

　　三、南京國子監刻書 …………………………………………………… 32

　　附：西湖書院存入南監之書板一覽表 ………………………………… 36

　　四、北京國子監刻書 …………………………………………………… 48

　第三節　各府部院刻書 …………………………………………………… 49

　　一、詹事府 ……………………………………………………………… 50

　　二、禮　部 ……………………………………………………………… 50

三、都察院 ⋯⋯⋯⋯⋯⋯⋯⋯⋯⋯⋯⋯⋯⋯⋯⋯⋯⋯ 51

四、欽天監 ⋯⋯⋯⋯⋯⋯⋯⋯⋯⋯⋯⋯⋯⋯⋯⋯⋯⋯ 51

第四節　版刻印刷之特徵 ⋯⋯⋯⋯⋯⋯⋯⋯⋯⋯⋯⋯ 52

一、刻書態度 ⋯⋯⋯⋯⋯⋯⋯⋯⋯⋯⋯⋯⋯⋯⋯⋯ 52

二、版式特徵 ⋯⋯⋯⋯⋯⋯⋯⋯⋯⋯⋯⋯⋯⋯⋯⋯ 54

三、紙張墨色 ⋯⋯⋯⋯⋯⋯⋯⋯⋯⋯⋯⋯⋯⋯⋯⋯ 58

四、書本裝潢 ⋯⋯⋯⋯⋯⋯⋯⋯⋯⋯⋯⋯⋯⋯⋯⋯ 60

第四章　明代中央政府圖書典藏及散佚情形 ⋯⋯⋯⋯ 61

第一節　圖書典藏處所 ⋯⋯⋯⋯⋯⋯⋯⋯⋯⋯⋯⋯ 61

一、文淵閣 ⋯⋯⋯⋯⋯⋯⋯⋯⋯⋯⋯⋯⋯⋯⋯⋯ 62

二、皇史宬 ⋯⋯⋯⋯⋯⋯⋯⋯⋯⋯⋯⋯⋯⋯⋯⋯ 63

三、行人司 ⋯⋯⋯⋯⋯⋯⋯⋯⋯⋯⋯⋯⋯⋯⋯⋯ 64

第二節　圖書散佚情形 ⋯⋯⋯⋯⋯⋯⋯⋯⋯⋯⋯⋯ 65

一、毀於祝融 ⋯⋯⋯⋯⋯⋯⋯⋯⋯⋯⋯⋯⋯⋯⋯ 66

二、毀於蟲蠹 ⋯⋯⋯⋯⋯⋯⋯⋯⋯⋯⋯⋯⋯⋯⋯ 67

三、人為破壞 ⋯⋯⋯⋯⋯⋯⋯⋯⋯⋯⋯⋯⋯⋯⋯ 68

第五章　從中央政府出版分析明代的文化政策 ⋯⋯⋯ 71

第一節　積極的文化政策 ⋯⋯⋯⋯⋯⋯⋯⋯⋯⋯⋯ 71

一、制訂禮制律令以導民化俗 ⋯⋯⋯⋯⋯⋯⋯⋯ 72

二、博徵歷代典範以為臣民殷鑑 ⋯⋯⋯⋯⋯⋯⋯ 74

三、徵訪編修與出版傳播 ⋯⋯⋯⋯⋯⋯⋯⋯⋯⋯ 78

第二節　消極的文化政策 ⋯⋯⋯⋯⋯⋯⋯⋯⋯⋯⋯ 79

一、文字管制與制義拘限 ⋯⋯⋯⋯⋯⋯⋯⋯⋯⋯ 79

二、改編經典與刪削史料 ⋯⋯⋯⋯⋯⋯⋯⋯⋯⋯ 81

三、統制朝廷刊物與管制民間出版 ⋯⋯⋯⋯⋯⋯ 83

第六章　結　論 ⋯⋯⋯⋯⋯⋯⋯⋯⋯⋯⋯⋯⋯⋯⋯⋯ 87

附錄：明代中央政府刊刻之現存書目 ⋯⋯⋯⋯⋯⋯⋯ 91

附　圖 ⋯⋯⋯⋯⋯⋯⋯⋯⋯⋯⋯⋯⋯⋯⋯⋯⋯⋯⋯⋯ 115

附書影 ⋯⋯⋯⋯⋯⋯⋯⋯⋯⋯⋯⋯⋯⋯⋯⋯⋯⋯⋯⋯ 119

參考書目 ⋯⋯⋯⋯⋯⋯⋯⋯⋯⋯⋯⋯⋯⋯⋯⋯⋯⋯⋯ 147

第四、五冊　何廣棪：陳振孫之經學及《直齋書錄解題》經錄考證

作者簡介

　　何廣棪，字碩堂，號弘齋，香港新亞研究所文學博士。歷任香港大專院校教職，現任臺灣華梵大學東方人文思想研究所教授。早歲研究李清照、楊樹達、陳寅恪、敦煌瓜沙史料，頗有著述。近年鑽研陳振孫及《直齋書錄解題》，出版之專書及發表之論文，甚受海峽兩岸士林關注與延譽。

提　要

　　著者何廣棪教授近十數年來均從事研究南宋著名目錄學家陳振孫及其著述，所撰博士論文即爲《陳振孫之生平及其著述研究》。博士論文，凡四十五萬言。一九九三年十月由台灣文史哲出版社印行面世，甚受海峽兩岸學壇矚目及好評。

　　本書著者撰命名爲《陳振孫之經學及其〈直齋書錄解題〉經錄考證》，本屬《陳振孫之學術及其〈直齋書錄解題〉考證》之第一部分，亦可視爲《陳振孫之生平及其著述研究》之姊妹篇或續篇。

　　本書凡六章，各章之章目如下：

第一章　緒論
第二章　陳振孫研治經學之主張
第三章　陳振孫之經學
第四章　陳振孫之經學目錄學
第五章　《直齋書錄解題》經錄考證
第六章　結論

　　就上述六章之章目以觀，則本書之撰作，其研究目的有二：其一乃爲深入探究陳振孫之經學，兼研及其治經主張與經學目錄學；其二則爲針對《直齋書錄解題》經錄之部，進行縝密之考證。由於研究目的與研究對象有所不同，故所採用之研究方法亦有所分別。本書於探究陳振孫經學問題時，則採用一般撰作學術論文之方法，除充分掌握有關文獻資料外，文中有所考論，皆力求創新，力求突破前人。民國以來，研究陳振孫學術者，當以陳樂素、喬衍琯二先生爲巨擘。陳氏先後發表〈直齋書錄解題作者陳振孫〉及〈略論陳振孫直齋書錄解題〉二文；喬氏亦撰有《陳振孫學記》一書及相關論文多篇。然二氏於振孫經學之研究皆未盡深入與詳贍，往往僅於其論著中敷衍數筆，形同虛應，故有待於後人補苴罅漏之處不少。而有關振孫之

治經主張及其經學目錄學兩項，二氏論著中均付闕如，未遑論及。是以著者於探究振孫經學時，均先就二氏之疏略與遺闕，多作補充與訂正，其研究所得，創新之處不少，而對二氏之考論亦均有所突破。至考證《直齋書錄解題》一書，更屬陳、喬所未及為。著者考證《解題》經錄之部，所用研究方法，乃參考清人姚振宗撰《隋書經籍志考證》之法而微有變化，即對《解題》每條均一無漏略而作全面之考證。故《解題》經錄之部，振孫所撰凡三百七十條，著者所作之考證亦共三百七十篇。庶幾對《解題》書中立論之根據，大致考出其來源出處；而《解題》所具獨創之議論與見地，著者亦刻意詳作疏證與闡發，以期能揭示振孫之用心及其議論價值所在。另亦參仿余嘉錫撰《四庫提要辨證》之法，即對《解題》經錄中容有之錯誤與闕失，均廣羅資料予以辨證。著者是次所作之研究，用於考證《解題》經錄者，所費心力最巨，然收穫亦最為豐碩。本書第五章考證所得，多屬心得之言，且多發前人所未發；於《解題》之訛誤與漏略，均多所補正；且其間尚有駁正前人舊說之未安者。綜上所述，則本書不惟對陳振孫之經學、其治經主張及其經學目錄學皆能作深入之研究，又能全面考證《解題》經錄之部，方法既善，成績亦富，庶可突破陳、喬二氏之所詣，作直齋之功臣，故本書對學術研究應具深大之貢獻。

目　錄

上　冊

第一章　緒　論 1

第二章　陳振孫研治經學之主張 5

第三章　陳振孫之經學 15

第四章　陳振孫之經學目錄學 49

第五章　《直齋書錄解題》經錄考證 69

一、易　類 69

　1、周易注六卷、略例一卷、繫辭注三卷　王弼 69

　2、古易十二卷　王洙 71

　3、周易古經十二卷　呂大防 72

　4、古周易八卷　晁說之 73

　5、古易十二卷、音訓二卷　呂祖謙 76

　6、古周易十二卷 78

　7、周易正義十三卷　孔穎達 82

　8、周易釋文一卷　陸德明 86

9、歸藏三卷　薛貞 ⋯⋯⋯⋯⋯⋯⋯⋯⋯⋯⋯⋯⋯⋯⋯⋯⋯⋯⋯⋯⋯ 87

10、子夏易傳十卷　張弧 ⋯⋯⋯⋯⋯⋯⋯⋯⋯⋯⋯⋯⋯⋯⋯⋯⋯⋯ 89

11、京房易傳三卷、積算雜占條例一卷　陸績 ⋯⋯⋯⋯⋯⋯⋯⋯ 91

12、關子明易傳一卷　趙蕤、關朗 ⋯⋯⋯⋯⋯⋯⋯⋯⋯⋯⋯⋯⋯ 94

13、周易集解十卷　李鼎祚 ⋯⋯⋯⋯⋯⋯⋯⋯⋯⋯⋯⋯⋯⋯⋯⋯ 96

14、元包十卷　衛元嵩、李江、蘇源明 ⋯⋯⋯⋯⋯⋯⋯⋯⋯⋯ 99

15、周易啓源十卷　蔡廣成 ⋯⋯⋯⋯⋯⋯⋯⋯⋯⋯⋯⋯⋯⋯⋯ 101

16、補闕周易正義略例疏一卷　邢璹 ⋯⋯⋯⋯⋯⋯⋯⋯⋯⋯⋯ 102

17、周易窮微一卷　王弼 ⋯⋯⋯⋯⋯⋯⋯⋯⋯⋯⋯⋯⋯⋯⋯⋯ 104

18、周易物象釋疑一卷　東陽助 ⋯⋯⋯⋯⋯⋯⋯⋯⋯⋯⋯⋯⋯ 104

19、周易舉正三卷　郭京 ⋯⋯⋯⋯⋯⋯⋯⋯⋯⋯⋯⋯⋯⋯⋯⋯ 105

20、易傳解說一卷、微旨三卷　陸希聲 ⋯⋯⋯⋯⋯⋯⋯⋯⋯⋯ 107

21、周易口訣義六卷　史之徵 ⋯⋯⋯⋯⋯⋯⋯⋯⋯⋯⋯⋯⋯⋯ 108

22、易證墜簡二卷　范諤昌 ⋯⋯⋯⋯⋯⋯⋯⋯⋯⋯⋯⋯⋯⋯⋯ 109

23、新注周易十一卷、卦德統論一卷、略例一卷、又易數鉤隱圖二卷　劉牧 ⋯ 110

24、刪定易圖論一卷　李覯 ⋯⋯⋯⋯⋯⋯⋯⋯⋯⋯⋯⋯⋯⋯⋯ 112

25、易補注十卷、又王劉易辨一卷　宋咸 ⋯⋯⋯⋯⋯⋯⋯⋯⋯ 112

26、周易言象外傳十卷　王洙 ⋯⋯⋯⋯⋯⋯⋯⋯⋯⋯⋯⋯⋯⋯ 114

27、周易析蘊二卷　孫坦 ⋯⋯⋯⋯⋯⋯⋯⋯⋯⋯⋯⋯⋯⋯⋯⋯ 114

28、易筌六卷　阮逸 ⋯⋯⋯⋯⋯⋯⋯⋯⋯⋯⋯⋯⋯⋯⋯⋯⋯⋯ 115

29、周易意學六卷　陸秉 ⋯⋯⋯⋯⋯⋯⋯⋯⋯⋯⋯⋯⋯⋯⋯⋯ 115

30、周易口義十三卷　胡瑗 ⋯⋯⋯⋯⋯⋯⋯⋯⋯⋯⋯⋯⋯⋯⋯ 116

31、周易解義十卷　石介 ⋯⋯⋯⋯⋯⋯⋯⋯⋯⋯⋯⋯⋯⋯⋯⋯ 118

32、易童子問三卷　歐陽修 ⋯⋯⋯⋯⋯⋯⋯⋯⋯⋯⋯⋯⋯⋯⋯ 119

33、易意蘊凡例總論一卷　徐庸 ⋯⋯⋯⋯⋯⋯⋯⋯⋯⋯⋯⋯⋯ 119

34、周易義類三卷　顧叔思 ⋯⋯⋯⋯⋯⋯⋯⋯⋯⋯⋯⋯⋯⋯⋯ 120

35、易解十四卷　皇甫泌 ⋯⋯⋯⋯⋯⋯⋯⋯⋯⋯⋯⋯⋯⋯⋯⋯ 120

36、易解十四卷　王安石 ⋯⋯⋯⋯⋯⋯⋯⋯⋯⋯⋯⋯⋯⋯⋯⋯ 121

37、易說三卷　司馬光 ⋯⋯⋯⋯⋯⋯⋯⋯⋯⋯⋯⋯⋯⋯⋯⋯⋯ 122

38、東坡易傳十卷　蘇軾 ⋯⋯⋯⋯⋯⋯⋯⋯⋯⋯⋯⋯⋯⋯⋯⋯ 123

39、周易聖斷七卷　鮮于侁 ⋯⋯⋯⋯⋯⋯⋯⋯⋯⋯⋯⋯⋯⋯⋯ 123

40、伊川易解六卷　程頤 ⋯⋯⋯⋯⋯⋯⋯⋯⋯⋯⋯⋯⋯⋯⋯⋯ 123

41、橫渠易說三卷　張載　⋯⋯⋯⋯⋯⋯⋯⋯⋯⋯⋯⋯⋯⋯⋯ 125

42、乾生歸一圖十卷　石汝礪　⋯⋯⋯⋯⋯⋯⋯⋯⋯⋯⋯⋯⋯ 125

43、易義海撮要十卷　李衡　⋯⋯⋯⋯⋯⋯⋯⋯⋯⋯⋯⋯⋯⋯ 126

44、易解二卷　沈括　⋯⋯⋯⋯⋯⋯⋯⋯⋯⋯⋯⋯⋯⋯⋯⋯⋯ 127

45、了翁易說一卷　陳瓘　⋯⋯⋯⋯⋯⋯⋯⋯⋯⋯⋯⋯⋯⋯⋯ 128

46、葆光易解義十卷　張弼　⋯⋯⋯⋯⋯⋯⋯⋯⋯⋯⋯⋯⋯⋯ 128

47、易講義十卷　龔原　⋯⋯⋯⋯⋯⋯⋯⋯⋯⋯⋯⋯⋯⋯⋯⋯ 130

48、正易心法一卷　⋯⋯⋯⋯⋯⋯⋯⋯⋯⋯⋯⋯⋯⋯⋯⋯⋯⋯ 131

49、太極傳六卷、外傳一卷、因說一卷　晁說之　⋯⋯⋯⋯⋯ 132

50、易正誤一卷　⋯⋯⋯⋯⋯⋯⋯⋯⋯⋯⋯⋯⋯⋯⋯⋯⋯⋯⋯ 134

51、梁谿易傳九卷、外篇十卷　李綱　⋯⋯⋯⋯⋯⋯⋯⋯⋯⋯ 134

52、周易外義三卷　⋯⋯⋯⋯⋯⋯⋯⋯⋯⋯⋯⋯⋯⋯⋯⋯⋯⋯ 136

53、皇極經世十二卷、敘篇系述二卷　邵雍　⋯⋯⋯⋯⋯⋯⋯ 137

54、觀物外篇六卷　張崏　⋯⋯⋯⋯⋯⋯⋯⋯⋯⋯⋯⋯⋯⋯⋯ 140

55、觀物內篇解二卷　邵伯溫　⋯⋯⋯⋯⋯⋯⋯⋯⋯⋯⋯⋯⋯ 140

56、廣川易學二十四卷　董逌　⋯⋯⋯⋯⋯⋯⋯⋯⋯⋯⋯⋯⋯ 140

57、吳園易解十卷　張根　⋯⋯⋯⋯⋯⋯⋯⋯⋯⋯⋯⋯⋯⋯⋯ 141

58、漢上易傳十一卷、叢說一卷、圖三卷　朱震　⋯⋯⋯⋯⋯ 142

59、周易窺餘十五卷　鄭剛中　⋯⋯⋯⋯⋯⋯⋯⋯⋯⋯⋯⋯⋯ 143

60、周易疑難圖解二十五卷　鄭東卿　⋯⋯⋯⋯⋯⋯⋯⋯⋯⋯ 144

61、易索十三卷　張汝明　⋯⋯⋯⋯⋯⋯⋯⋯⋯⋯⋯⋯⋯⋯⋯ 145

62、易解義十卷　凌唐佐　⋯⋯⋯⋯⋯⋯⋯⋯⋯⋯⋯⋯⋯⋯⋯ 145

63、易小傳六卷　沈該　⋯⋯⋯⋯⋯⋯⋯⋯⋯⋯⋯⋯⋯⋯⋯⋯ 146

64、昭德易詁訓傳十八卷　晁公武　⋯⋯⋯⋯⋯⋯⋯⋯⋯⋯⋯ 146

65、先天易鈐一卷　牛師德　⋯⋯⋯⋯⋯⋯⋯⋯⋯⋯⋯⋯⋯⋯ 147

66、傳家易說十一卷　郭雍　⋯⋯⋯⋯⋯⋯⋯⋯⋯⋯⋯⋯⋯⋯ 148

67、讀易老人詳說十卷　李光　⋯⋯⋯⋯⋯⋯⋯⋯⋯⋯⋯⋯⋯ 150

68、易傳拾遺十卷　胡銓　⋯⋯⋯⋯⋯⋯⋯⋯⋯⋯⋯⋯⋯⋯⋯ 151

68、逍遙公易解八卷、疑問二卷　吳說之、李椿年　⋯⋯⋯⋯ 152

70、易傳十一卷、本義十二卷、易學啟蒙一卷　朱熹　⋯⋯⋯ 152

71、周易變體十六卷　都絜　⋯⋯⋯⋯⋯⋯⋯⋯⋯⋯⋯⋯⋯⋯ 153

72、繫辭精義二卷　呂祖謙　⋯⋯⋯⋯⋯⋯⋯⋯⋯⋯⋯⋯⋯⋯ 154

73、大易粹言十卷　曾穜 ················· 154

74、易原十卷　程大昌 ················· 155

75、易本傳三十三卷　李舜臣 ················· 156

76、沙隨易章句十卷、外編一卷、占法一卷、古易考一卷　程迥 ······ 157

77、誠齋易傳二十卷　楊萬里 ················· 159

78、周易經傳集解三十六卷　林栗 ················· 160

79、數學一卷 ················· 161

80、易說二卷　趙善譽 ················· 162

81、易辨三卷、淵源錄三卷　何萬 ················· 162

82、易總說二卷　戴溪 ················· 163

83、周易玩辭十六卷　項安世 ················· 164

84、易裨傳二卷、外篇一卷　林至 ················· 165

85、述釋葉氏易說一卷　葉適 ················· 166

86、易筆記八卷、總說一卷　王炎 ················· 166

87、易翼傳二卷　鄭汝諧 ················· 167

88、南塘易說三卷　趙汝談 ················· 169

89、西山復卦說一卷　眞德秀 ················· 169

90、準齋易說一卷　吳如愚 ················· 169

二、書類 ················· 171

1、尙書十二卷、尙書注十二卷 ················· 171

2、書古經四卷、序一卷　朱熹 ················· 174

3、尙書正義二十卷　王德韶、孔穎達 ················· 174

4、尙書釋文一卷　陸德明 ················· 175

5、尙書大傳四卷　伏勝、鄭康成 ················· 176

6、汲冢周書十卷　孔晁 ················· 177

7、古三墳書一卷 ················· 179

8、書義十三卷　王雱 ················· 181

9、東坡書傳十三卷　蘇軾 ················· 182

10、二典義一卷　陸佃 ················· 183

11、石林書傳十卷　葉夢得 ················· 183

12、書裨傳十三卷　吳棫 ················· 184

13、書辨訛七卷　鄭樵 ················· 184

14、陳博士書解三十卷　陳鵬飛 ……………………………………………… 185

15、無垢尚書詳說五十卷　張九成 …………………………………………… 186

16、書譜二十卷　程大昌 ……………………………………………………… 186

17、禹貢論二卷、圖二卷　程大昌 …………………………………………… 187

18、東萊書說十卷　呂祖謙 …………………………………………………… 189

19、晦庵書說七卷　朱熹、黃士毅 …………………………………………… 190

20、尚書講義三十卷　張綱 …………………………………………………… 192

21、拙齋書集解五十八卷　林之奇 …………………………………………… 193

22、書說七卷　黃度 …………………………………………………………… 194

23、潔齋家塾書鈔十卷　袁燮 ………………………………………………… 195

24、袁氏家塾讀書記二十三卷　袁覺 ………………………………………… 195

25、尚書精義六十卷　黃倫 …………………………………………………… 196

26、梅教授書集解三冊 ………………………………………………………… 196

27、柯山書解十六卷　夏僎 …………………………………………………… 196

28、書小傳十八卷　王炎 ……………………………………………………… 197

29、南塘書說三卷　趙汝談 …………………………………………………… 198

三、詩類 ……………………………………………………………………………… 200

1、毛詩二十卷、毛詩故訓傳二十卷　鄭康成 …………………………… 200

2、詩風雅頌四卷、序一卷　毛公、朱熹 ………………………………… 202

3、毛詩正義四十卷　王德韶、孔穎達 …………………………………… 203

4、毛詩釋文二卷　陸德明 ………………………………………………… 204

5、韓詩外傳十卷　韓嬰 …………………………………………………… 204

6、詩譜三卷　歐陽修、鄭康成 …………………………………………… 205

7、毛詩鳥獸草木蟲魚疏二卷　陸璣 ……………………………………… 206

8、詩折衷二十卷　劉宇 …………………………………………………… 208

9、詩本義十六卷，圖、譜附　歐陽修 …………………………………… 209

10、新經詩義三十卷　王安石 ……………………………………………… 210

11、詩解集傳二十卷　蘇轍 ………………………………………………… 210

12、詩學名物解二十卷　蔡卞 ……………………………………………… 211

13、詩物性門類八卷 ………………………………………………………… 212

14、廣川詩故四十卷　董逌 ………………………………………………… 213

15、毛詩補音十卷　吳棫 …………………………………………………… 214

16、浹漈詩傳二十卷、辨妄六卷　鄭樵 …………………………………215

17、毛詩詳解三十六卷　李樗 ……………………………………………216

18、詩集傳二十卷、詩序辨說一卷　朱熹 ………………………………216

19、呂氏家塾讀詩記三十二卷　呂祖謙 …………………………………218

20、岷隱續讀詩記三卷　戴溪 ……………………………………………219

21、黃氏詩說三十卷　黃度 ………………………………………………220

22、毛詩前說一卷　項安世 ………………………………………………220

23、詩解二十卷　陳鵬飛 …………………………………………………220

24、王氏詩總聞三卷 ………………………………………………………220

25、白石詩傳二十卷　錢文子 ……………………………………………222

26、詩古音辨一卷　鄭庠 …………………………………………………223

下冊

四、禮類 …………………………………………………………………225

1、古禮經十七卷、古禮注十七卷　鄭康成 ……………………………225

2、古禮釋文一卷　陸德明 ………………………………………………225

3、古禮疏五十卷　賈公彥 ………………………………………………226

4、古禮十七卷、釋文一卷、識誤三卷　張淳 …………………………226

5、古禮經傳通解二十三卷、集傳集注十四卷　朱熹 …………………227

6、古禮經傳續通解二十九卷　黃榦 ……………………………………228

7、集釋古禮十七卷、釋宮一卷、綱目一卷　李如圭 …………………230

8、周禮十二卷、周禮注十二卷　鄭康成 ………………………………231

9、周禮釋文二卷　陸德明 ………………………………………………233

10、周禮疏五十卷　賈公彥 ………………………………………………233

11、周禮新義二十二卷　王安石 …………………………………………235

12、周禮中義八卷　劉彝 …………………………………………………236

13、周禮詳解四十卷　王昭禹 ……………………………………………237

14、周禮講義四十九卷　林之奇 …………………………………………238

15、周禮說三卷　陳傅良 …………………………………………………238

16、周禮井田譜二十卷　夏休 ……………………………………………239

17、周禮丘乘圖說一卷　項安世 …………………………………………240

18、周禮說五卷　黃度 ……………………………………………………240

19、周禮綱目八卷、摭說一卷　林椅 ……………………………………241

20、鶴山周禮折衷二卷　稅與權 …………………………………… 241

21、大戴禮十三卷　戴德 ……………………………………………… 242

22、禮記二十卷 ………………………………………………………… 245

23、禮記注二十卷　鄭康成 ………………………………………… 246

24、禮記釋文四卷　陸德明 ………………………………………… 247

25、禮記正義七十卷　孔穎達 ……………………………………… 247

26、芸閣禮記解十六卷　呂大臨 …………………………………… 248

27、禮記解二十卷　方愨 …………………………………………… 249

28、禮記解七十卷　馬希孟 ………………………………………… 250

29、中庸大學廣義一卷　司馬光 …………………………………… 250

30、中庸、大學說各一卷、少儀解附　張九成 ………………… 250

31、兼山中庸說一卷　郭忠孝 ……………………………………… 251

32、中庸集解二卷　石䐑 …………………………………………… 251

33、大學章句一卷、或問二卷、中庸章句一卷、或問二卷　朱熹 … 252

34、中庸輯略一卷　朱熹 …………………………………………… 253

35、曲禮口義二卷　戴溪 …………………………………………… 254

36、中庸說一卷　項安世 …………………………………………… 254

37、禮記集說一百六十卷　衛湜 …………………………………… 255

38、孔子閒居講義一卷　楊簡 ……………………………………… 255

39、三禮義宗三十卷　崔靈恩 ……………………………………… 256

40、三禮圖二十卷　聶崇義 ………………………………………… 257

41、禮象十五卷　陸佃 ……………………………………………… 258

42、禮書一百五十卷　陳祥道 ……………………………………… 259

43、夾漈鄉飲禮七卷　鄭樵 ………………………………………… 261

五、春秋類 …………………………………………………………… 262

1、春秋經一卷 ……………………………………………………… 262

2、春秋經一卷　朱熹 ……………………………………………… 262

3、春秋古經一卷　李燾 …………………………………………… 263

4、春秋左氏傳三十卷　左丘明 …………………………………… 264

5、春秋公羊傳十二卷　公羊高 …………………………………… 266

6、春秋穀梁傳十二卷　穀梁赤 …………………………………… 266

7、春秋左氏經傳集解三十卷　杜預 ……………………………… 267

8、春秋釋例十五卷　杜預…………………………………………………268

9、春秋公羊傳解詁十二卷　何休……………………………………………268

10、春秋穀梁傳集解十二卷　范甯……………………………………………269

11、三傳釋文八卷　陸德明……………………………………………………270

12、春秋左氏傳正義三十六卷　孔穎達………………………………………271

13、春秋公羊傳疏三十卷………………………………………………………272

14、春秋穀梁傳疏十二卷　楊士勛……………………………………………272

15、國語二十一卷　左丘明……………………………………………………273

16、國語注二十一卷　韋昭……………………………………………………275

17、國語補音三卷　宋庠………………………………………………………276

18、春秋繁露十七卷　董仲舒…………………………………………………276

19、左氏膏肓十卷　何休………………………………………………………278

20、汲冢師春一卷………………………………………………………………279

21、春秋集傳纂例十卷、辨疑七卷　陸質……………………………………280

22、春秋折衷論三十卷…………………………………………………………283

23、春秋加減一卷　陳岳………………………………………………………283

24、春秋名號歸一圖二卷　馮繼先……………………………………………284

25、春秋二十國年表一卷………………………………………………………285

26、春秋尊王發微十五卷　孫明復……………………………………………286

27、春秋口義五卷　胡翼之……………………………………………………287

28、春秋傳十卷、權衡十七卷、意林一卷、說例一卷　劉敞……………288

29、春秋經社要義六卷　孫覺…………………………………………………289

30、春秋經解十五卷　孫覺……………………………………………………289

31、春秋皇綱論五卷、明例隱括圖一卷　王哲………………………………291

32、春秋會義二十六卷　杜諤…………………………………………………292

33、春秋傳二卷　程頤…………………………………………………………292

34、左氏解一卷　王安石………………………………………………………293

35、春秋邦典二卷　唐既濟……………………………………………………293

36、左氏鼓吹一卷　吳元緒……………………………………………………294

37、春秋集傳十二卷　蘇轍……………………………………………………294

38、春秋傳十二卷　劉絢………………………………………………………295

39、春秋得法志例論三十卷　馮正符…………………………………………295

40、春秋後傳二十卷、補遺一卷　陸佃、陸宰 ………………………………… 296

41、春秋列國諸臣傳五十一卷　王當 ……………………………………………… 297

42、春秋通訓十六卷、五禮例宗十卷　張大亨 …………………………………… 298

43、春秋傳十二卷、考三十卷、讞三十卷　葉夢得 ……………………………… 299

44、春秋經解十六卷、本例例要一卷　崔子方 …………………………………… 301

45、春秋指南二卷　張根 …………………………………………………………… 302

46、春秋本旨二十卷　洪興祖 ……………………………………………………… 303

47、春秋傳三十卷、通例一卷、通旨一卷　胡安國 ……………………………… 304

48、春秋正辭二十卷、通例十五卷　畢良史 ……………………………………… 306

49、息齋春秋集注十四卷　高閌 …………………………………………………… 306

50、夾漈春秋傳十二卷、考一卷、地名譜十卷　鄭樵 …………………………… 306

51、春秋經解十二卷、指要二卷　薛季宣 ………………………………………… 307

52、春秋集傳十五卷　王葆 ………………………………………………………… 308

53、春秋集解十二卷　呂祖謙 ……………………………………………………… 308

54、左傳類編六卷　呂祖謙 ………………………………………………………… 310

55、左氏國語類編二卷　呂祖謙 …………………………………………………… 311

56、左氏博議二十卷　呂祖謙 ……………………………………………………… 311

57、左氏說三十卷　呂祖謙 ………………………………………………………… 311

58、春秋比事二十卷　沈棐 ………………………………………………………… 312

59、春秋經傳集解三十三卷　林栗 ………………………………………………… 314

60、止齋春秋後傳十二卷、左氏章指三十卷　陳傅良 …………………………… 314

61、春秋經辨十卷　蕭楚 …………………………………………………………… 315

62、春秋集善十一卷　胡銓 ………………………………………………………… 317

63、春秋考異四卷 …………………………………………………………………… 317

64、春秋類事始末五卷　章沖 ……………………………………………………… 318

65、左氏發揮六卷　吳曾 …………………………………………………………… 318

66、春秋直音三卷 …………………………………………………………………… 318

67、左傳約說一卷、百論一卷　石朝英 …………………………………………… 319

67、春秋分記九十卷　程公說 ……………………………………………………… 319

68、春秋通說十三卷　黃仲炎 ……………………………………………………… 321

六、孝經類 ……………………………………………………………………………… 322

1、古文孝經一卷 …………………………………………………………………… 322

2、孝經注一卷　鄭康成 323

3、御注孝經一卷　唐明皇 326

4、孝經正義三卷　邢昺 329

5、古文孝經指解一卷　司馬光 329

6、古文孝經說一卷　范祖禹 330

7、孝經解一卷　張九成 331

8、孝經刊誤一卷　朱熹 331

9、孝經本旨一卷　黃榦 331

10、孝經說一卷　項安世 332

11、蒙齋孝經說三卷　袁甫 332

七、語孟類 333

1、論語十卷 334

2、論語集解十卷　何晏 334

3、論語釋文一卷　陸德明 335

4、論語注疏解經十卷　邢昺 335

5、孟子十四卷　孟軻、趙岐 336

6、孟子章句十四卷 337

7、孟子音義二卷　孫奭 337

8、孟子正義十四卷　孫奭 337

9、論語筆解二卷　李翱、韓愈 338

10、東坡論語傳十卷　蘇軾 339

11、潁濱論語拾遺一卷　蘇轍 339

12、潁濱孟子解一卷　蘇轍 340

13、王氏論語解十卷、孟子解五卷　王令 341

14、龜山論語解十卷　楊時 342

15、謝氏論語解十卷　謝良佐 342

16、游氏論語解十卷　游酢 342

17、尹氏論語解十卷、孟子解十四卷　尹焞 343

18、論語釋言十卷　葉夢得 343

19、張氏論語解二十卷、孟子解十四卷　張九成 344

20、致堂論語詳說二十卷　胡寅 345

21、五峰論語指南一卷　胡宏 345

22、竹西論語感發十卷　王居正 ⋯⋯⋯⋯⋯⋯⋯⋯⋯⋯⋯⋯⋯ 346

23、論語探古二十卷　畢良史 ⋯⋯⋯⋯⋯⋯⋯⋯⋯⋯⋯⋯⋯⋯ 346

24、論語續解十卷、考異、說例各一卷　吳棫 ⋯⋯⋯⋯⋯ 347

25、玉泉論語學十卷　喻樗 ⋯⋯⋯⋯⋯⋯⋯⋯⋯⋯⋯⋯⋯⋯⋯ 347

26、論語義二卷　曾幾 ⋯⋯⋯⋯⋯⋯⋯⋯⋯⋯⋯⋯⋯⋯⋯⋯⋯ 348

27、南軒論語說十卷、孟子說十七卷　張栻 ⋯⋯⋯⋯⋯⋯ 348

28、語孟集義三十四卷　朱熹 ⋯⋯⋯⋯⋯⋯⋯⋯⋯⋯⋯⋯⋯ 349

29、論語集註十卷、孟子集註十四卷　朱熹 ⋯⋯⋯⋯⋯⋯ 350

30、論語或問十卷、孟子或問十四卷　朱熹 ⋯⋯⋯⋯⋯⋯ 351

31、石鼓論語答問三卷、孟子答問三卷　戴溪 ⋯⋯⋯⋯⋯ 352

32、論語通釋十卷　黃榦 ⋯⋯⋯⋯⋯⋯⋯⋯⋯⋯⋯⋯⋯⋯⋯⋯ 352

33、論語意原一卷 ⋯⋯⋯⋯⋯⋯⋯⋯⋯⋯⋯⋯⋯⋯⋯⋯⋯⋯⋯ 352

34、論語本旨一卷　姜得平 ⋯⋯⋯⋯⋯⋯⋯⋯⋯⋯⋯⋯⋯⋯ 353

35、論語大意二十卷　卞圜 ⋯⋯⋯⋯⋯⋯⋯⋯⋯⋯⋯⋯⋯⋯ 353

36、晦庵語類二十七卷　潘墀 ⋯⋯⋯⋯⋯⋯⋯⋯⋯⋯⋯⋯⋯ 354

37、論語紀蒙六卷、孟子紀蒙十四卷　陳耆卿 ⋯⋯⋯⋯⋯ 354

八、讖緯類 ⋯⋯⋯⋯⋯⋯⋯⋯⋯⋯⋯⋯⋯⋯⋯⋯⋯⋯⋯⋯⋯⋯⋯ 356

1、易緯七卷　鄭康成 ⋯⋯⋯⋯⋯⋯⋯⋯⋯⋯⋯⋯⋯⋯⋯⋯⋯ 356

2、易稽覽圖三卷 ⋯⋯⋯⋯⋯⋯⋯⋯⋯⋯⋯⋯⋯⋯⋯⋯⋯⋯⋯ 357

3、易通卦驗二卷　鄭康成 ⋯⋯⋯⋯⋯⋯⋯⋯⋯⋯⋯⋯⋯⋯ 357

4、易乾鑿度二卷　鄭康成 ⋯⋯⋯⋯⋯⋯⋯⋯⋯⋯⋯⋯⋯⋯ 358

5、乾坤鑿度二卷 ⋯⋯⋯⋯⋯⋯⋯⋯⋯⋯⋯⋯⋯⋯⋯⋯⋯⋯⋯ 359

九、經解類 ⋯⋯⋯⋯⋯⋯⋯⋯⋯⋯⋯⋯⋯⋯⋯⋯⋯⋯⋯⋯⋯⋯⋯ 362

1、白虎通十卷　班固 ⋯⋯⋯⋯⋯⋯⋯⋯⋯⋯⋯⋯⋯⋯⋯⋯⋯ 362

2、經典釋文三十卷　陸德明 ⋯⋯⋯⋯⋯⋯⋯⋯⋯⋯⋯⋯⋯ 363

3、五經文字三卷　張參 ⋯⋯⋯⋯⋯⋯⋯⋯⋯⋯⋯⋯⋯⋯⋯⋯ 364

4、九經字樣一卷　唐玄度 ⋯⋯⋯⋯⋯⋯⋯⋯⋯⋯⋯⋯⋯⋯ 365

5、演聖通論六十卷　胡旦 ⋯⋯⋯⋯⋯⋯⋯⋯⋯⋯⋯⋯⋯⋯ 366

6、群經音辨七卷　賈昌朝 ⋯⋯⋯⋯⋯⋯⋯⋯⋯⋯⋯⋯⋯⋯ 367

7、七經小傳三卷　劉敞 ⋯⋯⋯⋯⋯⋯⋯⋯⋯⋯⋯⋯⋯⋯⋯⋯ 368

8、河南經說七卷　程頤 ⋯⋯⋯⋯⋯⋯⋯⋯⋯⋯⋯⋯⋯⋯⋯⋯ 369

9、龜山經說八卷　楊時 ⋯⋯⋯⋯⋯⋯⋯⋯⋯⋯⋯⋯⋯⋯⋯⋯ 369

10、無垢鄉黨少儀咸有一德論語孟子拾遺共一卷　張九成 …………… 370

11、六經圖七卷　葉仲堪 …………………………………………………… 370

12、麗澤論說集錄十卷　呂祖謙門人 ……………………………………… 371

13、畏齋經學十二卷　游桂 ………………………………………………… 372

14、項氏家說十卷、附錄四卷　項安世 …………………………………… 372

15、山堂疑問一卷　劉光祖 ………………………………………………… 373

16、六經正誤六卷　毛居正 ………………………………………………… 373

17、西山讀書記三十九卷　眞德秀 ………………………………………… 374

18、六家謚法二十卷　周沆 ………………………………………………… 375

19、嘉祐謚三卷　蘇洵 ……………………………………………………… 375

20、政和修定謚法六卷　蔡攸 ……………………………………………… 376

21、鄭氏謚法三卷　鄭樵 …………………………………………………… 377

十、小學類 …………………………………………………………………… 378

1、爾雅三卷　郭璞 ………………………………………………………… 378

2、爾雅釋文一卷　陸德明 ………………………………………………… 380

3、爾雅疏十卷　邢昺 ……………………………………………………… 380

4、小爾雅一卷 ……………………………………………………………… 381

5、急就章一卷　史游 ……………………………………………………… 382

6、方言十四卷　揚雄 ……………………………………………………… 383

7、釋名八卷　劉熙 ………………………………………………………… 383

8、廣雅十卷　張揖 ………………………………………………………… 384

9、爾雅新義二十卷　陸佃 ………………………………………………… 385

10、埤雅二十卷　陸佃 ……………………………………………………… 386

11、注爾雅三卷　鄭樵 ……………………………………………………… 387

12、蜀爾雅三卷 ……………………………………………………………… 388

13、說文解字三十卷　許愼 ………………………………………………… 389

14、字林五卷　呂忱 ………………………………………………………… 389

15、玉篇三十卷　顧野王 …………………………………………………… 390

16、廣韻五卷　陸法言 ……………………………………………………… 391

17、說文解字繫傳四十卷　徐鍇 …………………………………………… 392

18、說文韻譜十卷　徐鍇 …………………………………………………… 393

19、佩觿三卷　郭忠恕 ……………………………………………………… 393

20、景祐集韻十卷　丁度、宋祁、李淑、鄭戩 ················· 394

21、類篇四十五卷　丁度、司馬光、范鎮、胡宿 ················· 395

22、禮部韻略五卷、條式一卷　戚綸、邱雍 ················· 396

23、復古編二卷　張有 ················· 396

24、韻補五卷　吳棫 ················· 398

25、字始連環二卷　鄭樵 ················· 400

26、論梵書一卷　鄭樵 ················· 400

27、石鼓文考三卷　鄭樵 ················· 401

28、嘯堂集古錄二卷　王俅 ················· 402

29、鍾鼎篆韻一卷 ················· 403

30、前漢古字韻編五卷　陳天麟 ················· 403

31、班馬字類二卷　婁機 ················· 404

32、漢隸字源六卷　婁機 ················· 405

33、廣干祿字書五卷　婁機 ················· 406

34、修校韻略五卷　劉孟容 ················· 407

35、韻略分毫補注字譜一卷　秦昌朝 ················· 407

36、附釋文互注韻略五卷 ················· 408

37、押韻釋疑五卷　易有開、歐陽德隆 ················· 408

38、字通一卷　李從周 ················· 409

39、切韻義一卷、纂要圖例一卷　謝暉 ················· 410

第六章　結　論 ················· 411

後　記 ················· 415

參考書目 ················· 417

《直齋書錄解題經錄考證》書名索引 ················· 437

《直齋書錄解題經錄考證》著者索引 ················· 447

第六、七冊　江秀梅：《初學記》徵引集部典籍考

作者簡介

江秀梅，一九六七年生。

學歷：輔仁大學中國文學系碩士畢業。

現職：國立新竹高商。

著作：論文〈魏晉南北朝詩賦合流現象初探〉、專著〈初學記徵引集部典籍考〉。

提　要

隋以前圖書散佚嚴重，開皇三年，秘書監牛弘表請搜訪異書，經籍於是漸備。唐自立國，即極重視圖籍之收聚。唐官府藏書在隋之官藏基礎予以發展，官府藏書處之規模亦有擴大。唐代除大規模整理舊籍外，類書之編纂亦蓬勃興起。《初學記》為開元年間，玄宗敕徐堅所撰。其書所採摭，皆隋以前古書，而去取謹嚴，多可應用，在唐人類書中，頗具文獻價值。

研究文學，檢尋古籍，倘不辨明真偽，以論作家生平及其作品風格，則往往差以毫釐，謬以千里。然欲考求唐前之詩文集，惟賴〈隋志〉，而唐代類書所徵引之唐前詩文集，或有〈隋志〉未著錄者，凡此皆可補〈隋志〉之不足。《初學記》於整理初唐以前之文學史料，極具價值。故冀以本文，可將初唐以前集部亡佚之書，詳加考索，爬梳董理，不致使其永晦不彰，並可為漢魏六朝文學之研究，盡棉薄之力。

全文凡例、緒論外分為三章：

首為「緒論」，敘述本文研究動機與方法。

第一章「類書與初學記概述」，本章又分二節：第一節類書概說，將類書之內容與特性、起源與演變及其作用與缺失略作探討；第二節《初學記》之纂修及其內容，將《初學記》所具有之內容、性質及功能予以提出。

第二章「《初學記》徵引集部典籍考」，此章為本論文主體。所考之古籍，以《初學記》徵引集部典籍為範圍，所考諸書，其分類與次第，一仿〈隋志〉；凡〈隋志〉未著錄者，則參考諸史志，力求分類妥愜。

書目考之體例，於撰者生平及著作內容等，加以敘述。撰者之考索，其資料或得自史傳，或採自方志，或引自碑銘，其詳略去取，視要而定。著作內容之考訂，則有關序跋及足資論證者，視實際需要引錄之；如佚文尚可鉤稽而有助於考證者，亦略事徵引，以資考核。其有輯本者，則著其輯本之名稱及內容概略。其他如撰者之誤題、書名之舛謬、篇卷之多寡等，亦視其情形，酌加考訂。本章分為三節，第一節為楚辭類，第二節為別集類，第三節為總集類。

第三章「結論」，總結本文研究成果，並以《初學記》徵引集部書為例，論述《初學記》一書之文獻價值。隨後並有附錄三篇，其一為〈初學記徵引集部作者篇名索引〉，俾便讀者檢索；其二為〈初學記徵引集部典籍存佚表〉，每書著其存佚及殘本、輯本，俾便省覽；其三為參考書目舉要。

目　錄

上　冊

凡　例

緒　論 1

第一章　類書與《初學記》概述 5

　第一節　類書概說 5

　第二節　《初學記》之纂修及其內容 10

第二章　《初學記》徵引集部典籍考 13

　第一節　楚辭類 13

　第二節　別集類 16

　　一、先　秦 16

　　二、西　漢 18

　　三、後　漢 31

　　四、魏 58

　　五、吳 71

　　六、西　晉 74

　　七、東　晉 99

　　八、宋 126

　　九、齊 148

　　十、梁 154

　　十一、北　魏 184

　　十二、北　齊 188

　　十三、北　周 192

　　十四、陳 197

　　十五、隋 208

　　十六、唐 221

　　十七、待考者 258

　第三節　總集類 259

第三章　結　論 267

下　冊

附錄一　《初學記》徵引集部作者篇名索引 ……………………………… 1
附錄二　《初學記》徵引集部典籍存佚表 …………………………… 107
附錄三　《初學記》徵引集部典籍作者索引 ………………………… 133
參考書目 ………………………………………………………………… 143

第八冊　簡逸光：《穀梁傳》解經方法研究

作者簡介

　　簡逸光，1975 年生，中國文化大學碩士，現爲佛光人文社會學院文學所博士生。

提　要

　　《穀梁傳》解經方法研究，主要研究《穀梁傳》解釋《春秋》的方法，認爲《穀梁傳》是爲解釋《春秋》而產生，對《穀梁傳》而言，解釋並不只是消極的解釋，它有一種強制性，就是規範閱讀《春秋》的方法。它是如何達成這目的？論文藉《傳》文的研究將這部分闡述出來。

　　論文透過《傳》例的研究提出《穀梁傳》的「傳」字意義，筆者發現《傳》文的組成有十種類型，這些都可以說是《傳》的內涵。而其中佔的最多的部分，則是《傳》的主要特徵，就是「說明」與「理由」，其他還包括「定義」、「規定」、「轉語」、「轉而論」、「或曰」、「推論」、「傳例同訓詁」、「故事」。

　　針對《穀梁傳》有《傳》文的部分，透過分析將此部分的解經方法釐清，進而可利用這些解經方法去解讀無《傳》的《經》文。

目　錄

第一章　緒　論 ………………………………………………………………… 1
　第一節　研究動機 …………………………………………………………… 1
　第二節　前人研究成果的探討 ……………………………………………… 2
　第三節　研究方法 …………………………………………………………… 5
第二章　《穀梁傳》的形成 …………………………………………………… 7
　第一節　《穀梁傳》未書於竹帛前的流傳情形 …………………………… 7
　第二節　《穀梁傳》的師承 ………………………………………………… 11
　第三節　《穀梁傳》與《春秋》的合刊 …………………………………… 15
第三章　《穀梁傳》解經的根源問題 ………………………………………… 19

第一節　《穀梁傳》「傳」字的意義 ………………………… 19

第二節　《穀梁傳》的訓詁 …………………………………… 27

第四章　《穀梁傳》解經方法的形式問題 …………………… 37

第一節　《穀梁傳》的無傳現象 ……………………………… 37

第二節　《穀梁傳》的重發傳現象 …………………………… 42

第三節　《穀梁傳》單條釋經與事件始末 …………………… 44

第四節　《穀梁傳》以故事釋經 ……………………………… 48

第五章　《穀梁傳》解經方法的著述原則 …………………… 55

第一節　《穀梁傳》的定義與規定 …………………………… 55

第二節　《穀梁傳》的轉語與轉而論 ………………………… 70

第三節　《穀梁傳》的或曰與推論 …………………………… 75

第六章　《穀梁傳》解經的時代反映 ………………………… 85

第一節　《穀梁傳》對天子、霸、伯的態度 ………………… 85

第二節　《穀梁傳》對家庭倫理的觀點 ……………………… 94

第七章　結　論 ……………………………………………… 107

參考書目 ……………………………………………………… 111

附錄：穀梁傳例 ……………………………………………… 121

第九冊　劉文清：《墨子閒詁》訓詁研究

作者簡介

　　劉文清，國立臺灣大學中國文學博士，現任臺灣大學中國文學系副教授。學術研究範圍以訓詁學、墨學為主。著有《系統字義研究——古韻之部端章二系字組》、〈再論墨經、二取之篇名及其相關問題〉、〈俞樾《墨子平議》訓詁術語析論〉、《《讀書雜志》「之言」術語析論——兼論其「因聲求義」法〉、〈訓詁學新體系之建構——從當前訓詁學研究之回顧與反思談起〉、〈墨家兼愛思想之嬗變——從「兼」字涵義談起〉等論文十餘篇，編有《中韓訓詁學研究論著目錄初編》(與李隆獻合編)一書。

提　要

　　孫詒讓為清末乾嘉學派大師，《墨子閒詁》為其生平代表作，係研究墨學之重要著作，本書即以此為主題展開探究。文分八章：第一章緒論。概述本文之研究動機、方法與綱要。第二章孫詒讓之生平與學術。簡介孫氏之生平事蹟及學術著作。第三

章《墨子閒詁》釋名及其版本研究。探討《閒詁》得名之由；並取其書之二種不同
版本——聚珍本與定本，相互對勘，共校得歧異處九百餘則。第四章《閒詁》訓詁
之基礎工夫。探討《閒詁》校勘、考證、輯錄等方法及其得失，以明諸法對訓詁之
重要性。第五章《閒詁》訓詁方法述略。《閒詁》之最大成就，乃在訓詁。本書因概
論《閒詁》常用之訓詁方法，歸納為以下六端：一、參驗群書。二、以形索義。三、
因聲求義。四、就義論義。五、審定文例。六、疏證名物制度。第六章《閒詁》訓
詁術語析論。因於《閒詁》訓詁方法之研討中，往往涉及專門術語之運用，而對其
訓詁之瞭解，頗有關係，不可不察，乃擇其要者凡十一項，一一加以析論，試為歸
納、分析此諸術語之音韻條件及使用情形，並從而提出字義系統之觀念，以與《閒
詁》作為比較、對照。第七章《閒詁》訓詁補正。則就《閒詁》訓詁疏失之例，為
之訂正、補苴，凡六十四則。第八章結論。書末並附錄聚珍本與定本《閒詁》異文、
異說對照表。

目　錄

第一章　緒　論⋯⋯⋯⋯⋯⋯⋯⋯⋯⋯⋯⋯⋯⋯⋯⋯⋯⋯⋯⋯⋯⋯⋯⋯⋯⋯⋯⋯⋯⋯1
　第一節　研究動機⋯⋯⋯⋯⋯⋯⋯⋯⋯⋯⋯⋯⋯⋯⋯⋯⋯⋯⋯⋯⋯⋯⋯⋯⋯⋯1
　第二節　研究方法與綱要⋯⋯⋯⋯⋯⋯⋯⋯⋯⋯⋯⋯⋯⋯⋯⋯⋯⋯⋯⋯⋯⋯2
第二章　孫詒讓之生平與學術著作述略⋯⋯⋯⋯⋯⋯⋯⋯⋯⋯⋯⋯⋯⋯⋯⋯⋯5
　第一節　孫氏之生平⋯⋯⋯⋯⋯⋯⋯⋯⋯⋯⋯⋯⋯⋯⋯⋯⋯⋯⋯⋯⋯⋯⋯⋯5
　第二節　孫氏之學術著作述略⋯⋯⋯⋯⋯⋯⋯⋯⋯⋯⋯⋯⋯⋯⋯⋯⋯⋯⋯10
　　1. 經子校詁⋯⋯⋯⋯⋯⋯⋯⋯⋯⋯⋯⋯⋯⋯⋯⋯⋯⋯⋯⋯⋯⋯⋯⋯⋯⋯10
　　　1-1 經書之校詁⋯⋯⋯⋯⋯⋯⋯⋯⋯⋯⋯⋯⋯⋯⋯⋯⋯⋯⋯⋯⋯⋯⋯10
　　　1-2 子書之校詁⋯⋯⋯⋯⋯⋯⋯⋯⋯⋯⋯⋯⋯⋯⋯⋯⋯⋯⋯⋯⋯⋯⋯11
　　　1-3 札　迻⋯⋯⋯⋯⋯⋯⋯⋯⋯⋯⋯⋯⋯⋯⋯⋯⋯⋯⋯⋯⋯⋯⋯⋯⋯11
　　2. 目錄學⋯⋯⋯⋯⋯⋯⋯⋯⋯⋯⋯⋯⋯⋯⋯⋯⋯⋯⋯⋯⋯⋯⋯⋯⋯⋯⋯12
　　3. 古文字學⋯⋯⋯⋯⋯⋯⋯⋯⋯⋯⋯⋯⋯⋯⋯⋯⋯⋯⋯⋯⋯⋯⋯⋯⋯⋯13
　　　3-1 金文學⋯⋯⋯⋯⋯⋯⋯⋯⋯⋯⋯⋯⋯⋯⋯⋯⋯⋯⋯⋯⋯⋯⋯⋯⋯14
　　　3-2 甲骨學⋯⋯⋯⋯⋯⋯⋯⋯⋯⋯⋯⋯⋯⋯⋯⋯⋯⋯⋯⋯⋯⋯⋯⋯⋯14
　　　3-3 名　原⋯⋯⋯⋯⋯⋯⋯⋯⋯⋯⋯⋯⋯⋯⋯⋯⋯⋯⋯⋯⋯⋯⋯⋯⋯15
第三章　《墨子閒詁》釋名及其版本研究⋯⋯⋯⋯⋯⋯⋯⋯⋯⋯⋯⋯⋯⋯⋯⋯17
　第一節　《閒詁》釋名⋯⋯⋯⋯⋯⋯⋯⋯⋯⋯⋯⋯⋯⋯⋯⋯⋯⋯⋯⋯⋯⋯17
　第二節　《閒詁》之版本研究⋯⋯⋯⋯⋯⋯⋯⋯⋯⋯⋯⋯⋯⋯⋯⋯⋯⋯⋯18
　　1. 從聚珍本至定本⋯⋯⋯⋯⋯⋯⋯⋯⋯⋯⋯⋯⋯⋯⋯⋯⋯⋯⋯⋯⋯⋯⋯18

2. 聚珍本與定本之比較 ⋯⋯⋯⋯⋯⋯⋯⋯⋯⋯⋯⋯⋯⋯ 19

 2-1 正文之異 ⋯⋯⋯⋯⋯⋯⋯⋯⋯⋯⋯⋯⋯⋯ 20

  2-1-1 異　文 ⋯⋯⋯⋯⋯⋯⋯⋯⋯⋯⋯⋯ 20

  2-1-2 異　說 ⋯⋯⋯⋯⋯⋯⋯⋯⋯⋯⋯⋯ 21

 2-2 注文之異 ⋯⋯⋯⋯⋯⋯⋯⋯⋯⋯⋯⋯⋯⋯ 21

  2-2-1 異　文 ⋯⋯⋯⋯⋯⋯⋯⋯⋯⋯⋯⋯ 21

  2-2-2 異　說 ⋯⋯⋯⋯⋯⋯⋯⋯⋯⋯⋯⋯ 22

第四章　《閒詁》訓詁之基礎工夫 ⋯⋯⋯⋯⋯⋯⋯⋯⋯⋯ 25

 第一節　校勘方面 ⋯⋯⋯⋯⋯⋯⋯⋯⋯⋯⋯⋯⋯⋯ 25

 1. 校勘之方法 ⋯⋯⋯⋯⋯⋯⋯⋯⋯⋯⋯⋯⋯⋯ 25

  1-1 旁羅異本 ⋯⋯⋯⋯⋯⋯⋯⋯⋯⋯⋯⋯⋯ 26

  1-2 參驗群書 ⋯⋯⋯⋯⋯⋯⋯⋯⋯⋯⋯⋯⋯ 27

  1-3 審定文例 ⋯⋯⋯⋯⋯⋯⋯⋯⋯⋯⋯⋯⋯ 28

  1-4 以理推求 ⋯⋯⋯⋯⋯⋯⋯⋯⋯⋯⋯⋯⋯ 28

 2. 校勘之疏失 ⋯⋯⋯⋯⋯⋯⋯⋯⋯⋯⋯⋯⋯⋯ 29

  2-1 校勘訛漏 ⋯⋯⋯⋯⋯⋯⋯⋯⋯⋯⋯⋯⋯ 29

  2-2 版本未備 ⋯⋯⋯⋯⋯⋯⋯⋯⋯⋯⋯⋯⋯ 30

  2-3 體例不一 ⋯⋯⋯⋯⋯⋯⋯⋯⋯⋯⋯⋯⋯ 31

 第二節　考證輯錄方面 ⋯⋯⋯⋯⋯⋯⋯⋯⋯⋯⋯⋯ 32

 1. 考證輯錄之範疇 ⋯⋯⋯⋯⋯⋯⋯⋯⋯⋯⋯⋯ 32

  1-1 考證墨子生卒 ⋯⋯⋯⋯⋯⋯⋯⋯⋯⋯⋯ 32

  1-2 考證《墨子》書 ⋯⋯⋯⋯⋯⋯⋯⋯⋯⋯⋯ 32

  1-3 考證墨學流傳 ⋯⋯⋯⋯⋯⋯⋯⋯⋯⋯⋯ 33

  1-4 輯錄墨子相關資料 ⋯⋯⋯⋯⋯⋯⋯⋯⋯ 34

 2. 考證輯錄之疏失 ⋯⋯⋯⋯⋯⋯⋯⋯⋯⋯⋯⋯ 34

  2-1 考墨子生平之失 ⋯⋯⋯⋯⋯⋯⋯⋯⋯⋯ 34

  2-2 考《墨子》書之失 ⋯⋯⋯⋯⋯⋯⋯⋯⋯⋯ 34

  2-3 考墨學流傳之失 ⋯⋯⋯⋯⋯⋯⋯⋯⋯⋯ 36

  2-4 輯錄之失 ⋯⋯⋯⋯⋯⋯⋯⋯⋯⋯⋯⋯⋯ 36

第五章　《閒詁》訓詁方法述略 ⋯⋯⋯⋯⋯⋯⋯⋯⋯⋯ 37

 第一節　參驗群書 ⋯⋯⋯⋯⋯⋯⋯⋯⋯⋯⋯⋯⋯⋯ 37

 1. 參驗群書之範疇 ⋯⋯⋯⋯⋯⋯⋯⋯⋯⋯⋯⋯ 38

　　　1-1　博采墨學相關書籍 ·· 38

　　　1-2　廣徵古注、類書及關係書 ·································· 39

　　　1-3　勤檢字書 ·· 40

　2.　參驗群書之方法─從善、匡違、補闕、存疑 ············ 40

　3.　參驗群書之疏失 ·· 42

　　　3-1　徵采未備 ·· 42

　　　3-2　引據訛誤 ·· 42

　　　3-3　曲解古書 ·· 46

　　　3-4　取捨失當 ·· 47

第二節　以形索義 ·· 48

　1.　刊正形誤 ··· 49

　　　1-1　一般形誤 ·· 49

　　　1-2　各種書體之誤 ·· 50

　2.　辨識或體 ··· 53

　3.　考定古字 ··· 53

第三節　因聲求義 ·· 54

　1.　訂正聲誤 ··· 55

　2.　通達假借 ··· 56

　3.　運用同源字 ··· 57

　4.　推明音轉 ··· 58

　5.　審定韻讀 ··· 58

第四節　就義論義 ·· 60

　1.　發明引申義 ··· 60

　2.　判定同義字 ··· 61

第五節　審定文例 ·· 62

　1.　審定文例之範疇 ·· 62

　　　1-1　審定特殊文例 ·· 63

　　　1-2　審定一般文例 ·· 64

　2.　審定文例之疏失 ·· 65

　　　2-1　文例未備 ·· 65

　　　2-2　曲解文例 ·· 66

第六節　疏證名物制度 ··· 69

　　1. 疏證名物制度之特色 ……………………………………… 69

　　2. 疏證名物制度之疏失 ……………………………………… 71

第六章　《爾詁》訓詁術語析論 ……………………………………… 75

第一節　《爾詁》訓詁術語分析 ……………………………………… 75

　1. 與音韻相關之術語 ………………………………………… 75

　　1-1　術語之音韻條件 …………………………………… 98

　　　1-1-1　聲韻母並近 …………………………………… 98

　　　　1-1-1-1　聲韻母並同近 ………………………… 98

　　　　1-1-1-2　聲母相關、韻母相同 ……………… 98

　　　1-1-2　雙　聲 ……………………………………… 99

　　　　1-1-2-1　一般雙聲 …………………………… 99

　　　　1-1-2-2　雙聲旁轉 …………………………… 100

　　　　1-1-2-3　雙聲對轉 …………………………… 100

　　　1-1-3　疊　韻 ……………………………………… 101

　1-1-4　聲韻母俱異 …………………………………………… 101

　　1-2　術語之使用情形 …………………………………… 103

　　　1-2-1　音（聲）同、音（聲）近 ………………… 103

　　　　1-2-1-1　假　借 ……………………………… 103

　　　　1-2-1-2　聲　誤 ……………………………… 104

　　　　1-2-1-3　音（聲）義同、音（聲）義近、音（聲）近義同 … 104

　　　1-2-2　聲類同 …………………………………………… 104

　　　1-2-3　音（聲）轉、一聲之轉 …………………… 104

　　　　1-2-3-1　假　借 ……………………………… 104

　　　　1-2-3-2　聲　誤 ……………………………… 106

　　　　1-2-3-3　轉　語 ……………………………… 106

　　　1-2-4　音（聲）義同、音（聲）義近、音近義同（通） … 107

　　　　1-2-4-1　同源字 …………………………… 107

　　　　1-2-4-2　或　體 …………………………… 109

　　　　1-2-4-3　假　借 …………………………… 111

　　　1-2-5　假　借 ………………………………………… 111

　　　1-2-6　讀　爲（作）（如） ……………………… 112

　　　　1-2-6-1　假　借 …………………………… 112

1-2-6-2 別　義 ··· 113

1-2-7 通、通用、字通 ······································· 114

1-2-7-1 假　借 ··· 114

1-2-7-2 同源字 ··· 114

1-2-7-3 轉　語 ··· 119

1-2-7-4 或　體 ··· 119

1-2-8 同、字同 ··· 121

1-2-8-1 假　借 ··· 122

1-2-8-2 同源字 ··· 122

1-2-8-3 轉　語 ··· 123

1-2-8-4 或　體 ··· 124

2. 當爲、當作（從）··· 126

2-1 誤　字 ··· 126

2-1-1 形　誤 ·· 126

2-1-2 聲　誤 ·· 126

2-1-2-1 術語之使用情形 ································· 127

2-1-2-2 術語之音韻條件 ································· 128

2-1-2-2-1 聲韻母並近 ··························· 128

2-1-2-2-2 聲韻母俱異 ··························· 128

2-1-3 形聲相近而誤者 ···································· 128

2-1-3-1 術語之使用情形 ································· 129

2-1-3-2 術語之音韻條件 ································· 129

2-1-3-2-1 聲韻母並近 ··························· 129

2-1-3-2-1-1 聲韻母並同近 ············· 129

2-1-3-2-1-2 聲母相關、韻母相同 ···· 129

2-1-3-2-2 雙　聲 ································· 130

2-2 假　借 ··· 130

2-2-1 術語之使用情形 ···································· 131

2-2-2 術語之音韻條件 ···································· 132

2-2-2-1 聲韻母並近 ······································· 132

2-2-2-1-1 聲韻母並同近 ······················ 132

2-2-2-1-2 聲母相關、韻母相同 ··········· 132

2-2-2-2 雙　聲 ··············· 132
2-3　省　借 ·············· 133
3.　省、省借字 ·············· 134
3-1　省　文 ·············· 135
3-2　省借字 ·············· 136
4.　古今字、古某字（今某字）、古作某（今作某） ·············· 137
4-1　造字相承 ·············· 138
4-2　古今用字不同 ·············· 139
第二節　《閒詁》術語觀念之檢討 ·············· 140
1.　訓詁之術語可具多義性 ·············· 141
2.　訓詁之音韻條件著重聲韻母雙重關係 ·············· 141
3.　訓詁之立論間有相矛盾者 ·············· 142
4.　訓詁之觀點或採不同角度 ·············· 142
第七章　《閒詁》訓詁補正 ·············· 149
親　士 ·············· 149
脩　身 ·············· 149
辭　過 ·············· 150
尚賢上 ·············· 150
尚賢下 ·············· 150
尚同上 ·············· 151
尚同中 ·············· 151
尚同下 ·············· 152
兼愛上 ·············· 152
兼愛中 ·············· 152
非攻中 ·············· 153
非攻下 ·············· 154
節葬下 ·············· 156
天志上 ·············· 157
天志下 ·············· 157
明鬼下 ·············· 157
非樂上 ·············· 158
非命上 ·············· 158

非命中 158

非儒下 159

經　上 159

經　下 159

經說上 160

經說下 160

大　取 161

小　取 164

耕　柱 164

貴　義 164

公　輸 165

備城門 165

旗　幟 166

第八章　結　論 167

附錄　聚珍本與定本《閒詁》異文、異說對照表 171

表一、正文之異文 171

表二、正文之異說 174

表三、注文之異文 175

表四、注文之異說 182

參考書目 207

一、傳統文獻（依作者時代爲序） 207

二、近人論著（依作者筆劃爲序） 209

三、單篇論文（依作者筆畫爲序） 213

第十冊　林葉連：中國歷代《詩經》學

作者簡介

　　林葉連　民國四十八年（公元 1959）二月，生於臺灣省南投縣，祖籍在福建省漳浦縣。中國文化大學文學博士。從民國六十九年（1980）起，先後從左松超、陳新雄、潘重規等三位教授學習《詩經》。研究成果，曾於 2004 年，榮獲中國《詩經》學會在河北承德避暑山莊頒發第二等獎。現任國立雲林科技大學漢學所副教授。其他著作有：《詩經論文》、《國學探索文集》、《勵志修身古鑑》。

提　要

　　本書完成於民國七十九年（公元 1990），是繼甘鵬雲《經學源流考》、皮錫瑞《經學歷史》、本田成之《中國經學史》、馬宗霍《中國經學史》、胡樸安《詩經學》、徐復觀《中國經學史的基礎》、李威熊《中國經學發展史論》之後，較為完備之《詩經》學史。書中就中國歷代各朝的社會背景、學術取向、《詩經》學之流派、代表作家及其作品逐一推闡；資料蒐羅宏富，內容條理清晰，脈絡分明，極便讀者。

　　宋朝朱子主張：「今但信詩，不必信《序》」，其《詩集傳》為元、明、清三朝科舉考試的主要用書。此一廢《序》口號，歷經清朝今文學派的發揚，民國八年（公元 1019）五四運動以來，西學大量引進，以致十五〈國風〉被視為里巷男女的情歌；傳統尊《序》的說法，每每被指為穿鑿附會，廢《序》幾乎成為定局。本書對於《詩序》持珍貴及尊重的態度，在當時不利的環境下與許多著名學者的論述相牴牾，因此感到特別艱辛。為了辨別是非，書中有關宋朝朱子的觀點所做的反駁著墨最多。

　　筆者認為《詩經》是周朝政府推行政教的重要典籍，章學誠所說的「《六經》皆史」比較近乎情實。因此，這是一本引人進入傳統國學的書，不以標新立異為能事。對於有意探討中國《詩經》學的讀者而言，可說是扼要的入門書籍。至於筆者探討有關《詩經》問題的論文，則另外收錄在《詩經論文》一書，可視為與此書相輔相成之作。

　　關鍵字：詩經、詩經學、經學史、詩經學史

目　錄

潘　序
自　序
第一章　《詩經》學之前奏 ……………………………………………… 1
　第一節　周朝之社會概況與史官制度 ………………………………… 1
　第二節　「以道德為根本」之教育政策 ……………………………… 4
　第三節　諷諫與「興」詩探源 ………………………………………… 6
　第四節　《詩經》教材 …………………………………………………… 11
　第五節　詩、禮、樂結合 ……………………………………………… 12
　第六節　賦詩引詩言志之風 …………………………………………… 14
第二章　孔、孟、荀論《詩》 ………………………………………… 17

第一節　孔子論《詩》 ……………………………………………………… 17

第二節　孟子論《詩》 ……………………………………………………… 23

第三節　荀子論《詩》 ……………………………………………………… 25

第三章　漢朝《詩經》學 ………………………………………………… 29

第一節　漢朝經學概述 …………………………………………………… 29

一、社會富庶繁榮 ……………………………………………………… 29

二、經書之復原 ………………………………………………………… 30

三、獨尊經學 …………………………………………………………… 31

四、官學與私學 ………………………………………………………… 35

五、師法與家法 ………………………………………………………… 41

六、齊學與魯學 ………………………………………………………… 44

七、今、古文經學 ……………………………………………………… 49

八、石渠閣與白虎觀會議 ……………………………………………… 55

第二節　魯齊韓毛四家詩 ………………………………………………… 56

一、《魯詩》 …………………………………………………………… 57

二、《齊詩》 …………………………………………………………… 61

三、《韓詩》 …………………………………………………………… 67

四、《毛詩》 …………………………………………………………… 71

第三節　阜陽漢簡《詩經》 ……………………………………………… 93

第四章　魏、晉《詩經》學 ……………………………………………… 95

第一節　經學中衰之原因與歷史背景 …………………………………… 95

一、經學極盛而衰之必然規律 ………………………………………… 96

二、漢末黨錮之禍打擊學術界 ………………………………………… 96

三、曹魏重法輕儒之風 ………………………………………………… 96

四、政局混亂與恐怖 …………………………………………………… 97

五、清談與玄學盛行 …………………………………………………… 98

六、唯美文風之負面作用 ……………………………………………… 99

第二節　魏晉《詩經》學概況 …………………………………………… 99

一、有關經學博士之制度與兩漢不同 ………………………………… 99

二、今文經學衰退，古文經學綿延不絕 ……………………………… 100

三、學術重鎮轉移 ……………………………………………………… 101

四、北學、南學漸有分野 ……………………………………………… 103

　　五、鄭、王學派爭執 ………………………………………………… 104

　　六、《詩經》學家舉例 ……………………………………………… 108

第五章　南北朝《詩經》學 ………………………………………………… 109

　第一節　各種文體欣欣向榮，使經學旁落一隅 ……………………… 109

　第二節　南學、北學各有淵源，各具特色 …………………………… 110

　第三節　士族門閥維繫經學 …………………………………………… 113

　第四節　北朝較南朝重視經學 ………………………………………… 114

　第五節　《詩經》方面，《毛傳》、《鄭箋》一枝獨秀 …………… 116

　第六節　義疏之學興起 ………………………………………………… 117

　第七節　《詩經》學家舉例 …………………………………………… 119

第六章　隋唐《詩經》學 …………………………………………………… 121

　第一節　隋朝《詩經》學 ……………………………………………… 121

　　一、隋皇輕視教育 …………………………………………………… 121

　　二、北學併於南學 …………………………………………………… 122

　　三、劉焯與劉炫 ……………………………………………………… 123

　四、其他《詩經》學家 ………………………………………………… 126

　第二節　唐朝《詩經》學 ……………………………………………… 126

　　一、唐朝之學術風氣 ………………………………………………… 126

　　二、科舉明經 ………………………………………………………… 128

　　三、陸德明《經典釋文》 …………………………………………… 129

　　四、訂正群經文字 …………………………………………………… 130

　　五、群經義疏 ………………………………………………………… 133

　　六、反群經義疏及其它重要詩經學著作 …………………………… 136

　　七、敦煌學之《詩經》資料 ………………………………………… 138

　　八、敦煌《詩經》卷子之價值 ……………………………………… 141

第七章　宋朝《詩經》學 …………………………………………………… 143

　第一節　宋朝經學背景 ………………………………………………… 143

　　一、重文輕武之政策 ………………………………………………… 143

　　二、崇尚氣節 ………………………………………………………… 145

　　三、刊印經書 ………………………………………………………… 146

　　四、學校與書院 ……………………………………………………… 147

　　五、理學發達 ………………………………………………………… 148

　　　六、科舉制度與王安石變法 ………………………………………… 149

　　第二節　宋朝經學之發展趨勢 …………………………………………… 152

　　　一、宋初爲唐學之餘響 …………………………………………………… 152

　　　二、慶曆以降之變革 ……………………………………………………… 152

　　　　（一）捨訓詁而趨義理 ………………………………………………… 152

　　　　（二）喜好新奇，好以己意解經 ……………………………………… 154

　　　　（三）疑經、改經之風盛行 …………………………………………… 157

　　　三、宋朝《詩經》學著作之分類 ……………………………………… 162

　　　四、《詩經》學著作簡介 ………………………………………………… 163

　　第三節　歐、呂、朱之《詩經》學 …………………………………… 168

　　　一、歐陽修 ………………………………………………………………… 168

　　　二、呂祖謙 ………………………………………………………………… 174

　　　三、朱　熹 ………………………………………………………………… 181

第八章　元、明《詩經》學 ………………………………………………… 211

　　第一節　元朝《詩經》學 ………………………………………………… 211

　　第二節　明朝《詩經》學 ………………………………………………… 214

　　　一、科舉之風壓倒學校教育與薦舉制度 ……………………………… 214

　　　二、《五經大全》自欺欺人，貽誤學子 ………………………………… 215

　　　三、王陽明學說盛行，其末流專事游談，束書不觀 ………………… 216

　　　四、流行造僞、剿竊之學術歪風 ……………………………………… 216

　　　五、《詩經》學家舉例 …………………………………………………… 216

第九章　清朝《詩經》學 …………………………………………………… 219

　　第一節　清初《詩經》學發展之趨勢與時代背景（考據學興盛之原因）…… 219

　　　一、受明朝前、後七子提倡文章復古之影響 ………………………… 220

　　　二、遠紹楊愼、焦竑、方以智之尙博雅 ……………………………… 220

　　　三、對明朝時文取士之不滿 …………………………………………… 220

　　　四、清初四大學者力矯王學末流之空疏 ……………………………… 221

　　　五、胡渭、閻若璩喚起求眞之觀念 …………………………………… 223

　　　六、清廷懷柔、高壓並用之政策 ……………………………………… 224

　　　七、清朝表彰程、朱，列爲官學 ……………………………………… 225

　　　八、受兩部自然科學著作之影響 ……………………………………… 226

　　　九、經濟安定繁榮，助長樸學興盛 …………………………………… 226

　　十、西學之影響 ………………………………………………… 226

　　十一、得力於精良之研究法 …………………………………… 227

　第二節　今文經學之復興 ……………………………………… 228

　第三節　《詩經》學家舉例 …………………………………… 231

　　一、陳啓源 ……………………………………………………… 232

　　二、惠周惕 ……………………………………………………… 237

　　三、胡承珙 ……………………………………………………… 240

　　四、馬瑞辰 ……………………………………………………… 243

　　五、陳　奐 ……………………………………………………… 251

　　六、魏　源 ……………………………………………………… 259

　　七、姚際恆 ……………………………………………………… 267

　　八、方玉潤 ……………………………………………………… 269

　　九、《詩經》古音諸學者 ……………………………………… 272

第十章　結　論 …………………………………………………… 279

參考書目 …………………………………………………………… 285

第十一冊　林珊湘：《史記》「太史公曰」之義法研究

作者簡介

　　林珊湘，一九七三年生，國立臺北師範學院畢，國立成功大學中國文學研究所碩士。

　　曾獲榮譽：二〇〇二及二〇〇三年台南縣作文比賽第一名。

提　要

　　本論文針對《史記》一百三十四則「太史公曰」之內容作研究，闡發其「義法」。「義」，指的是司馬遷於「太史公曰」中，所體現之學術思想、創作精神，以及褒貶的標準；「法」，指的是「太史公曰」文章創作之法則、結構，以及藝術表現。

　　論文前兩章概論「太史公曰」之編纂旨趣，及其創作之文化背景。第三章，分析「太史公曰」之作用與特色。在第四、第五章中，筆者嘗試發現「太史公曰」裡，所體現司馬遷主要之學術思想——黃老與儒家，此爲「義」的部分。第六章，剖析「太史公曰」文章之藝術表現，亦即其形式技巧，此爲「法」的部分。第七章，主要就歷史評論與文學兩方面，說明「太史公曰」對後世之影響。第八章，總結全論

文而獲致以下結論：

一、「太史公曰」之作用甚夥，萬象包羅；其風格鮮明，獨樹一幟。

二、「太史公曰」體現出司馬遷貫通黃老與儒家之思維，展現「言有物」之特質。

三、「太史公曰」之藝術技巧，依循一定的美學法則，顯示「言有序」之特徵。

四、「太史公曰」之影響弘深，除歷史評論與敘事文學外，其它如詠史詩、小品文……等方面都有待發掘，現代極短篇之創作，亦能從中得到借鑒。

五、「太史公曰」之於司馬遷，猶《論語》之於孔子，《史記》因「太史公曰」而成「一家之言」。

目　錄

第一章　緒　論 ··· 1
　第一節　《史記》「太史公曰」概說 ······························· 1
　　（一）「太史公曰」之編纂旨趣 ································· 1
　　（二）「義法」界說 ··· 5
　第二節　《史記》「太史公曰」之源流 ···························· 6
　第三節　研究現況與方法 ··· 8
　　（一）研究現況 ··· 8
　　（二）研究方法與預期成果 ····································· 9
第二章　司馬遷與《史記》——「太史公曰」創作的文化背景 ········ 11
　第一節　《史記》成書之時代激盪 ······························· 11
　　（一）漢初垂拱，經濟復甦 ···································· 11
　　（二）君主興利，酷吏治民 ···································· 12
　第二節　司馬遷之人格與風格 ···································· 12
　　（一）家學與師承 ·· 12
　　（二）奇才成偉書 ·· 15
　第三節　李陵案原委 ·· 16
第三章　《史記》「太史公曰」之作用與特點 ······················ 19
　第一節　書寫壯遊心得 ·· 20
　　（一）敘遊歷 ·· 20
　　（二）求軼事 ·· 24
　　（三）采諺謠 ·· 27
　　（四）錄奇異 ·· 30
　第二節　寓褒貶寄感慨 ·· 31

（一）褒　美 ……………………………………………… 32
　　1. 景仰其人 ………………………………………… 32
　　2. 歌頌德政 ………………………………………… 33
　　3. 發憤成功 ………………………………………… 35
（二）貶　刺 ……………………………………………… 39
　　1. 直言貶抑 ………………………………………… 39
　　2. 以美爲諷 ………………………………………… 41
　　3. 微言譏刺 ………………………………………… 43
第三節　論得失輕成敗 …………………………………… 44
（一）袪誣妄 ……………………………………………… 45
　　1. 駁俗議 …………………………………………… 45
　　2. 袚迷信 …………………………………………… 46
（二）論因果 ……………………………………………… 47
　　1. 先人流澤 ………………………………………… 48
　　2. 歿身遺禍 ………………………………………… 49
（三）較功名 ……………………………………………… 50
第四節　傳史料明取捨 …………………………………… 55
（一）言述作之本旨 ……………………………………… 56
（二）見去取之從來 ……………………………………… 57
　　1. 博採群書 ………………………………………… 57
　　2. 記傳述者 ………………………………………… 59
第四章　《史記》「太史公曰」與黃老思想 …………… 63
第一節　漢初黃老思想 …………………………………… 63
（一）黃老界說 …………………………………………… 63
（二）傳授關係 …………………………………………… 64
（三）黃老之功 …………………………………………… 65
第二節　太史公之黃老思想 ……………………………… 67
（一）司馬談 ……………………………………………… 67
（二）司馬遷 ……………………………………………… 69
第三節　偏重黃老旨趣之論斷 …………………………… 72
（一）政治作爲 …………………………………………… 72
（二）修身處世 …………………………………………… 78

（三）自然之道 84

（四）側重法家之論贊 88

第五章　《史記》「太史公曰」與儒家思想 91

第一節　引孔子之言佐論 92

（一）政　治 94

（二）修　身 99

（三）其　它 104

第二節　「太史公曰」與經學 108

（一）「太史公曰」與《易》 110

（二）「太史公曰」與《尚書》 113

（三）「太史公曰」與《詩》 116

第三節　「太史公曰」與《春秋》 122

（一）《春秋》 122

（二）《公羊傳》 133

第六章　《史記》「太史公曰」之藝術表現 139

第一節　長於轉折，工於頓挫 140

（一）一贊雙折 140

（二）贊排三層 141

（三）四折抑揚 143

（四）一意數折 144

第二節　文外曲致，韻味無窮 146

（一）贊文用韻 147

（二）弦外之音 149

1. 譏刺政治 150

2. 臧否人物 153

3. 自家牢騷 156

第三節　掌上河山，氣象萬千 158

（一）簡而有法 158

（二）尺幅千里 161

（三）結語藝術 165

1. 正收作結 166

2. 反語收煞 168

第七章　《史記》「太史公曰」對後世之影響 171
　第一節　歷史評論繼軌「太史公曰」 171
　　（一）《漢書》 172
　　（二）《後漢書》 174
　　（三）《三國志》 176
　　（四）《資治通鑑》 177
　　（五）《新五代史》 178
　第二節　「太史公曰」沾漑敘事文學 181
　　（一）傳記文學 182
　　（二）小　說 187
　第三節　其　它 193
　　（一）名家文集 193
　　（二）文學批評 196
　　（三）史書選論 198
　　（四）小品文 199
第八章　結　論 201
參考文獻 205

第十二冊　高禎霙：《史》、《漢》論贊之研究

作者簡介

　　高禎霙，臺灣台北縣人，中國文化大學中國文學研究所碩士、博士，現任中國文化大學中文系文學組副教授。學術著作有：《《史》《漢》論贊之研究》、《魚籃觀音研究》、〈論《史記》「褚先生曰」〉、〈李靖故事考〉、〈由《史》《漢》之〈循吏傳〉看馬、班之吏治思想〉等

提　要

　　本論文共分為十二章，分別對《史記》「太史公曰」與《漢書》「贊曰」的意義、性質、特色與各篇內容加以探析，最後則是針對《史》《漢》論贊的比較及影響進行論述。各章內容如下：

　　第一章「緒論」：略述本論文之研究目的與範圍，並探討論贊一體的淵源與性質。
第二章「《史記》體例與太史公曰」：分述《史記》五體與「太史公曰」的關係，並

析論「太史公曰」的安排與意義。　第三章「《史記》太史公曰內容的探析」：《史記》「太史公曰」共一百三十六則，本章依其內容與意旨，略分成「直言論斷以明褒貶」、「微言譏刺反語曲筆」與「引言論證敘補軼事」等三類加以探析。　第四章「《史記》太史公曰評議」：依各篇內容探析的結果，分別從史論精神、文學特質、思想等三方面評議《史記》「太史公曰」。　第五章「《漢書》體例與贊曰」：分別就《漢書》對《史記》體例的繼承與創新，《漢書》與時代的關係，以及《漢書》贊曰的安排與意義等三部份加以討論。　第六章「《漢書》贊曰內容的探析」：依《漢書》「贊曰」的內容分爲「寓意褒貶揚善抑惡」、「議論是非明言去取」、「增補傳文抒情寄慨」等三個部份加以探析。　第七章「《漢書》贊曰的評議」：分別從史學特色、文章風格、思想等三方面評議《漢書》「贊曰」的特色與成就。　第八章「《史》《漢》論贊重疊篇章的比較」：《漢書》「贊曰」有許多襲用《史記》太史公曰的部份，本章依《漢書》襲用的程度與內容略分爲三類，並在其重疊的文字中，尋繹班固襲用與修改的原因。　第九章「《史》《漢》論贊史文特質的比較」：《史》《漢》論贊之間關係密切，本章試從史學思想與文章風格二方面，對《史》《漢》論贊的異同進行比較分析。　第十章「《史》《漢》論贊對後世史學的影響」：本章以記史時代與《史》《漢》接近的幾部重要史籍作爲研究範圍，即前四史中的《後漢書》、《三國志》，以及編年體中的《漢紀》與《後漢紀》，最後舉集歷代史書論贊之大成者──《資治通鑑》爲結。　第十一章「《史》《漢》論贊對後世文學的影響」：《史》《漢》論贊對後世文學亦有相當深遠的影響，尤在傳記散文與小說的形式及內容方面，本章針對二者分別舉例並予以說明分析。第十二章「結論」：總敘研究之結果，就《史》《漢》論贊之內容、特色、成就與影響等作述評。

　　研究發現：《史記》仿先秦典籍中的「君子曰」創「太史公曰」，是爲我國史書論贊體例的起始，「太史公曰」的設置及安排，處處表現了司馬遷卓越的創意與史才，而各篇「太史公曰」的內容，則含蘊著史遷獨特的史筆與史觀。司馬遷客觀紀實的態度與「究天人際，通古今之變」的思想，以及對史事人物的論斷，都在「太史公曰」中有最完整而謹嚴的說明，因此「太史公曰」是司馬遷史論精神與思想、情感的直接展現。

　　《漢書》論贊承襲《史記》「太史公曰」而來，另題稱爲「贊曰」，在內容與文字上多有重疊或襲用的情形，不過班固在許多關鍵處，仍作了重要的修改，故《漢書》「贊曰」與《史記》「太史公曰」實有非常密切的關係。《漢書》「贊曰」與《史記》相較，不論在體例或內容上，其史學性質皆表現的更爲嚴謹而統一，且文風典雅華贍，形式固定而完整，亦爲班固史才與史識的展現，在史書論贊體例的發展上，

實具有承先啟後的重要貢獻。

　　自《史》《漢》之後，論贊成為中國史書中的固定體例，史官或著史者在客觀敘史之外，利用這個重要的空間，表達對史事人物的主觀評價，並借此發表史論，只不過各書在題稱上略有差別，但性質卻無不同。此外，在傳記散文與小說的形式上，亦造成深遠的影響，在許多作品中皆見到模仿《史》《漢》論贊的評論式結語。故《史》《漢》論贊不論在形式、內容和影響等各方面，皆具有重要的研究價值。

目　錄

第一章　緒　論 1
　第一節　研究緣起 1
　第二節　先秦典籍中的論贊雛形與淵源 5
　第三節　論贊的意義與性質 10
第二章　《史記》體例與太史公曰 17
　第一節　太史公曰的基本問題 17
　第二節　《史記》五體與太史公曰的關係 21
　第三節　太史公曰的安排與意義 26
第三章　《史記》太史公曰內容的探析 33
　第一節　直言論斷以明褒貶 34
　第二節　微言譏刺反語曲筆 42
　第三節　引言論證敘補軼事 51
第四章　《史記》太史公曰的評議 63
　第一節　論太史公曰的史論精神 63
　第二節　論太史公曰的文學特質 68
　第三節　論太史公曰的思想 75
第五章　《漢書》體例與贊曰 83
　第一節　班固《漢書》對《史記》體例的繼承與創新 ... 83
　第二節　《漢書》與時代的關係 88
　第三節　《漢書》贊曰的安排與意義 92
第六章　《漢書》贊曰內容的探析 97
　第一節　寓意褒貶揚善抑惡 97
　第二節　議論是非明言去取 102
　第三節　增補傳文抒情寄慨 108
第七章　《漢書》贊曰的評議 115

　　第一節　論《漢書》贊曰的史學特色 ……………………………………… 115

　　第二節　論《漢書》贊曰的文章風格 ……………………………………… 121

　　第三節　論《漢書》贊曰的思想 …………………………………………… 128

第八章　《史》《漢》論贊重疊篇章的比較 ……………………………………… 135

　　第一節　《漢書》贊曰襲用大部份太史公曰者 ………………………… 135

　　第二節　《漢書》贊曰僅襲用一部份太史公曰者 ……………………… 145

　　第三節　《漢書》序論引用太史公曰者 ………………………………… 153

第九章　《史》《漢》論贊史文特質的比較 ……………………………………… 159

　　第一節　《史》《漢》論贊史學思想的比較 ……………………………… 159

　　第二節　《史》《漢》論贊文章風格的比較 ……………………………… 164

第十章　《史》《漢》論贊對後世史學的影響 ………………………………… 169

　　第一節　對《後漢書》的影響 …………………………………………… 170

　　第二節　對《漢紀》、《後漢紀》與《三國志》的影響 ……………… 175

　　第三節　對《資治通鑑》的影響 ………………………………………… 181

第十一章　《史》《漢》論贊對後世文學的影響 ……………………………… 187

　　第一節　對傳記散文的影響 ……………………………………………… 188

　　第二節　對小說的影響 …………………………………………………… 193

第十二章　結　論 …………………………………………………………………… 199

參考書目 ……………………………………………………………………………… 203

第十三冊　戴美芝：老子學考

作者簡介

　　戴美芝，生於 1965 年，臺灣省臺北縣人，現任國中教師。求學時接受科學、藝術、人文三階段不同性質的培育與涵養：臺北市立第一女子高級中學自然組、國立臺灣師範大學工藝教育學系及國文研究所教學碩士班。目前仍醉心於中國哲學，並認為人生應多方融攝與體證，才能更接近真理。

提　要

　　歷來學者對於老子學史的研究，大多只是重點式的論述，較欠缺全面性的統計研究。若要作全盤性的統計研究，有其實質上的困難，但相信選定一個適當的取樣範圍，其所得的研究結果亦應有一定的價值。

本論文收錄先秦迄清亡止，中國有關研究《老子》之論著，但若其書名顯見是為道教養生、神話或方術而作，則不在本論文收錄之範圍內。本論文所收書目以歷代史志、後人補志為主，旁及私家書錄、圖書館目錄以及古人集解所引，礙於時限，許多地方通志之著錄只能闕而不論。

本論文之分類計有正文、傳注、音義、通論、專論、箚記、傳記、考證、校勘、評註、類釋、讚頌、目錄、文粹、輯佚等十五類。原欲對老子學下一番「辨章學術，考鏡源流」的功夫，但因所收錄之著作亡佚甚多，又因時限而無暇逐一分析猶有傳本之著作內容，故僅就所收錄之著作之形式加以分類，而無法就其思想內涵加以分流別派。

本論文以時代為經，類別為緯。不僅對每個著錄均作詳實的查考，且於老子其人其書俱有所考，而於老子學之流派及本末亦有詳論。最後統計各類老學著作在各代所佔之輕重比例，以觀二千多年來老學研究的興衰及研究重心的移轉。

漢初盛行黃老思想，之後漢武帝雖獨尊儒術，但自東漢後期，老學又開始復興。魏晉之世盛行玄學，其傳注、論說之盛僅次於宋、元時期。唐代興道學、玄學，刊立《道德經》經幢、經碑之風盛行，正文類之著作以此時最盛。宋、元時期，學者注重義理思辨，故以傳注類之著作最盛。明代興評點之學，評註之作顯著大增。明清之際從宋學轉為漢學。清代盛行考據，注疏、論說之作明顯銳減，但音義、箚記、考證、校勘等性質之著作，卻都是最盛之時。

大體看來，注疏、論說之作所佔之比例自明代開始下降，到清代而銳減。明代評註類抬頭，清代箚記類盛行。此現象亦可佐證：明、清兩代在老學的研究上，已不著力於老子思想的闡發。

目　錄

傅　序

凡　例

第一章　緒　論 1

　第一節　研究的動機與範疇 1

　第二節　老子其人 2

　第三節　老子其書 12

第二章　先秦兩漢之老子學 27

　第一節　正文類 28

　第二節　傳注類 30

　第三節　通論類 35

第四節　專論類 …………………………………………………………… 38

第五節　校勘類 …………………………………………………………… 38

第三章　魏晉之老子學 ……………………………………………………… 41

第一節　正文類 …………………………………………………………… 42

第二節　傳注類 …………………………………………………………… 43

第三節　義疏類 …………………………………………………………… 52

第四節　音義類 …………………………………………………………… 53

第五節　通論類 …………………………………………………………… 54

第六節　專論類 …………………………………………………………… 58

第四章　南北朝（附隋）之老子學 ……………………………………… 61

第一節　傳注類 …………………………………………………………… 62

第二節　義疏類 …………………………………………………………… 66

第三節　音義類 …………………………………………………………… 69

第四節　通論類 …………………………………………………………… 70

第五節　專論類 …………………………………………………………… 71

第六節　箚記類 …………………………………………………………… 72

第五章　唐代（附五代）之老子學 ……………………………………… 73

第一節　正文類 …………………………………………………………… 76

第二節　傳注類 …………………………………………………………… 78

第三節　義疏類 …………………………………………………………… 85

第四節　音義類 …………………………………………………………… 90

第五節　通論類 …………………………………………………………… 90

第六節　專論類 …………………………………………………………… 93

第七節　箚記類 …………………………………………………………… 95

第八節　傳記類 …………………………………………………………… 95

第九節　校勘類 …………………………………………………………… 97

第十節　文粹類 …………………………………………………………… 98

第六章　宋元明之老子學 …………………………………………………… 99

第一節　正文類 …………………………………………………………… 101

第二節　傳注類 …………………………………………………………… 103

第三節　義疏類 …………………………………………………………… 122

第四節　音義類 …………………………………………………………… 124

第五節　通論類 ⋯⋯⋯⋯⋯⋯⋯⋯⋯⋯⋯⋯⋯⋯⋯⋯⋯⋯⋯⋯⋯⋯ 125

第六節　專論類 ⋯⋯⋯⋯⋯⋯⋯⋯⋯⋯⋯⋯⋯⋯⋯⋯⋯⋯⋯⋯⋯⋯ 127

第七節　箚記類 ⋯⋯⋯⋯⋯⋯⋯⋯⋯⋯⋯⋯⋯⋯⋯⋯⋯⋯⋯⋯⋯⋯ 128

第八節　考證類 ⋯⋯⋯⋯⋯⋯⋯⋯⋯⋯⋯⋯⋯⋯⋯⋯⋯⋯⋯⋯⋯⋯ 129

第九節　校勘類 ⋯⋯⋯⋯⋯⋯⋯⋯⋯⋯⋯⋯⋯⋯⋯⋯⋯⋯⋯⋯⋯⋯ 130

第十節　評註類 ⋯⋯⋯⋯⋯⋯⋯⋯⋯⋯⋯⋯⋯⋯⋯⋯⋯⋯⋯⋯⋯⋯ 131

第十一節　類釋類 ⋯⋯⋯⋯⋯⋯⋯⋯⋯⋯⋯⋯⋯⋯⋯⋯⋯⋯⋯⋯⋯ 133

第十二節　讚頌類 ⋯⋯⋯⋯⋯⋯⋯⋯⋯⋯⋯⋯⋯⋯⋯⋯⋯⋯⋯⋯⋯ 134

第十三節　目錄類 ⋯⋯⋯⋯⋯⋯⋯⋯⋯⋯⋯⋯⋯⋯⋯⋯⋯⋯⋯⋯⋯ 135

第十四節　文粹類 ⋯⋯⋯⋯⋯⋯⋯⋯⋯⋯⋯⋯⋯⋯⋯⋯⋯⋯⋯⋯⋯ 135

第七章　清代之老子學 ⋯⋯⋯⋯⋯⋯⋯⋯⋯⋯⋯⋯⋯⋯⋯⋯⋯⋯⋯⋯ 137

第一節　傳注類 ⋯⋯⋯⋯⋯⋯⋯⋯⋯⋯⋯⋯⋯⋯⋯⋯⋯⋯⋯⋯⋯⋯ 139

第二節　義疏類 ⋯⋯⋯⋯⋯⋯⋯⋯⋯⋯⋯⋯⋯⋯⋯⋯⋯⋯⋯⋯⋯⋯ 144

第三節　音義類 ⋯⋯⋯⋯⋯⋯⋯⋯⋯⋯⋯⋯⋯⋯⋯⋯⋯⋯⋯⋯⋯⋯ 144

第四節　通論類 ⋯⋯⋯⋯⋯⋯⋯⋯⋯⋯⋯⋯⋯⋯⋯⋯⋯⋯⋯⋯⋯⋯ 146

第五節　箚記類 ⋯⋯⋯⋯⋯⋯⋯⋯⋯⋯⋯⋯⋯⋯⋯⋯⋯⋯⋯⋯⋯⋯ 146

第六節　考證類 ⋯⋯⋯⋯⋯⋯⋯⋯⋯⋯⋯⋯⋯⋯⋯⋯⋯⋯⋯⋯⋯⋯ 148

第七節　校勘類 ⋯⋯⋯⋯⋯⋯⋯⋯⋯⋯⋯⋯⋯⋯⋯⋯⋯⋯⋯⋯⋯⋯ 149

第八節　評註類 ⋯⋯⋯⋯⋯⋯⋯⋯⋯⋯⋯⋯⋯⋯⋯⋯⋯⋯⋯⋯⋯⋯ 151

第九節　文粹類 ⋯⋯⋯⋯⋯⋯⋯⋯⋯⋯⋯⋯⋯⋯⋯⋯⋯⋯⋯⋯⋯⋯ 151

第十節　輯佚類 ⋯⋯⋯⋯⋯⋯⋯⋯⋯⋯⋯⋯⋯⋯⋯⋯⋯⋯⋯⋯⋯⋯ 152

第八章　結　論 ⋯⋯⋯⋯⋯⋯⋯⋯⋯⋯⋯⋯⋯⋯⋯⋯⋯⋯⋯⋯⋯⋯⋯ 153

附表一：歷代各類老學著作之存佚情形一覽表 ⋯⋯⋯⋯⋯⋯⋯⋯⋯⋯ 157

附表二：歷代各類老學著作統計總表 ⋯⋯⋯⋯⋯⋯⋯⋯⋯⋯⋯⋯⋯⋯ 159

附表三：各代各類老學著作平均每百年之著作量 ⋯⋯⋯⋯⋯⋯⋯⋯⋯ 160

附表四：各代各類老學著作在當代總量中所佔之百分比例 ⋯⋯⋯⋯⋯ 161

索　引 ⋯⋯⋯⋯⋯⋯⋯⋯⋯⋯⋯⋯⋯⋯⋯⋯⋯⋯⋯⋯⋯⋯⋯⋯⋯⋯⋯⋯ 163

參考書目 ⋯⋯⋯⋯⋯⋯⋯⋯⋯⋯⋯⋯⋯⋯⋯⋯⋯⋯⋯⋯⋯⋯⋯⋯⋯⋯⋯ 181

第十四冊　黃聖旻：王先謙《荀子集解》的研究

作者簡介

黃聖旻，臺灣省臺南縣人，1969 年生，畢業於國立成功大學中文系，國立成功大學中文研究所碩士，現就讀於國立成功大學中文研究所博士班。

曾任教於實踐大學（高雄校區）、和春技術學院、東方技術學院、樹人醫專等校，目前擔任中華醫事學院專任講師。

著有碩士論文《王先謙荀子集解研究》，單篇論文〈屈原的伊卡羅斯情結〉、〈略論敦煌的結社活動〉、〈秩序情結與荀韓關係〉、〈論荀學的兩度黑暗期〉、〈湘學與晚清學術思潮的轉變〉、〈漢元帝所用非醇儒論〉、〈荀子注通假字研究〉、〈光影交戾的多重鏡相──論《古都》的存在意識〉、〈山水畫的形神理論〉、〈論船山詩論中的「勢」〉等。

提　要

王先謙的《荀子集解》，付梓於光緒十七年，是清代諸子復興時期流傳下來的重要著作，今日仍為研荀學者案頭必備的書目，也是最被廣泛引據的門徑，其著眼處自然在無形中影響著後學的研究方向。本論文的寫作目的，便企圖透過對此書的分析來梳理荀學的學術脈絡。

因此本文的研究路徑，取決於呈現學術風貌所需的幾個斷面，其包括學術流變的外緣環境、學術內部體系的構架，以及作者治學態度對學術本身的狃差，希望藉由這三個方向的羅織，映照出王氏荀學的概貌。然而法或差可呈現王書大旨，卻無從得知其定位與價值，故而尚須借助荀學內部三大體系；即荀書與荀子本人的考釋、荀學的前源與流承及荀子學說的還原與再構，來檢驗《集解》的成就與貢獻。

全書共分六章：第一章是緒論，大旨在說明本書的題旨、路徑、以及目標。第二章以討論王氏的生平與受學為主軸，以見出其治學態度。第三章則在論述荀學的歷史脈動，以期突顯《集解》在承先啟後上的定位。第四章探討《集解》本身的校釋價值，第五章論述《集解》對荀學內部體系構架之助益，這兩章皆是著眼於內部成就的分析上。第六章則是結論，在檢視上述諸章所呈顯的斷面後，本章則企圖加以一一拼湊成形，以期端現王氏荀學在學術史上的定位。

目　錄

第一章　前　言 ⋯⋯⋯⋯⋯⋯⋯⋯⋯⋯⋯⋯⋯⋯⋯⋯⋯⋯⋯⋯⋯⋯⋯⋯⋯⋯ 1
　第一節　題　旨 ⋯⋯⋯⋯⋯⋯⋯⋯⋯⋯⋯⋯⋯⋯⋯⋯⋯⋯⋯⋯⋯⋯⋯⋯ 1
　第二節　路　徑 ⋯⋯⋯⋯⋯⋯⋯⋯⋯⋯⋯⋯⋯⋯⋯⋯⋯⋯⋯⋯⋯⋯⋯⋯ 3
　第三節　目　標 ⋯⋯⋯⋯⋯⋯⋯⋯⋯⋯⋯⋯⋯⋯⋯⋯⋯⋯⋯⋯⋯⋯⋯⋯ 5
第二章　王氏的生平與學術 ⋯⋯⋯⋯⋯⋯⋯⋯⋯⋯⋯⋯⋯⋯⋯⋯⋯⋯⋯⋯ 7

第一節　生平及受學 7
　一、桐城淵源 7
　二、宦海生涯 10
　三、與康梁嫌隙 14
第二節　著　作 18
　一、王氏著作表 18
　二、範疇與成就 19
　　（一）廣蒐各家著作，彙結刊刻者 19
　　（二）重刊著作，而略加以校正者 21
　　（三）擷取諸家長處，並間下己意者 22
　　（四）有關外國史地資料的編纂 23
　　（五）個人詩文著作 23
三、成書義法與得失 25
第三節　王氏的治學根基 26
　一、王氏與漢宋分合 26
　　（一）漢宋之爭 26
　　（二）合流的趨勢 27
　二、諸子的興起與《集解》 28
　三、王氏與今古對峙 31
　四、王氏與湘學 32
　五、小　結 34
第三章　歷代荀學的演變 35
第一節　魏晉以前影響深遠 36
　一、荀卿的時譽 36
　二、《孫卿子》的成書 37
　三、漢魏的歷史評價 38
　四、荀學對漢魏的深遠影響 40
第二節　唐五代時期荀子評價的轉變 42
　一、本位主義的形成與荀卿地位的沒落 42
　二、楊倞注《荀》的反對 44
　三、小　結 46
第三節　理學陰影下的荀學 46

一、蘇軾〈荀卿論〉對理學諸儒的影響 46

二、理學家的非荀 48

（一）就內容精神而論，認為荀說「大本已失」 48

（二）就理論層面來看，荀書言論「全是申韓」 51

（三）以學說架構析之，則荀子「好為異說」，往往自相矛盾 53

（四）以歷史定位而言，則李韓禍秦，荀卿難辭其咎 54

三、荀學失勢的深層背景 55

四、小　結 58

第四節　明清荀學地位的激變 59

一、明季荀學翻案的契機 59

（一）為荀卿翻案 59

（二）邁向新紀元的一小步 61

二、清代荀學復甦的軌跡 63

（一）清初評荀不脫宋儒觀點 63

（二）荀學復興的脈絡 66

三、清末「小康」與「後聖」的爭議 72

（一）公羊家的非議 72

（二）蘭陵功臣 74

（三）康章分峙 75

（四）排荀運動 77

四、小　結 78

第四章　王氏《集解》對荀書校釋的價值 81

第一節　校勘學上的成果 81

一、前儒獲致的成果 82

（一）荀學統系與楊、盧二人在對校上的獨到成就 82

（二）王氏父子以樸學根基成就校勘成就 83

（三）俞樾在理校上的大膽運用 87

二、《集解》脫穎而出的成果 87

（一）在對校上採用台州古本，不專主一家 87

（二）在校讎上雜用四法，增加可信度 88

（三）尊重原籍，對缺乏異文資料的校勘態度相形保守 90

（四）改字必以對校資料為基準 92

三、小　結 …………………………………………………………………… 92
第二節　《集解》在訓解荀書上的成就 ……………………………………… 93
一、緒　論 …………………………………………………………………… 93
二、前儒的成就 ……………………………………………………………… 94
（一）楊倞的直解文句 …………………………………………………… 94
（二）《箋釋》對楊注略事補正 ………………………………………… 95
（三）《雜志》以訓詁條例詮解荀文 …………………………………… 97
（四）俞樾對條例的墨守 ………………………………………………… 100
三、先謙對前儒的補正 ……………………………………………………… 102
（一）抉發荀書內部的行文規律而不墨守 ……………………………… 102
（二）改字改讀一以經籍異文為準 ……………………………………… 105
（三）斷讀必以通貫荀書全文 …………………………………………… 108
四、小　結 …………………………………………………………………… 111
第三節　《集解》在荀書版本上的地位 …………………………………… 112
一、荀書的流傳史 …………………………………………………………… 112
二、王氏《集解》的版本地位 ……………………………………………… 115
第五章　《集解》對荀學體系的貢獻 ……………………………………… 117
第一節　前儒在學理上的局限 ……………………………………………… 117
一、歷朝評荀家所觸及的體系 ……………………………………………… 117
（一）教育思想 …………………………………………………………… 118
（二）非思孟 ……………………………………………………………… 120
（三）政論體系 …………………………………………………………… 121
（四）評荀家所發展的荀學周邊系統 …………………………………… 122
二、注荀家對荀學的詮發 …………………………………………………… 123
（一）楊倞對法後王的精見 ……………………………………………… 123
（二）盧文弨的廣駁舊議 ………………………………………………… 125
（三）王念孫強合荀孟 …………………………………………………… 127
（四）力抗宋議的俞樾 …………………………………………………… 128
三、小　結 …………………………………………………………………… 130
第二節　《集解》在學理上的成就 ………………………………………… 130
一、王氏對宋儒爭議略而不及的理由 ……………………………………… 130
二、《集解》在學理上另闢蹊徑 …………………………………………… 132

（一）抉發治術特重明分 ……………………………………… 132

（二）修身著重於積學禮義 ………………………………… 137

（三）聖人重應對權變 ……………………………………… 144

（四）名　學 ………………………………………………… 145

三、提挈荀學體系的樞紐 ……………………………………… 146

第六章　結　論 ………………………………………………… 149

第一節　《集解》在荀學史上所據有的關鍵性地位 ………… 149

一、自荀學史的曲線鳥瞰 ……………………………………… 149

二、以歷代荀書的傳承來定位 ………………………………… 153

三、王氏成書義法對荀學傳承的價值 ………………………… 155

（一）羅備眾說 ……………………………………………… 155

（二）著重於樸學的引用 …………………………………… 156

四、小　結 ……………………………………………………… 156

第二節　《集解》對荀學體系內部建構的貢獻 ……………… 157

一、完成了荀書內部梳理的工程 ……………………………… 157

二、學說上梳解了荀書的關鍵性議題 ………………………… 159

三、《集解》與康章分峙 ……………………………………… 160

（一）《集解》與康門的排荀 ……………………………… 160

（二）《集解》與章太炎的尊荀 …………………………… 161

四、小　結 ……………………………………………………… 164

附　錄

附表一：王氏案語分析表（一）……………………………… 165

附表二：王氏案語分析表（二）……………………………… 167

附表三：王氏案語分析表（三）……………………………… 169

參考書目 ………………………………………………………… 171

第十五冊　陳紹慈：徐灝《說文解字注箋》研究

作者簡介

　　作者陳紹慈爲靜宜大學中文系學士，東海大學中文研究所碩、博士。曾任靜宜大學中文系、東海大學中文系及台中技術學院應用中文系兼任助理教授。現任靜宜大學中文系專任助理教授。著有：〈縱死俠骨香李白的任俠思想〉、〈林黛玉的性格及

其造成的悲劇〉、〈以《中國歷史研究法補編》和《史學導論》探究中西傳記文學作法之異同〉等單篇論文與專書《甲金籀篆四體文字的變化研究》、《徐灝說文解字注箋研究》及《文學啓示錄》。

提　要

　　《說文》是我國第一部系統研究漢字形、音、義的巨著。段玉裁的《說文解字注》被公認爲《說文》的最佳注解本，段氏提出的學說也對後人影響深遠。然而，其說並非全然無誤，所以當時補訂、批評之作陸續出現。其中，對段《注》評論較客觀的《說文解字注箋》（清代徐灝著），就更值得加以瞭解了。又徐灝寓作於述，有許多頗具啓發性的說法，不容忽視。

　　本文爲討論段、徐二者之孰爲是非優劣方便起見，於第一章「緒論」中，先對六書及與本文相關的詞語（如形體演變、省形省聲等）作說明。第二章爲「徐《箋》的分析」，介紹徐《箋》述評段《注》的內容，大致分爲三類：「徐《箋》贊同段《注》意見部分」、「徐《箋》反對段《注》意見部分」及「徐《箋》增補與段《注》無關的意見部分」。並於贊同、反對與增補各類下皆列六書、部件解說、說字義等項，使段《注》徐《箋》九千多字的豐富內容，有較清楚詳細的整理。每個項目先作簡要說明，後列字例。

　　繼而探討徐《箋》之成就（第三章）及商榷（第四章）。大體上其成就有：以新觀念、新資料正段《注》之失；以新觀念、新資料、新方法及採他人說補段《注》之不足。其有待商榷者包括：誤循段《注》之失、誤議段《注》之失、誤採他說之失及徐氏立說之失等。

　　徐灝在研究的觀念及態度上，有幾點可取之處：（一）、有創見。如提出形體演變及文字孳乳上的獨特見解。（二）、用鐘鼎文或採他人說等新資料，得出正確的解說。（三）、運用分析法、比較法、歸納法等科學方法，而得以有新主張。且研究徐《箋》會發現：《說文》、段《注》與徐《箋》等內容有六書、字形、字音、字義及字源、語源等多方面，可謂涵蓋範圍深廣，這顯示中國傳統文字學研究包含形、音、義的特色。故能增進對傳統文字學的認識。又現代多位學者（如李孝定、張舜徽、姚孝遂等）已採用徐氏之說，足見徐《箋》在現代也深具影響力。無論從瞭解《說文》、段《注》的學術史角度，或從求眞的文字學角度來看，徐《箋》都深具探討價值。

目　錄

第一章　緒　論 ………………………………………………………… 1

第一節　《說文解字注箋》的名義與特質 ……………………………………… 1

第二節　《說文解字注箋》的研究動機、範圍與方法 ………………………… 6

第三節　六書及與本文相關的詞語說明 ………………………………………… 7

　　一、六　書 ……………………………………………………………………… 7

　　二、部　件 ……………………………………………………………………… 15

　　三、形體演變 …………………………………………………………………… 17

　　四、省形省聲 …………………………………………………………………… 18

　　五、雙　聲 ……………………………………………………………………… 19

　　六、合　韻 ……………………………………………………………………… 20

　　七、聲　轉 ……………………………………………………………………… 20

　　八、字源、語源 ………………………………………………………………… 21

　　九、亦　聲 ……………………………………………………………………… 25

　　十、聲　訓 ……………………………………………………………………… 26

　　十一、因聲載義 ………………………………………………………………… 28

第二章　徐《箋》之分析 ………………………………………………………… 31

　第一節　徐《箋》贊同段《注》意見部分 …………………………………… 31

　　一、說六書 ……………………………………………………………………… 31

　　　（一）、贊同段《注》之說象形字 ………………………………………… 32

　　　（二）、贊同段《注》之說指事字 ………………………………………… 32

　　　（三）、贊同段《注》之說會意字 ………………………………………… 33

　　　（四）、贊同段《注》之說形聲字 ………………………………………… 34

　　　（五）、贊同段《注》之說假借字 ………………………………………… 35

　　二、說字形 ……………………………………………………………………… 35

　　　（一）、贊同段《注》之說部件 …………………………………………… 36

　　　（二）、贊同段《注》之說形體演變 ……………………………………… 36

　　　（三）、贊同段《注》之說省形省聲 ……………………………………… 37

　　三、說字義 ……………………………………………………………………… 38

　　　贊同段《注》之說字義 …………………………………………………… 38

　　四、說字音 ……………………………………………………………………… 39

　　　贊同段《注》之說字音 …………………………………………………… 39

　　五、說字源、語源 ……………………………………………………………… 40

　　　（一）、贊同段《注》之說字源 …………………………………………… 40

（二）、贊同段《注》之說語源 41

第二節　徐《箋》反對段《注》意見部分 42

一、說六書 42

（一）、反對段《注》之說象形字 42

（二）、反對段《注》之說指事字 43

（三）、反對段《注》之說會意字 44

（四）、反對段《注》之說形聲字 44

（五）、反對段《注》之說轉注字 46

（六）、反對段《注》之說假借字 46

二、說字形 47

（一）、反對段《注》之說部件 47

（二）、反對段《注》之說形體演變 48

（三）、反對段《注》之說省形省聲 48

三、說字義 49

反對段《注》之說字義 49

四、說字音 50

反對段《注》之說字音 50

五、說字源 51

反對段《注》之說字源 51

第三節　徐《箋》增補段《注》意見部分 51

一、說六書 51

（一）、補說象形字 51

（二）、補說指事字 52

（三）、補說會意字 53

（四）、補說形聲字 53

（五）、補說轉注字 54

（六）、補說假借字 55

二、說字形 56

（一）、補說部件 56

（二）、補說形體演變 56

（三）、補說省形省聲 57

三、說字義 58

補說字義部分 ···················· 58
四、說字音 ························· 58
補說字音部分 ···················· 58
五、說字源、語源 ··················· 59
（一）、補說字源 ·················· 59
（二）、補說語源 ·················· 59

第三章　徐《箋》之成就 ················· 61
第一節　以新觀念正段《注》之失 ·········· 61
一、正以轉注爲互訓之失 ·············· 61
二、正混引申與假借爲一之失 ············ 62
三、正說部件之失 ·················· 63
四、正說本形本義之失 ··············· 65
五、正說形體演變之失 ··············· 66
六、正說省形省聲之失 ··············· 67
七、正說字音之失 ·················· 67
八、正說亦聲之失 ·················· 69
九、正不明字源之失 ················ 69
第二節　以新資料正段《注》之失 ·········· 71
一、正說部件之失 ·················· 71
二、正說本形本義之失 ··············· 72
第三節　採他人說正段《注》之失 ·········· 73
一、正說部件之失 ·················· 73
二、正說本形本義之失 ··············· 74
三、正不明字源之失 ················ 75
第四節　以新觀念補段《注》之不足 ········· 75
一、全體象形說 ··················· 75
二、詰詘字形成會意說 ··············· 76
三、說部件 ····················· 77
四、字形別嫌說 ··················· 77
五、字形化同說 ··················· 78
六、字形方正化說 ·················· 80
七、說本義 ····················· 81

　　　八、借字加形旁成新字說⋯⋯⋯⋯⋯⋯⋯⋯⋯⋯⋯⋯⋯82

　　　九、語義引申加偏旁成新字說⋯⋯⋯⋯⋯⋯⋯⋯⋯⋯84

　　　十、分別字形以歧分⋯⋯⋯⋯⋯⋯⋯⋯⋯⋯⋯⋯⋯⋯87

　　　十一、聲訓所由說⋯⋯⋯⋯⋯⋯⋯⋯⋯⋯⋯⋯⋯⋯⋯88

　　　十二、累增與亦聲不同說⋯⋯⋯⋯⋯⋯⋯⋯⋯⋯⋯⋯88

　　第五節　以新資料補段《注》之不足⋯⋯⋯⋯⋯⋯⋯⋯89

　　　一、明形體演變⋯⋯⋯⋯⋯⋯⋯⋯⋯⋯⋯⋯⋯⋯⋯⋯89

　　　二、明本形本義⋯⋯⋯⋯⋯⋯⋯⋯⋯⋯⋯⋯⋯⋯⋯⋯90

　　　三、明字音之關聯⋯⋯⋯⋯⋯⋯⋯⋯⋯⋯⋯⋯⋯⋯⋯92

　　第六節　以新方法補段《注》之不足⋯⋯⋯⋯⋯⋯⋯⋯93

　　　一、以分析部件明本形本義⋯⋯⋯⋯⋯⋯⋯⋯⋯⋯⋯93

　　　二、以推理法解說字形⋯⋯⋯⋯⋯⋯⋯⋯⋯⋯⋯⋯⋯95

　　　三、以比較法確定小篆的字形⋯⋯⋯⋯⋯⋯⋯⋯⋯⋯96

　　　四、以歸納法明偏旁與結體原則的關係⋯⋯⋯⋯⋯⋯97

　　第七節　採他人之說補段《注》之不足⋯⋯⋯⋯⋯⋯99

　　　一、明本形本義⋯⋯⋯⋯⋯⋯⋯⋯⋯⋯⋯⋯⋯⋯⋯⋯99

　　　二、明二名者相因增偏旁⋯⋯⋯⋯⋯⋯⋯⋯⋯⋯⋯101

　第四章　徐《箋》之商榷⋯⋯⋯⋯⋯⋯⋯⋯⋯⋯⋯⋯⋯103

　　第一節　誤循段《注》之失⋯⋯⋯⋯⋯⋯⋯⋯⋯⋯⋯103

　　　一、說部件之失⋯⋯⋯⋯⋯⋯⋯⋯⋯⋯⋯⋯⋯⋯⋯103

　　　二、說本形本義之失⋯⋯⋯⋯⋯⋯⋯⋯⋯⋯⋯⋯⋯104

　　　三、說省形省聲之失⋯⋯⋯⋯⋯⋯⋯⋯⋯⋯⋯⋯⋯105

　　　四、說亦聲之失⋯⋯⋯⋯⋯⋯⋯⋯⋯⋯⋯⋯⋯⋯⋯106

　　　五、說聲訓之失⋯⋯⋯⋯⋯⋯⋯⋯⋯⋯⋯⋯⋯⋯⋯107

　　第二節　誤議段《注》之失⋯⋯⋯⋯⋯⋯⋯⋯⋯⋯⋯107

　　　一、誤議「合體象形」之失⋯⋯⋯⋯⋯⋯⋯⋯⋯⋯107

　　　二、誤議說字音之失⋯⋯⋯⋯⋯⋯⋯⋯⋯⋯⋯⋯⋯109

　　　三、誤議立部為「因形系聯」之失⋯⋯⋯⋯⋯⋯⋯111

　　第三節　誤採他說之失⋯⋯⋯⋯⋯⋯⋯⋯⋯⋯⋯⋯⋯111

　　　一、採「以轉體為轉注說」之失⋯⋯⋯⋯⋯⋯⋯⋯111

　　　二、採部件解說之失⋯⋯⋯⋯⋯⋯⋯⋯⋯⋯⋯⋯⋯113

　　第四節　徐氏立說之失⋯⋯⋯⋯⋯⋯⋯⋯⋯⋯⋯⋯⋯114

　　　一、談六書之失 ……………………………………………………… 114

　　　二、說形近相借之失 ………………………………………………… 117

　　　三、說部件之失 ……………………………………………………… 117

　　　四、說本形本義之失 ………………………………………………… 118

　　　五、說省形省聲之失 ………………………………………………… 120

　　　六、說語源之失 ……………………………………………………… 121

第五章　結　論 ……………………………………………………………… 123

　第一節　徐《箋》意見之總結 …………………………………………… 123

　　　一、說六書 ………………………………………………………… 123

　　　二、說字形 ………………………………………………………… 125

　　　三、說字義 ………………………………………………………… 128

　　　四、說字音 ………………………………………………………… 128

　　　五、說字源、語源 ………………………………………………… 129

　第二節　徐《箋》的價值與影響 ………………………………………… 131

　　　一、徐《箋》值得重視之處 ……………………………………… 131

　　　二、研究徐《箋》有助於瞭解《說文》、段《注》 ………………… 132

　　　三、徐《箋》的歷史意義及影響 ………………………………… 133

引用及參考資料 ……………………………………………………………… 135

索　引 ………………………………………………………………………… 141

第十六、十七冊　王晴慧：六朝漢譯佛典偈頌與詩歌之研究

作者簡介

　　王晴慧，國立中正大學文學博士候選人，現任職於亞洲大學通識教育中心。主要研究方向為佛教文學與中國文學之關係、中國古典詩歌及敘事文學中的詩歌類與童話等。所撰《六朝漢譯佛典偈頌與詩歌之研究》，於 2001 年獲頒行政院國家科學委員會傑出研究獎勵乙種獎項（中國文學類）。發表論文另有〈顧況道儒式思想發微──在儒家與道教間之徘徊〉、〈試析六朝詩歌所蘊含之佛教文學特色〉、〈淺析六朝漢譯佛典偈頌之文學特色──以經藏偈頌為主〉、〈論《像法決疑經》在隋唐的流傳及其時代意義〉等。

提　要

　　漢譯佛典偈頌與六朝詩歌的關係，歷來在詩歌史上爲人所忽略，就文學史而言，亦少見全面性論述。凡論及佛教與中國文學之關係者，大多由宏觀的角度論及“佛教”整體對中國小說、詩歌或文人的影響；而鮮少由漢譯佛典偈頌這一角度切入，論其與詩歌之關係。然綜觀漢譯佛典中的偈頌，將會發現其數目何其繁多，且表現出自身特有的文學風采，這不僅是佛典的文學特色之一，亦是一歷史現象。再者，這些漢譯偈頌“近於詩”的面貌，及其尚未漢譯前，本就是“詩”的性質，更進一步使我們對它與中國詩歌的關係，引發探究的興趣。故本書主要在於探究六朝漢譯偈頌與詩歌間的關係，並進而補益二者關係在文學史、詩歌史上的闕如。本書將時間範疇鎖定六朝時期，主要是因爲此時期佛教隆盛，爲佛典翻譯的鼎沛時期，在譯經史上，有其深刻的代表性；而中國詩歌類型，亦大多建基於六朝時期，六朝詩歌實具有承上啓下的象徵意義，故以此時期爲探究對象。本書內容之建構，主要是先透過經藏偈頌的統計分析，進而論述偈頌與六朝詩歌關係。故下冊乃是《大正新修大藏經》第一冊～第廿一冊經藏偈頌的地毯式搜索與統計分析。而上冊則爲漢譯偈頌與六朝詩歌的關聯性分析。在章節安排上，除了緒論與結論外，本文第二章首由東漢至六朝漢譯佛典切入，以明當時之譯經概況。第三章則銜接第二章基礎，分析漢譯佛典偈頌的文學特色，以明其形式、內容、文字上的表現，是否與六朝詩歌有所關連。第四章則探揭六朝詩歌中的佛教文學特色，亦即將那些洋溢濃厚佛教文學特色的詩歌（例如佛理詩）、帶有佛教色彩的詩歌（例如山水詩、玄言詩）及取材於佛典文學，而並無完全表現佛教思想之詩歌（例如永明詩、宮體詩）列入討論。故第四章並非陳述六朝詩歌的文學特色，而是針對六朝詩歌中帶有佛教色彩者，作一深入探討。第五章則藉由前二章的鋪敘，進而分析、比較六朝漢譯偈頌與詩歌之關聯性及影響，歸納二者間相互影響、彼此浸潤的風貌所在。本書認爲六朝漢譯偈頌與詩歌之關連性，並非僅是單向的影響，乃是彼此間相互浸染的互動呈顯，或爲形式上的會通、或爲內容上的相因、或爲修辭風格上的借鑑。

目　錄

上　冊

序　言

第一章　緒　論 ………………………………………………………………… 1

　一、研究緣起與目的 ………………………………………………………… 1

　二、研究範疇 ………………………………………………………………… 2

　三、主要資料來源 …………………………………………………………… 3

四、研究方法 4

第二章　東漢至六朝漢譯佛典概述 5

　　第一節　東漢至六朝譯經概況 5

　　第二節　漢譯偈頌述略 27

第三章　六朝漢譯佛典偈頌之文學特色 39

　　第一節　多變不拘的形式 39

一、開拓了中國文學表現形式 39

二、跨越中國本土既有的文體結構 40

三、修辭上描述技巧之運用與講求 42

四、結構自由不拘一式 52

　　第二節　豐富多端的內容 55

一、說　理 55

二、勵　志 58

三、勸　誡 59

四、敘　事 60

五、讚　頌 64

六、宣　誓 66

　　第三節　白話典雅的文字 67

一、白話通俗 67

二、莊嚴典雅 68

三、異域色彩 70

第四章　六朝詩歌之佛教文學特色 73

　　第一節　詩中浸染佛教色彩的緣由——名人釋子共入一流的社會風氣 74

　　第二節　形式及風格上之創新 80

一、詩歌篇幅、言數與偈頌形式的交互影響 80

二、佛經轉讀、梵唄與詩歌的律化 87

三、佛典翻譯取向與永明清麗白話詩風的關連性 90

　　第三節　異於前代內容之新聲 94

一、吟詠佛理的先驅詩歌 95

二、首開風氣的僧詩創作 108

第五章　六朝漢譯佛典偈頌與詩歌之關係 117

　　第一節　漢譯偈頌與中土詩歌形式上的會通 117

一、脫胎並超越於中土詩歌形式之漢譯偈頌 ………………………… 117
二、長篇敘事詩的藝術借鏡──大量長篇敘事漢譯偈頌的呈現 …… 122
　　第二節　漢譯偈頌與玄言詩的說理性 ………………………… 129
　　第三節　漢譯偈頌與佛理詩的偈頌化 ………………………… 133
　　第四節　漢譯偈頌與山水詩的窮形盡相 ……………………… 140
　　第五節　漢譯偈頌與宮體詩的女姿描摹 ……………………… 147
一、《維摩詰經》中亦僧亦俗的形象 ……………………………… 148
二、偈頌中對淫豔情態的鋪寫 ……………………………………… 150
三、讚佛偈的工筆雕繪與宮體詩的女姿特寫 …………………… 153
第六章　結　論 …………………………………………………… 161
一、形式上的會通 ………………………………………………… 161
二、內容上的浸染 ………………………………………………… 162
三、修辭風格上的借鑑 …………………………………………… 164
下　冊
表
　　表1：《祐錄》所收安世高譯經 ……………………………… 167
　　表2：《大正藏》所收安世高譯經 …………………………… 170
　　表3：《祐錄》所收支讖譯經 ………………………………… 173
　　表4：《祐錄》所收支謙譯經 ………………………………… 175
　　表5：《祐錄》所收竺法護譯經 ……………………………… 178
　　表6：《祐錄》所收鳩摩羅什譯經 …………………………… 190
　　表7：《祐錄》所收佛陀跋陀羅譯經 ………………………… 193
　　表8：《祐錄》所收曇無讖譯經 ……………………………… 194
　　表9：《房錄》《內典錄》《開元錄》所收南朝譯經數 ……… 197
　　表10：《祐錄》所收求那跋陀羅譯經 ………………………… 198
　　表11：《房錄》《開元錄》所收僧伽婆羅譯經 ……………… 200
　　表12：《房錄》《開元錄》所收眞諦譯經 …………………… 202
　　表13：《房錄》《開元錄》所收菩提流支譯經 ……………… 207
　　表14：《大正藏》經藏中內含偈頌資料之經名一覽表 ……… 212
　　表5-1：六朝漢譯偈頌與詩歌之言數形式統計表 …………… 119
　　表5-2：六朝漢譯偈頌之言數、句式略舉表 ………………… 121
　　表5-3：《佛所行讚》偈頌數量統計表 ……………………… 126

表 5-4：《離騷》、《悲憤詩》、《孔雀東南飛》、《木蘭詩》及敘事性偈頌概略
　　　　比較表 ··· 128
圖
　圖一：《大正藏》三言偈頌示例——以東漢支讖所譯《般舟三昧經》為例 ······ 331
　圖二：《大正藏》四言偈頌示例——以吳支謙所譯《義足經》為例 ············ 332
　圖三：《大正藏》五言偈頌示例——以劉宋求那跋陀羅所譯《勝鬘師子吼一
　　　　乘大方便方廣經》為例 ··· 333
　圖四：《大正藏》六言偈頌示例——以西晉竺法護所譯《文殊師利現寶藏經》
　　　　為例 ··· 334
　圖五：《大正藏》七言偈頌示例——以姚秦鳩摩羅什所譯《思益梵天所問經》
　　　　為例 ··· 335
　圖六：《大正藏》八言偈頌示例——以西晉法炬共法立所譯《法句譬喻經》
　　　　為例 ··· 336
　圖七：《大正藏》九言偈頌示例——以東漢竺大力共康孟詳所譯《修行本起經》
　　　　為例 ··· 337
　圖八：《大正藏》雜言偈頌示例——以東晉法顯所譯《大般泥洹經》為例 ······ 338
參考文獻 ·· 339

第十八冊　蕭文眞：宗密《禪源諸詮集都序》研究

作者簡介

　　蕭文眞，臺灣省高雄縣人。現任中學國文教師。臺灣師大國文系畢業，後皈依南傳聖勝法師，開啓學佛因緣。就讀高雄師大國研所又從依空法師作佛學專題研究。研究範圍以隋唐後的華嚴宗與禪宗思想為主。《宗密禪源諸詮集都序研究》為其碩士論文。

提　要

　　本文以《禪源諸詮集都序》為核心，分七章對此書進行研究。第一章〈緒論〉：敘述研究動機與目的、文獻版本探討、研究進路與方法。第二章〈宗密生平事蹟及法嗣傳承〉：研究其人、其著作及他對荷澤宗與華嚴宗的思想領受與法嗣傳承。第三章〈《禪源諸詮集都序》的禪教合一思想〉：以《禪源諸詮集都序》一書為主體，探究其禪教合一思想。第一節從時代背景及宗密之前的禪教和會思想進行研究，探討

其與宗密的相關程度；檢查宗密判教與前人的異同及所受影響，指出宗密判教的特色及與禪教合一思想的關聯性。第二節證明《圓覺經》的圓覺妙心、《大乘起信論》的一心開二門理論、《華嚴經》的法界觀與圓融思想為禪教合一的理論根據。第三節從《禪源諸詮集都序》本書論述禪教合一思想的內涵。包含會通的十大理由，三宗三教會通的具體內容及方法分析，以及會通的前提－置禪於教上。第四章〈《禪源諸詮集都序》的實踐哲學〉：第一節敘述頓漸內涵的分類。第二節探討神會到宗密頓漸思想的轉變，及宗密頓悟漸修的主張；論述宗密頓悟漸修的理論根據在《大乘起信論》的一心開二門理論；再以迷悟＋重對治為宗密的漸修作具體說明。第三節證明頓悟漸修完全符合宗密和會思想的主張。分別由頓悟漸修的內部及頓悟漸修與其他悟修方式的關係二個觀點來談。第五章〈《禪源諸詮集都序》禪教合一思想的流變與發展〉：由法眼文益、永明延壽、明四大師及高麗普照知訥的思想看禪教合一思想在佛教的流變與發展；及探究宗密思想對宋明理學的影響。第六章〈《禪源諸詮集都序》的歷史地位與影響〉：由歷代學者對《禪源諸詮集都序》的評論論其歷史地位。再以理論與實踐的融合、調解佛教內外的矛盾與流弊、和會一代時教進而總結佛教、開後代融合性佛教的先聲以及集佛教判教之大成五點，定禪教合一思想之價值。最後由禪教合一思想在佛教內部引起的變化，推究其為導致華嚴宗與荷澤禪沒落的主因。第七章〈結論〉：論述研究成果，尚待研究的空間及《禪源諸詮集都序》中禪教合一思想的限制。

目　錄

第一章　緒　論 ……………………………………………………………… 1

　第一節　研究動機與目的 ………………………………………………… 1

　第二節　文獻版本探討 …………………………………………………… 2

　　一、前人研究成果探討 ………………………………………………… 2

　　二、版本問題研究 ……………………………………………………… 5

　第三節　研究進路與方法 ………………………………………………… 8

第二章　宗密生平事蹟及法嗣傳承 ……………………………………… 11

　第一節　生　平 ………………………………………………………… 11

　　一、富豪子弟，棄儒從佛 …………………………………………… 12

　　二、感悟《圓覺》，歸向《華嚴》 ………………………………… 13

　　三、終南索幽，覽籍著述 …………………………………………… 16

　　四、受賜紫衣，交游廣闊 …………………………………………… 16

　　五、政爭染身，菩薩本色 …………………………………………… 17

六、涅槃寂靜，緇儀垂榮 ⋯⋯⋯⋯⋯⋯⋯⋯⋯⋯⋯ 18

第二節 著 作 ⋯⋯⋯⋯⋯⋯⋯⋯⋯⋯⋯⋯⋯⋯⋯⋯ 19

一、注疏部 ⋯⋯⋯⋯⋯⋯⋯⋯⋯⋯⋯⋯⋯⋯⋯⋯⋯ 20

二、宗義部 ⋯⋯⋯⋯⋯⋯⋯⋯⋯⋯⋯⋯⋯⋯⋯⋯⋯ 22

三、其 他 ⋯⋯⋯⋯⋯⋯⋯⋯⋯⋯⋯⋯⋯⋯⋯⋯⋯ 22

第三節 法嗣傳承 ⋯⋯⋯⋯⋯⋯⋯⋯⋯⋯⋯⋯⋯⋯⋯ 22

一、荷澤宗的傳承與領受 ⋯⋯⋯⋯⋯⋯⋯⋯⋯⋯⋯ 22

二、華嚴宗的傳承與學習 ⋯⋯⋯⋯⋯⋯⋯⋯⋯⋯⋯ 42

第三章 《禪源諸詮集都序》的禪教合一思想 ⋯⋯⋯⋯⋯ 45

第一節 思想源流 ⋯⋯⋯⋯⋯⋯⋯⋯⋯⋯⋯⋯⋯⋯⋯ 45

一、時代背景 ⋯⋯⋯⋯⋯⋯⋯⋯⋯⋯⋯⋯⋯⋯⋯⋯ 45

二、禪教合一思想源頭研究 ⋯⋯⋯⋯⋯⋯⋯⋯⋯⋯ 47

三、各宗判教思想 ⋯⋯⋯⋯⋯⋯⋯⋯⋯⋯⋯⋯⋯⋯ 48

第二節 理論根據 ⋯⋯⋯⋯⋯⋯⋯⋯⋯⋯⋯⋯⋯⋯⋯ 59

一、《圓覺經》 ⋯⋯⋯⋯⋯⋯⋯⋯⋯⋯⋯⋯⋯⋯⋯ 60

二、《大乘起信論》 ⋯⋯⋯⋯⋯⋯⋯⋯⋯⋯⋯⋯⋯ 67

三、華嚴思想 ⋯⋯⋯⋯⋯⋯⋯⋯⋯⋯⋯⋯⋯⋯⋯⋯ 70

第三節 思想內涵 ⋯⋯⋯⋯⋯⋯⋯⋯⋯⋯⋯⋯⋯⋯⋯ 73

一、禪教同源 ⋯⋯⋯⋯⋯⋯⋯⋯⋯⋯⋯⋯⋯⋯⋯⋯ 73

二、禪教會通的十大理由 ⋯⋯⋯⋯⋯⋯⋯⋯⋯⋯⋯ 75

三、禪教會通的具體內容 ⋯⋯⋯⋯⋯⋯⋯⋯⋯⋯⋯ 80

四、會通的方法分析 ⋯⋯⋯⋯⋯⋯⋯⋯⋯⋯⋯⋯⋯ 94

第四章 《禪源諸詮集都序》的實踐哲學 ⋯⋯⋯⋯⋯⋯⋯ 97

第一節 頓漸內涵的分類 ⋯⋯⋯⋯⋯⋯⋯⋯⋯⋯⋯⋯ 97

一、就教而言 ⋯⋯⋯⋯⋯⋯⋯⋯⋯⋯⋯⋯⋯⋯⋯⋯ 98

二、就人而言 ⋯⋯⋯⋯⋯⋯⋯⋯⋯⋯⋯⋯⋯⋯⋯ 100

第二節 宗密的頓悟漸修主張 ⋯⋯⋯⋯⋯⋯⋯⋯⋯⋯ 108

一、宗密頓悟漸修思想與神會的頓悟、漸修 ⋯⋯⋯ 108

二、宗密的頓悟漸修主張 ⋯⋯⋯⋯⋯⋯⋯⋯⋯⋯⋯ 113

三、宗密頓悟漸修的理論根據 ⋯⋯⋯⋯⋯⋯⋯⋯⋯ 115

第三節 融合的實踐哲學 ⋯⋯⋯⋯⋯⋯⋯⋯⋯⋯⋯⋯ 123

一、對內：從頓悟漸修的內部看 ⋯⋯⋯⋯⋯⋯⋯⋯ 123

　　二、對外：從頓悟漸修與其他悟修方式的關係看 ……………………… 124

第五章　《禪源諸詮集都序》禪教合一思想的流變與發展 ………… 125

　第一節　法眼文益的禪教合一 ……………………………………… 125

　　一、法眼文益的生平 ………………………………………………… 125

　　二、文益禪教合一思想的緣起背景 ………………………………… 127

　　三、文益禪教合一思想的內涵 ……………………………………… 128

　第二節　永明延壽的一心思想 ……………………………………… 135

　　一、延壽的生平與著作 ……………………………………………… 135

　　二、宗密對延壽思想的影響 ………………………………………… 136

　第三節　明朝四大師的禪教律淨合一 ……………………………… 157

　　一、蓮池袾宏的禪淨合一 …………………………………………… 159

　　二、紫柏真可禪教性相的會通 ……………………………………… 162

　　三、憨山德清的禪淨性相合 ………………………………………… 177

　　四、藕益智旭的禪教律淨合一 ……………………………………… 192

　第四節　宋明理學的發展 …………………………………………… 213

　　一、真心的影響 ……………………………………………………… 215

　　二、寂知的影響 ……………………………………………………… 217

　　三、如來藏的影響 …………………………………………………… 219

　　四、頓悟漸修的影響 ………………………………………………… 221

　第五節　高麗普照國師的會教歸禪 ………………………………… 222

　　一、真　心 …………………………………………………………… 223

　　二、頓悟漸修 ………………………………………………………… 230

　　三、禪教合一 ………………………………………………………… 231

第六章　《禪源諸詮集都序》的歷史地位與影響 …………………… 235

　第一節　《禪源諸詮集都序》的歷史地位 ………………………… 235

　第二節　禪教合一思想的價值 ……………………………………… 237

　　一、理論與實踐的融合 ……………………………………………… 237

　　二、調解佛教內外的矛盾與流弊 …………………………………… 238

　　三、和會一代時教進而總結佛教 …………………………………… 239

　　四、集佛教判教之大成 ……………………………………………… 240

　　五、開啓了後代融合性佛教之先聲 ………………………………… 240

　第三節　導致華嚴宗與荷澤禪的沒落 ……………………………… 241

　　　一、佛教環境的變遷 ……………………………………………… 242
　　　二、宗密禪教合一思想的影響 ………………………………… 244
第七章　結　論 …………………………………………………………… 249
　第一節　研究結果概述 ………………………………………………… 249
　　　一、儒佛禪教、兼修通達 …………………………………………… 249
　　　二、禪教合一目標下的禪宗史觀 ………………………………… 249
　　　三、版本眾多、旨趣無異 ………………………………………… 250
　　　四、思想源頭、啓自澄觀 ………………………………………… 250
　　　五、禪宗判教、首開先例 ………………………………………… 250
　　　六、判教內涵即是佛教體系的大融合 …………………………… 250
　　　七、以華嚴思想爲理源 …………………………………………… 250
　　　八、頓漸悟修、融合爲宗 ………………………………………… 250
　　　九、影響深遠、布達多方 ………………………………………… 251
　　　十、宗密思想的五個成就 ………………………………………… 251
　第二節　本題研究有待開發的部份 ………………………………… 252
　第三節　《禪源諸詮集都序》中思想的限制 ………………………… 252
　　　一、判教上的問題 ………………………………………………… 252
　　　二、禪宗史觀上的問題 …………………………………………… 253
　　　三、寂　知 ………………………………………………………… 253
　　　四、其　他 ………………………………………………………… 253
參考書目 …………………………………………………………………… 255

第十九冊　洪嘉琳：唐玄宗《道德眞經注疏》研究

作者簡介

　　一名天生反骨的乖乖牌，厭棄一切教條，卻甘願持戒。爲著湊巧機緣，進入了政大依山傍水的中文世界。在山明水秀、花開花落間，她從文學天地叛逃到哲學的懷抱，卻依然迷失於文字構築的桃花源中，成了忘卻歸途的武陵漁人。

　　在山城的歲月，她真正取得的，不是一本碩士論文和一紙證書；而是盈溢於木柵山水之間，師長們的學問風範與諄諄教誨，以及朋友們分享的一切人情冷暖。不，或許她從未獲得什麼，除卻無數的因緣流轉與聚散。這些因緣人事，漸次化爲她的血液，噗通噗通地流竄於她的生命，從過去到現在到未來。

因緣後來送她進入臺大哲學，一個書同文而視野迥異的異鄉。終於她帶著異化的血液出走：從中文出走到哲學，從道家出走到佛學，從中國出走到印度；從文藝出走到學術，又從學術出走，回到文藝。

文字是她的生命，而出走是她的宿命。

關於她的因緣依然在流轉，出走的戲碼也必然持續。但她深信，一切聚散離合，既不是輪迴，也不是流浪；而是搏扶搖、絕雲氣的巨鵬，在青天中無盡的飛翔。

提　要

本文第一章旨在介紹唐玄宗《道德真經》注疏之背景，主要分為「宗教政策背景」及「思想背景」兩大部分。於「宗教政策背景」方面，本文除述及初唐至玄宗時期的宗教政策之外，亦就玄宗前後期之崇道變化作一闡述。於「思想背景」方面，則介紹了作為唐初老學主流之「重玄學」、唐初通行的《老子》版本——河上公注本，以及此二者與唐玄宗《道德真經》注疏有關之特點。

於第二章唐玄宗《道德真經》注疏之文獻學考察部分，本文乃就以下四個面向作考察：1.作者、2.撰述、頒行年代、3.版本、4.卷數；並據前輩學者之論見，兼論才字號《玄宗疏》之真偽。

第三章與第四章，旨在以「體用哲學」之架構分析唐玄宗《道德真經》注疏之思想。第三章分別論述「道」與「人」之「體」的層面及「道用」。第四章則抽出「得道者之發用」作闡述；並就「至人」（普遍得道者）與「聖人」（特殊得道者）的部分分別論述之。

第五章則將唐玄宗《道德真經》注疏與其前後之唐代老學著作作一比較工夫，期能以此分辨出唐玄宗《道德真經》注疏於老學史上之地位。比較之時，主要分為以下三個層面來討論：1.道論、2.修道論與境界說、3.治國之道。

第六章結論部分，則就前述幾章成果作重點論述；其中又將唐玄宗《道德真經》注疏之「思想特色」及其「老學史地位」作一提示。此外，本文對於前人研究成果所持之觀點，也一併於本章中說明。

目　錄

凡　例

第一章　唐玄宗《道德真經》注疏之背景 ……………………………………… 1

　第一節　宗教政策背景 ………………………………………………………… 1

　　壹、對老君及道教之尊崇 …………………………………………………… 2

　　貳、對《道德經》之尊崇 …………………………………………………… 25

第二節　思想背景 ·· 32

　壹、重玄學 ··· 32

　貳、河上公注本 ··· 35

第二章　唐玄宗《道德真經》注疏之文獻學考察 ······················ 39

　第一節　注疏作者及其撰述、頒行年代之考察 ······················ 40

　　壹、關於注疏作者之考察 ··· 40

　　貳、關於年代的考察 ·· 46

　第二節　注疏之版本及卷數考察──兼論才字號《玄宗疏》之眞僞 ··· 58

　　壹、所據《道德眞經》底本 ·· 58

　　貳、注的版本及卷數 ·· 60

　　參、疏的版本及卷數 ·· 66

第三章　唐玄宗《道德真經》注疏之思想（之一）──論「道」與「人」之
　　　　體用哲學 ·· 77

第一節　引　言 ·· 77

第二節　道體與道用 ·· 79

　　壹、道體及其屬性 ·· 79

　　貳、道　用 ··· 82

　第三節　人性論與修道論 ·· 93

　　壹、人性論 ··· 93

　　貳、修道論 ··· 95

第四章　唐玄宗《道德真經》注疏之思想（之二）──論至人與聖人之發用 ··· 111

　第一節　至人之發用──得道者之德用 ···································· 112

　　壹、就其心態而言 ·· 112

　　貳、就其方式而言 ·· 113

　　參、就其結果而言 ·· 114

　第二節　聖人之發用──得道人君之德用 ································· 116

壹、「聖人」的理論轉化──從「得道者」到「得道之人君」 ········· 116

　　貳、聖人治國之道 ·· 119

　　參、政風與理想政治 ·· 131

第五章　唐玄宗《道德真經》注疏與相關唐代老學著作之比較 ········· 137

　第一節　就道論而言 ·· 138

　　壹、道體及其性質 ·· 138

貳、道用之一——宇宙生成論 142

參、道用之二——成就萬物 147

第二節　就修道論與境界說而言 150

壹、修道論基礎 150

貳、修道方法 153

參、境界說 157

第三節　就治國之道而言 160

第六章　結　論 165

第一節　唐玄宗《道德眞經》注疏之著述 165

一、背　景 165

二、作　者 167

三、著述及頒布之年代 168

四、版　本 168

第二節　唐玄宗《道德眞經》注疏之思想特色 170

一、體用哲學與重玄思維 170

二、心性問題 171

三、治身與治國 171

四、三教融合 172

第三節　唐玄宗《道德眞經》注疏之唐代老學史地位 .. 179

一、道　論 179

二、修道論及境界說 180

三、治國之道 180

第四節　結　語 181

參考書目 183

第二十冊　鄒濬智：《上海博物館戰國楚竹書（一）》〈緇衣〉研究

作者簡介

鄒濬智，台灣省南投縣人，台灣師範大學國文學系碩士、博士生、中研院史語所兼任助理、景文技院兼任講師。著有專書《上海博物館藏戰國楚竹書（一）讀本》（合著，萬卷樓，2004 年）、《國語文創意教學活動設計》（合著，幼獅，2004 年）、

標點本《說文解字注》（合編，藝文，2005 年）;另有歷史與語言文字相關單篇論文〈上博緇衣續貂〉（《思辨集》第 6 集）、〈漢字的書寫特徵與中學國文生字教學〉（《中國語文》572 期）、〈文物墨拓技法的改良與革新〉（《人文及社會學科教學研究通訊》89 期）、〈從《世說新語》與《吐魯番出土文書》看六朝到唐初個體量詞的演變〉（《中國語文》575 期）、〈「楚系簡帛文字構形資料庫」的建置及其與「漢字構形資料庫」的整合〉（合著，《第十六屆中國文字學國際學術研討會論文集》）、〈從楚簡《周易》「亡」、「喪」二字談到包山簡的「喪客」與望山簡的「祭喪」〉（「第十二屆政治大學中文系系所友學術研討會」論文）、〈讀簡帛文獻偶得四題〉（《第一屆淡大中文系研究生研討會論文集》）、〈宜蘭頭城搶孤儀式的意義及演變〉（《臺灣源流》31 期）、〈《上海博物館藏戰國楚竹書(四)昭王毀室》校注──兼談楚昭王的歷史形象〉（《東方人文學誌》4 卷 3 期）、〈從幾則台灣俗諺談如何使用漢字精準書寫閩南語(《中國語文》579 期)、〈讀楚簡困學記得五題〉（「清華大學中文系第一屆全國研究生論文發表會」論文)、〈馬王堆帛書老子甲本及卷後佚書抄錄時代上限考(合撰，「清華大學中文系第一屆全國研究生論文發表會」論文)、〈建立 UNICODE 漢字標準字的初步成果〉（合撰，《文風再起》1 期）、〈楚竹書〈恆先〉思想體系試構〉（《孔孟月刊》44 卷 5/6 期）等十餘篇。

提　要

　　一九九四年春，香港古玩市場陸陸續續的出現了一些竹簡。一九九四年五月後，該批竹簡便接踵的運到上海博物館。上海博物館文物保護與考古科學實驗室歷經三年時間，克服該批文物保存狀況的不良。脫水加固該批文物後，經科學測定與文字識讀，斷代定域爲戰國時代的楚國竹簡，因而定名爲《楚竹書》。

　　《上海博物館藏戰國楚竹書》第一冊於二零零一年十一月出版，首先發表該批文獻中，字數與竹簡保存質量皆高的〈孔子詩論〉、〈性情論〉及〈緇衣〉三篇。其中〈緇衣〉篇並見於《郭店楚墓竹簡》與今本《禮記》中，兩竹簡版本內容大體相同，用字小異，但其與今本《禮記》章序與用字存有一些出入，正可以提供學界深入探討〈緇衣〉篇內容、進而理解儒家某些思想及典籍流傳的相關問題。

　　目前學界尚未有全面比對三種版本〈緇衣〉並結合相關經學議題的討論，是以本書仍欲以《上海博物館藏戰國楚竹書·緇衣》篇爲研究標的，由文字考釋、詞義疏證出發，進而探討其間的思想義理與部份經學問題。

　　本書共分四大部份：

　　第一部份爲「緒論」，簡介本書研究背景、研究動機、研究方法、研究目的與撰寫架構。

　　第二部份為「《上海博物館藏戰國楚竹書（一）‧緇衣》疏證」，將上博〈緇衣〉全文二十三章依各章章旨之政治主題分為七卷。除逐卷逐章考釋文字、闡述經文大義外，並依各章政治主題建立其思想軸心與體系。

　　第三部份為「楚簡〈緇衣〉作者考辨」，除巨細靡遺的網羅各家對楚簡〈緇衣〉作者及其所屬學派相關闡述外，並分別從文獻記載、〈緇衣〉及同批出土儒簡的思想內容、楚簡〈緇衣〉之形制、楚簡〈緇衣〉的抄錄時間、楚簡〈緇衣〉簡文體制等處切入，推測〈緇衣〉可能係「公孫尼子、子思學派」所撰。

　　第四部份為「餘論」，「餘論」一章重點討論楚簡〈緇衣〉中的幾個經學問題：
（一）楚簡〈緇衣〉所引之《詩》篇不若引《書》之篇名完整，有可能是因為：
　　　1.《尚書》之各篇之成篇與《書》之集結早於《詩經》。故〈緇衣〉作者在撰寫其政治主張之時，《尚書》主要內容與篇名已固定，所以他可清楚引之，而《詩經》主要內容雖固定，但其各篇篇名尚未取得統一，故只稱「詩」而不稱篇名。
　　　2.《詩》是韻文，讀者較為嫻熟，所以引用者不必說出詩篇名；而《書》詰屈聱牙，因此引者要引出篇名，讀者才容易掌握。
（二）〈緇衣〉兼引《詩》、《書》時，為何先《詩》後《書》？我們推測有以下二種可能：
　　　1.相較於《書》的習傳而言，《詩》的習傳比較普遍。故〈緇衣〉先引眾人皆知之《詩》以加強其論述的說服性，再引眾人較不熟悉的《書》佐證之。
　　　2.相對於《書》而言，原始儒家在生活應用與教育上較重視《詩》。
（三）《禮記‧緇衣》鄭玄注改讀〈緇衣〉的結果與楚簡〈緇衣〉簡文幾乎相符，吾人幾可斷定鄭玄除「理校」《禮記》外，手中尚握有珍貴的古本《尚書》。
（四）未經後人篡改之楚簡〈緇衣〉，在經典異文研究中至少有下述幾點價值：
　　　1. 古文字識讀上的價值　　　5. 學派釐清上的價值
　　　2. 古音研究上的價值　　　　6. 版本校勘上的價值
　　　3. 古語法研究上的價值　　　7. 漢字整理上的價值
　　　4. 經典注疏上的價值　　　　8. 學術思想史上的價值

目　錄

自　序
第一部份　緒　論 1
　壹、前　言 3
　貳、研究背景 4

參、撰寫動機 …………………………………………………… 7

肆、研究方法 …………………………………………………… 11

伍、研究目的 …………………………………………………… 16

陸、論文結構 …………………………………………………… 17

第二部份　《上海博物館藏戰國楚竹書（一）緇衣》疏證 …… 19

　凡例與題解 …………………………………………………… 21

　第壹卷　「好賢惡惡」 ……………………………………… 25

　　第一章 …………………………………………………… 25

　　第二章 …………………………………………………… 40

　第貳卷　「慈誠相待」 ……………………………………… 47

　　第三章 …………………………………………………… 47

　　第四章 …………………………………………………… 58

　　第五章 …………………………………………………… 69

　第參卷　「上行下效」 ……………………………………… 83

　　第六章 …………………………………………………… 83

　　第七章 …………………………………………………… 92

　　第八章 …………………………………………………… 101

　　第九章 …………………………………………………… 108

　第肆卷　「近賢遠嬖」 ……………………………………… 119

　　第十章 …………………………………………………… 119

　　第十一章 ………………………………………………… 130

　第伍卷　「慎刑重爵」 ……………………………………… 145

　　第十二章 ………………………………………………… 145

　　第十三章 ………………………………………………… 161

　第陸卷　「謹言慎行」 ……………………………………… 169

　　第十四章 ………………………………………………… 169

　　第十五章 ………………………………………………… 174

　　第十六章 ………………………………………………… 178

　　第十七章 ………………………………………………… 181

　　第十八章 ………………………………………………… 191

　第柒卷　「道德修養」 ……………………………………… 199

　　第十九章 ………………………………………………… 199

第二十章 ⋯⋯⋯⋯⋯⋯⋯⋯⋯⋯⋯⋯⋯⋯⋯⋯⋯⋯⋯⋯⋯ 207

第二十一章 ⋯⋯⋯⋯⋯⋯⋯⋯⋯⋯⋯⋯⋯⋯⋯⋯⋯⋯⋯⋯ 211

第二十二章 ⋯⋯⋯⋯⋯⋯⋯⋯⋯⋯⋯⋯⋯⋯⋯⋯⋯⋯⋯⋯ 218

第二十三章 ⋯⋯⋯⋯⋯⋯⋯⋯⋯⋯⋯⋯⋯⋯⋯⋯⋯⋯⋯⋯ 221

第三部份 楚簡〈緇衣〉作者考辨 ⋯⋯⋯⋯⋯⋯⋯⋯⋯⋯⋯ 227

壹、時賢討論楚簡〈緇衣〉作者或其所屬學派綜述 ⋯⋯⋯⋯ 229

貳、楚簡〈緇衣〉作者及其所屬學派新考 ⋯⋯⋯⋯⋯⋯⋯ 243

參、小 結 ⋯⋯⋯⋯⋯⋯⋯⋯⋯⋯⋯⋯⋯⋯⋯⋯⋯⋯⋯⋯ 252

第四部份 餘 論 ⋯⋯⋯⋯⋯⋯⋯⋯⋯⋯⋯⋯⋯⋯⋯⋯⋯⋯ 255

壹、楚簡〈緇衣〉與《詩》、《書》— 楚簡〈緇衣〉引《詩》、《書》模式初探 259

貳、楚簡〈緇衣〉與《禮記‧緇衣》鄭玄注——鄭玄注改字探討 262

參、楚簡〈緇衣〉與「異文研究」— 楚簡〈緇衣〉用字之學術價值探討 264

參考書目 ⋯⋯⋯⋯⋯⋯⋯⋯⋯⋯⋯⋯⋯⋯⋯⋯⋯⋯⋯⋯⋯ 269

清代圖書館事業發展史

宋建成　著

作者簡介

宋建成，擔任圖書館工作邁 35 年。中國文化大學史學研究所、臺灣師範大學社會教育學系（圖書館組）畢業。現任國家圖書館副館長；輔仁大學圖書資訊學系及臺灣師範大學圖書資訊學研究所兼任副教授。曾任淡江大學圖書館組員，成功大學圖書館、國立中央圖書館、國立中央圖書館臺灣分館組主任；淡江大學教育資料科學系、世新大學圖書資料科兼任副教授。專書有《中華圖書館協會》；論文有〈近代我國圖書館事業的發軔〉、〈岫廬先生與東方圖書館〉、〈國立中央圖書館臺灣分館所見臺灣文獻〉等百餘篇文章。

提　要

　　清代圖書館事業之發展實與學術隆替有莫大之關係。而清人甚愛好書籍，努力學問，其私人之藏書業為歷代所不及。加以政府官方亦蒐藏圖書，尤以康乾兩朝為盛。編纂圖書以《古今圖書集成》及《四書全書》卷帙最為浩富。遂使賴豐富之圖書為工具之考據學大行於有清一朝。又於光緒末宣統初籼設圖書館，遂使我國數千年來處於藏書樓觀念之圖書館，進化至涵有社會教育功能之供眾閱覽。此種承先啟後，居功厥偉，清代圖書館事業在圖書館史上之地位，其重要可知。

　　然而敘述有清圖書事業史之論著，大多一鱗片爪地散於各種期刊。專書亦僅譚卓垣《清代圖書館發展史》（民國 24 年上海商務印書館出版）。譚氏以英文書寫全文，凡 99 頁。敘清代藏書事業之發達頗為簡括，大都語焉未詳；而對清末之創設圖書館更付之闕如。郭斌佳曾加以評論焉。（《文哲季刊》，第四卷第二期，頁 417 ~ 427，民國 24 年）

　　職此之故，余大膽試作《清代圖書館事業發展史》。案此實為史實之編排，在於史料蒐羅之勤，本無多創見。以不足二年之光陰，欲窮盡三百年之圖書館史事，至是難甚，不全掛漏之處，亦在所難免。本文祇敘述清代圖書館事業發展情形，至於有關圖書館本身之作業，如分類編目等皆未加以闡述。全文計分五章十八節如下：

　　第一章，緒論，分作三節。略述本文撰作之原因。

　　第二章，保守時期的清代圖書館事業，分作五節。敘述光緒甲午戰爭之前之官方圖書館事業。清一則接收明人所藏，一則本身亦從事於大量蒐編圖書，並建七閣等處囤置之。

　　第三章，啟發時期的清代圖書館事業，分作三節。敘述光緒甲午戰爭之後官方圖書館事業。此時民眾教育之重要性漸為國人所重，經過一段時間之醞釀，遂公布圖書館法規，於各省建置圖書館；並論及韋棣華女士之來華與貢獻。

　　第四章，清代私人圖書館事業，分作五節。敘述私人藏書事業，並述及教會及書院藏書。

　　第五章，結論，分作二節。提出清代圖書館事業為清學之原動力及為近代圖書館事業之胚基，以為本文之結束。

目

錄

第一章　緒　論 ·· 1
　第一節　清代學術思想的大勢 ···························· 1
　第二節　清代圖書的結集與編纂 ························ 6
　第三節　清代圖書館在中國圖書館史上的地位 ···· 8
第二章　保守時期的清代圖書館事業 ···················· 11
　第一節　接收明代的典藏 ································ 12
　第二節　順康雍的圖書結集與編纂 ··················· 18
　第三節　乾隆的圖書結集及編纂 ······················· 33
　第四節　嘉道咸同光五朝圖書的編纂 ·················· 52
　第五節　保守時期書藏的建立 ··························· 61
第三章　啟發時期的清代圖書館事業 ···················· 75
　第一節　新式圖書館的發動 ······························ 75
　第二節　公共圖書館的建立 ······························ 80
　第三節　韋棣華女士與中國新圖書館事業的發軔 ·· 93
第四章　清代私人圖書館事業 ····························· 95
　第一節　私藏總論 ··· 95
　第二節　清代私人藏書事業概說 ························ 99
　第三節　順康雍的私人藏書事業 ······················· 108
　第四節　乾嘉的私人藏書事業 ··························· 116
　第五節　道光以降的私人藏書事業 ····················· 128
第五章　結　論 ··· 143
　第一節　清代圖書館事業與清學 ························ 143
　第二節　清代圖書館與近代圖書館 ····················· 146

參考書目 ·· 151

第一章　緒　論

第一節　清代學術思想的大勢

　　有清一代，人文蔚起，學術輝煌邁越前季。梁啓超稱爲「中國文藝復興」〔註1〕，良非虛譽。方其全盛之時，上自朝廷顯貴，下至市廛負販，皆以學問爲尚。江藩於《漢學師承記》曾詳言如下：

　　　　鼓篋之士，負笈之徒，皆知崇尚實學，不務空言。遊心六藝之囿，馳騖仁義之塗矣！（中略）縉紳碩彥，青紫盈朝，縫掖巨儒，絃歌在野，擔簦追師，不遠千里，講誦之聲，道路不絕，可謂千載一時矣〔註2〕。

而一切學術思想的成立，皆有其相當之時勢與環境以促成之。是以首就清學產生背景之關係於政治及學術二方面者，分別述之。其政治背景可分三項：

（一）禁止結社講學

　　清人以異族入主，時不免存疑忌之心，對於知識份子尤甚。清初義士文人每藏匿山林，不肯出仕，而士子亦復沿東林之舊，借幾社、復社諸名目，以講學爲名，實則發抒亡國之恨，形同煽惑，是以深中清廷之忌。爲防微杜漸，乃於順治十七年（1660）嚴禁士子會盟結社〔註3〕。自禁令一頒，而專制積威之下，遂無復

〔註1〕見梁啓超《清代學術概論・自序》。有云：「余於十八年前，嘗著〈中國學術思想變遷之大勢〉，刊於《新民叢報》，其第八章論清代學術，章末結論云：此二百餘年間總可命爲中國之文藝復興時代。」（台灣商務印書館，台三版，《人人文庫》第044號，民國58年10月）。

〔註2〕見江藩《漢學師承記》卷一，頁3（台灣商務印書館，台一版，《人人文庫》第1479號，民國59年11月）。

〔註3〕《大清世祖章（順治）皇帝實錄》冊三，卷一三一，頁1557，云：「禮科右給事中楊

－1－

有集會講習之舉。自是以後，乃漸由學術團體一變而爲私人研究；而有志於學術者不得不致力讀書，以尙友於古人。

二、大興文字獄

文人學士雖無蠻力寸鐵，惟其思想足以激發民意，鼓動風潮；是以自古以來，專制帝王莫不畏忌，利於己者用之，害於己者去之。是故懷鉛握槧之士，輒以文字賈禍，而爲帝王者，必使文人思想範於一軌而後已。清初逸民多抱種族思想，志在復明，清廷恐學者以著書言論，傳播其排滿之思想，於是頻興文字之獄〔註4〕，藉以立威。舉凡著作中稍有指斥清廷者，皆動興大獄，至其意之不關排滿而誹議朝政者，亦皆不能免，殘酷毒狠，牽連動輒數十百人，其箝制言論，束縛士林，實無以復加。且開告訐之門，而學者益惴惴不自保，非特不敢抗議朝政，即稍涉時忌之學術亦不敢講習之。英挺之士，其聰明才智既無所發抒，不得已乃鑽研於章句訓詁之中，以爲自遣藏身之具，於是詮釋文義，考究名物，於世無患，與人亦無爭焉。促成清代考證訓詁之風。

三、帝王的提倡

康熙六十餘年提倡學術不遺餘力，而乾隆承其緒，亦頗以稽古右文自命。是以一則詔舉博學鴻儒，籠絡文人；另則蒐羅遺書，編纂巨籍，上好下甚，舉世嚮風，且當時學者頗爲社會所尊崇，故皆自甘終老於編摩之業。夫學者在社會上占優越之地位，而其生活又有餘裕，則學術乃能昌明；清代經學之之精越於前代，蓋以此也。

清學之成立雖由於政治背景之因緣，然其學術之背景亦大有助焉，「清學」者，「明學」之反動，而又紹「明學」之端緒者也。蓋天下事凡二者代興，則根柢當蘊萌於同時，試述於下：

雍建疏言：臣聞朋黨之害，每始於草野，而漸中於朝宁。拔本塞源，尤在嚴禁結社訂盟。今之妄立社名，糾集盟誓者，所在多有，而江南之蘇松，浙江之杭嘉湖，爲尤甚。其始由於好名，其後因之植黨，相習成風，漸不可長。請敕部嚴飭學臣，實心奉行，約束士子，不得妄立社名，糾眾盟會，其投刺往來，亦不許用同社同盟字樣，違者治罪。儻奉行不力，糾參處治，則朋黨之根立破矣。得旨：士習不端，結社訂盟，把持衙門，關說公事，相煽成風，深爲可惡，著嚴行禁止。以後再有此等惡習，各該學臣即行革黜參奏，如學臣徇隱，事發一體治罪。」（台灣華聯出版社影印，民國53年9月）。
又蔣良騏原纂，王先謙改修《十二朝東華錄》順治朝，卷七，頁239所云同。（文海出版社影印，民國52年）。
〔註4〕詳見黃鴻壽《清史紀事本末》卷二十，頁147～154〈文字之獄〉。（三民書局，民國48年7月）。

（一）宋明理學的反動

明代自王陽明致良知之說興，學者漸蔑視讀誦之功，又加以講學之風盛，爭騰口說，所言皆在昭昭靈靈之境，淺嘗之士殊難以言心得，故其末流，學者漸養成束書不觀，游談無根之習氣，造成流弊。明季學風，墮落益甚，不獨學術空疏，即篤行踐履者亦寡矣。清初一反明末之空疏為敦實；反蔑視讀書為提倡經術；反輕忽踐履為注重躬行。在在皆明學反動之結果也，故清代學術之成立在消極方面言之，明季之學風實為其重大之背景。

（二）七子文章的復古

清代學術發達之正因，據朱希祖《清代通史・初版序》云：

> 清代學術以考據之學為最長，直超乎漢唐以上；而斯學發達之原因，有正因，有旁因。每觀世人泛學旁因，而不能抉發正因，誠為治史者一大憾事！竊謂清代考據之學，其淵源實在乎明弘治嘉靖間前後七子〔註5〕文章之復古：當李夢陽、何景明輩之昌言復古，規摹秦漢，使學者無讀唐以後書，非是，則詆為宋學，李攀龍、王世貞輩繼之，其風彌甚。然欲作秦漢之文，必先能讀古書，欲讀古書，必先能識古字：於是《說文》之學興焉，趙撝謙著《六書本義》，趙宧光著《六書長箋》、《說文長箋》，其最著者。當此之時，承學之士，類能審別字形，至刻書亦多作篆楷，以說文篆字之筆畫，造為楷書。如許宗魯所刻之《爾雅》、《國語》、《六子》，趙宧光所刻之《說文長箋》、《六書長箋》等皆是。清代陳啟源之《毛詩稽古編》，吾友錢玄同之書《小學答問》，其字體亦淵源於此。然古書之難讀，不僅在字形，而尤在字音：於是音韻之學興焉。楊慎著《古音叢目》、《古音獵要》、《古音餘》、《古音略例》，陳第又為《毛詩古音考》、《屈宋古音考》，列舉證據，以明古音，於是顧炎武繼之，成《音學五書》，其書刻於明崇禎時，其實成於明代也。清興，顧炎武乃以實事求是之學，提倡一世，於是音韻明而訓詁明，訓詁明而古書不難盡解，加以萬曆以後，歐洲算數輿地之學輸入中夏，通經之士類能綜貫中西算學，天文地理亦賴以明：於是古經疑悟，豁然貫通，經學昌明，旁

〔註5〕案弘治、嘉靖中，有主張擬古之前後七子連袂而起。前七子（即弘治七子）以李夢陽、何景明為領袖，後七子（即嘉靖七子）以李攀龍、王世貞為領袖。雖年代有前後，但其文學思想則無甚不同，均尚模擬艱深，文主秦漢，詩主盛唐。前後七子為王九思、李夢陽、王廷相、唐海、邊貢、徐禎卿、何景明、謝榛、李攀龍、徐中行、宗臣、王世貞、梁有譽、吳國倫。

通小學，此考據之學發達之正因也〔註6〕。

（三）八股制義之解脫

科舉試文，自明清後成爲限制內容與字數之文體，名爲制義，俗稱八股文，全成形式化。顧炎武以爲八股之害，猶如焚書，無異坑儒〔註7〕。士子靡然自八股之中求解脫，自古經中求眞意。

以上原因是爲清代學術思想的背景；在此背景之下，清代學術可分爲三期：

（一）明學反動期

此期代表人物則爲顧炎武、胡渭、閻若璩。閻攻僞經，喚起學者「求眞」的觀念；胡辨圖書，破除空說之根據；顧大倡「舍經學無理學」之說〔註8〕，教學者解脫宋明儒羈勒，直接反求之於古經，以定學者研究之標準。清學之端緒，自此啓之。同時對於明學之反動，尚有顧祖禹、黃儀、黃宗羲、萬斯同、梅文鼎、王錫闡諸人；顧、黃治地理；黃、萬治史學；梅、王專治天算，此諸派其研究學問的方法及觀念均與明儒根本差異。他如顏元、李塨一派攻擊程、朱，排斥明人，其鋒芒益爲峻露。其時理學之餘脈，有自託於程、朱之流，以斥王學者，如陸世儀、陸隴其、張履祥諸人；有力返宋風篤於躬行者，如孫奇逢、李顒諸人；可說其學風已由明而漸返於宋。其時文學知名之士，如錢謙益、吳偉業及王士禎、朱彝尊等，亦皆恥道明人。故講清初學術完全可謂明學反動時期，而清代經學亦醞釀胚胎於斯時矣。雖其間思想派別極爲紛歧，惟焦點於「讀書明經」，經學爲學術之中心，至是已隱然可見。

（二）清學全盛期

本期與前期相異之點：（1）前期對於宋學一部分猛烈攻擊，而仍因襲其一部分；本期則自固壁壘，將宋學置之不議不論之列。（2）前期抱通經致用的觀念，故喜言成敗得失經世之務；本期則爲考證而考證，爲經學而治經學。清初最惡門戶方隅之見，常互爲師友，到後來竟分作吳、皖兩派。

（1）吳派之始祖惠棟，其祖周惕、父士奇，三世治經，恪宗漢儒。其弟子江

〔註6〕蕭一山《清代通史》冊一第七章三十一節頁 125，引朱希祖《清代通史》初版序（台灣商務印書館，民國 52 年 4 月）。

〔註7〕見顧炎武撰，黃汝成集釋《日知錄集釋》卷十六，頁 386。擬題有云：「故愚以爲八股之害，等於焚書，而敗壞人才，有甚於咸陽之郊，所坑者但四百六十餘人也。」（世界書局，增補《中國思想名著》第一集，第三七、三八冊，民國 51 年 4 月）。

〔註8〕見全祖望《鮚埼亭集》卷十二，碑銘七，頁 134〈亭林先生神道碑〉有云：「古今安得別有所謂理學者，經學即理學也；自有舍經學以言理學者，而邪說以起。」（商務印書館，民國 25 年《四部叢刊》初編縮本）。

聲、余蕭客承之，王鳴盛、錢大昕、汪中、劉台拱、江藩等衍其說，而清學才有堅固的壁壘。此派治學方法乃以「古今」定「是非」，誠如梁啟超所指「凡古必眞，凡漢皆好。」〔註9〕

（2）皖派始自戴震，其由好古進而爲精核，由信古進而爲斷制。其弟子段玉裁、王念孫繼之，益樹考據之精神，確立治學的方法。同輩有金榜、程瑤甲、盧文弨等，從學者有任大椿、孔廣森、凌廷堪、王引之（念孫之子）等。而以玉裁、念孫、引之尤能光大其學，世稱戴段二王。他們是清學的代表，較吳派尤高一籌。這一派的特色是不爲漢學所拘，惟以「求眞求是」爲歸。其研究範圍以經學爲中心，而衍及小學、音韻、史學、天算、水地、典章制度、金石、校勘、輯佚等。其成績皆蔚然稱爲大觀，而引證取材多極於兩漢，故亦有「漢學」之目。其治學以「實事求是」、「無徵不信」之科學精神，昌明古學使人信從。當時學者承流向風各有建樹者，不可勝數。朝野上下之有志學術者亦莫不以經學爲中心，才智之士以此爲好尚，相與淬勵精進，希隨聲附和，以不獲廁身於其林爲恥。而清學稱全盛焉。

（三）清學衰落期

清學因今文學運動與東西文化輸入的影響而衰微。乾嘉道三朝經學鼎盛，成爲一尊，然其研究範圍之狹小，與其態度之迂拘，穎達之士漸不屑其所爲，乃欲於考證訓詁外自闢領域，於是今文學漸興。今文學起源於漢代，東漢時已有今古文之爭，至清中葉以後，其壁壘始相當，清代今文學運動至光緒年間其業始大昌，此期中心人物有康有爲、梁啟超。初清學全盛時，今文學家有莊存與，始治《春秋公羊傳》，而劉逢祿、龔自珍最能傳其學；自閻若璩攻《僞古文尚書》得勝，漸開學者疑經之風，至康有爲乃嚴畫今古文分野，謂凡東漢晚出之古文經傳，皆劉歆所僞造，並摒棄許鄭；又作《孔子改制考》，謂六經皆孔子所作，堯舜皆孔子依託，而先秦諸子亦罔不託古改制。此種見解實數千年之一大變動，遂開學者自由研究之門。其弟子最著者爲梁啟超，梁甚能弘其師說，然亦時不慊於其師之武斷，末流多有異同，今古文之爭互相詆諆，缺點益暴露。海通以還，外學輸入；學子憬然於竺舊之非計，相率吐棄之，不復再有先輩具有「爲經學而治經學」的精神，清學至此遂日趨衰落矣。然在此期中，猶有一二大師爲清學死守壁壘者，如俞樾、孫詒讓、劉師培、章炳麟，亦皆足以紹述而光大之。故清學在學風上雖云衰落，而在學術上則竟可謂之未衰也。

〔註 9〕梁啟超《清代學術概論》頁33，云：「惠派治學方法，吾得以八字蔽之曰：凡古必眞，凡漢皆好。」

綜上三期論之：反動期開經學研究之端緒，全盛期成經學研究之一尊，衰落期雖有今古文之爭與外化之攙入，然亦未嘗不以經學爲中堅也，故清代之經學實與有清一代之命運相終始。

綜觀清代學術仍以經學爲正統，其不同於前代者，蓋在基本觀點上，反對宋明理學，恢復兩漢傳注，故清代經學亦稱爲「漢學」。在方法上，宋明理學解經，糝有道家宇宙觀與佛門禪宗色彩，自心性入手，憑直覺而失之於主觀。清人以考據之方法，追溯經學原始意義，求實求眞，態度嚴謹，無徵不信，方法合乎科學，於是或稱之爲「樸學」。清代學術之成就，在於將兩千年前學術作一總整理，以考據之方法校正錯訛，將晦澀難解者註釋出來，正所謂：

> 有清二百餘年之學術，實取前此二千餘年之學術倒捲而繹演之；如剝春筍，愈剝而愈近裏；如啖甘蔗，愈啖而愈有味；不可謂非一奇異之現象也〔註10〕。

可知清代學術的廣博精深，以經學爲中堅。學者所經營工作甚多；其考據範圍極廣，並涉獵及諸子、小學、音韻學、典章制度、文學、方志、史學、地理、天文算學、金石學等等。一時大家輩出，甚爲發達；諸學亦隨之逐類旁通。彼等箋釋經書或新注新疏、蒐補鑑別史料、辨僞書、輯佚書、校勘古書、編纂類書、校刻叢書〔註11〕，其著書立論，成就亦屬空前。由於彼等學術上之貢獻，使圖書館圖書之蒐藏標出了方向。當吾人追尋清代圖書館的發展史，務必瞭解學者活動是其中的一個因素。清代文人學者眾多，而大凡此類皆善藏書，尤好善本書，而從事學術也需有史料，是以清代私人藏書風特盛，此亦有助圖書館事業之普及與發展。以上爲我撰寫本文的第一個原因。

第二節　清代圖書的結集與編纂

滿清代明，注重圖書，有勝於前代，開國之後，天下一定，大量編纂圖書，尤其類書，如康熙一朝就纂修圖書三十二種；其大規模的類書有六種之多，如：《佩文韻府》四百四十四卷、《淵鑑類函》四百五十卷、《佩文韻府拾遺》一百十二卷、《駢字類編》二百四十卷、《子史精華》一百六十卷及《分類字錦》六十四卷。雍正朝完成鉅製《古今圖書集成》，全書凡六彙編，三十二典，六千一百零九部，一

〔註10〕見梁啓超《清代學術概論・自序》云。
〔註11〕詳梁啓超《中國近三百年學術史》，頁22。（台灣中華書局，台四版，民國55年3月）。

萬卷。每卷平均約四十頁，每頁十八行，每行二十字。每卷計字一萬四千四百，除去空白，不下一萬字，全書一萬卷，當有一萬萬字，誠爲我國刊本中最大的一部書。乾隆朝更詔求海內遺書，文運大開，乃有《四庫全書》之輯，是爲清代官家收藏之大成，亦開我國圖書館史空前之記錄。清特仿天一閣造七閣存置是書。

又康乾間，武英殿雕刻御製欽定之書，凡經類二十六部、史類六十五部、子類三十六部、集類二十部。論者謂歷代政府刻書之多，未有若清朝者。可知有清修書暨纂書之勤與成效之宏。這是沿襲歷代開國之初對付文人的傳統辦法。編纂圖書，一則作爲牢籠文人的手段，二則纂修類書需要人多，也需要相當長的時間，做呆板的工作而不克塗寫文章，表達思想，此與唐太宗的撰定《五經正義》，纂修《六史》；宋太宗敕編《文苑英華》、《太平御覽》及《太平廣記》；明成祖編纂《永樂大典》，如出一轍，雖是藉文墨以消塊壘，推究其動機大有可議，然而自保存文化的觀點來衡量，卻也未可厚非，終產生了許多鉅製。《清史藝文志序》：

> 清起東陲，太宗設文館，命達海等繙譯經史，復改國史、秘書、弘文三院，編纂國史，收藏書籍，文教始興。世祖入定中原，命馮銓等議修《明史》，復詔求遺書，聖祖繼統，詔舉博學鴻儒，修經史，纂圖書，稽古右文，潤色鴻業，海內彬彬向風焉。高宗繼試鴻詞，博采遺籍，特命輯修《四庫全書》，以皇子永瑢、大學士于敏中等爲總裁，紀昀、陸錫熊等爲總纂，與其事者三百餘人，皆爲一時之選，歷二十年始告成，全書三萬三千冊，繕寫七部，分藏大內文淵閣、圓明園文藻閣、盛京文溯閣、熱河文津閣、揚州文匯閣、鎮江文宗閣、杭州文瀾閣。命紀昀等撰《全書總目》，著錄三千四百五十八種，存目六千七百八十八種，都一萬二百四十六種。復命于敏中、王際華擷取精華，列爲《四庫薈要》，凡一萬二千冊，分繕兩部，藏之大內摛藻堂及御園味腴書屋。又別辦《永樂大典》三百八十五種，交武英殿以聚珍版印行。時《大典》儲翰林院者尚存二萬四百七十三卷，合九千八百八十一冊，其宋之精槧多儲內府天祿琳瑯，備詳宮史。經籍既盛，學術斯昌，文治之垂，漢唐以來所未逮也。各省光復進書約及萬種，阮元既補《四庫未收書》四百五十四種，復刊《經解》一千四百十二卷，王先謙又《續經解》一千三百十五卷，而各省督撫廣修方志，郡邑典章，粲然大備，其後曾國藩倡設金陵、蘇州、揚州、杭州、武昌等官書局。張之洞設廣雅書局延聘儒雅，校刊群籍，私家亦輯刻日多，叢書之富，曩代莫京。及至晚近歐風東漸，競譯西書，道藝並重，而敦煌寫經，殷墟龜甲，奇書秘寶，考古所資，其有

禪於學者尤多，實集古今未有之盛〔註12〕。

可證有清一朝蒐書纂書之勤。

按「圖書館」一辭在英文爲 Library，是從拉丁文 Liber 而來，有書籍的意思。在德文 Bibliothek、法文 Bibliotheque 皆從希臘文的 Bebyiov 和 Onkn 而來，而前一字有「書籍」的意思，後一字有「地方」的意思，兩字合起來即爲「有書籍的地方」，是以圖書館即爲藏書之館，至今圖書館概念雖是變遷，然圖書館之業務，大別仍爲圖書之整理與圖書之使用，圖書爲圖書館之骨幹，是以圖書爲圖書館之基礎，此是我撰本文的第二個原因。

第三節　清代圖書館在中國圖書館史上的地位

我國是世界文明古國之一，很早就產生了優美的文化；文化載於經籍，因之早早便有囤積的寶窖，及掌管典藏的專官。典籍文書有賴於文字的發明；我國的文化誠然發達甚早，但自上古冬穴夏巢之時，茹毛飲血之世，以迄所謂伏羲畫卦，倉頡造字之時代，根據史籍記載，雖已正式有了文字，然而，並無實物可證。最早被發現及證實的文字是殷商時代的甲骨文〔註13〕。

中央研究院於民國十七年（1928）秋，至民國二十六年（1937）先後十五次發掘殷墟（今河南安陽），這是東亞考古史上的一件大事，不但爲中國古文化增加了新史料，也給世界古代文化開闢了新資源。其中第十三次（民國二十五年三月十八日至六月二十四日，1936 年。由郭寶鈞及石璋如主持）發掘小屯村北地時，在第一二七窖發現有一完整無缺儲藏甲骨的窖藏一所，存龜腹甲整版二百餘版，殘片約二萬餘，中有朱墨書寫的文字，刻劃卜兆的方法（即卜辭）。此爲目前所得最早的實物資料，證明這些商代的甲骨集藏不啻爲一書庫。可以說商代已略具有圖書館的雛型。

依照圖書館的進化，可區分爲三個時代：一爲保守時期，著重於保存圖書，不知利用，當時無所謂圖書管理法，但是對於保存的方法卻很講究，而圖書的分

〔註12〕見清史編纂委員會編《清史》冊三，卷一四六，頁 1748，〈藝文志序〉（國防研究院，民國 50 年）。

〔註13〕見盧震京《圖書學大辭典》頁 147，甲骨文條，有云：「甲骨文或稱殷墟書契、甲文、契文、貞卜文字、殷契、卜辭諸名，爲殷商王室貞（問）卜命龜之辭也。字刻於龜之腹甲或牛羊甲骨上；沈霾地下，至清光緒二十五年（1899）始現於河南省安陽縣之洹水旁，其地則殷盤庚故都云。」（台灣商務印書館，台一版，民國 60 年 3 月）。

類、目錄的編纂皆爲檢查點校之用，簡言之僅以蒐集保管圖書爲目的，可謂之藏書樓。二爲被動時期：著重於圖書的公開和流通。此時知光藏死書的無用，徒飽蠹腹，益之兵火盜劫，而使圖書館的用途與文化有密切關係，因之講求圖書分類、編目、出納、參考。圖書館遂成一專門學問。三爲自動時期：著重於社會教育之推廣與實施，圖書館不僅公開利用，並主動地發揮其教育民眾之功能〔註14〕。

雖然我國圖書館起源甚早，但是這些圖書館迄至清末概屬保守期，大多爲宮廷、官署、寺院、書院（學校）及私人的圖書館，猶如絕對的私有資產。祇能供最少數的人閱讀，眞是深扃秘藏，都祇是一種藏書樓，不能公開地爲一般人所享用。用近代圖書館的意義來看，即由保守期進化到啓發期，最早使圖書館供眾閱覽，局部開放而見於明文的爲清乾隆年間，將存放《四庫全書》的文宗閣（鎮江）、文匯閣（揚州）、文瀾閣（杭州）供江南士子閱覽之用，雖然僅限於上述南三閣，而這種觀念已衝破了傳統的束縛，是很進步的。

尤有進者，中日甲午戰爭結束，國人始知教育之重要，光緒二十二年五月（1896）有刑部左侍郎李端棻上「推廣學校，以勵人才」一摺，主張應行推廣者有五，其中有一條爲「設藏書樓，以啓民智」〔註15〕；因爲圖書館〔註16〕這個名詞當時還沒有，所以沿用舊有藏書樓一詞，就啓發民智目的來看，與今公共圖書館相同，負有社會教育的責任。斯時北京「強學會」業已陳列圖書供眾閱覽，這可謂我國近代圖書館的發動與萌芽，惜隨戊戌政變，維新的失敗而消失。

迨中日甲午戰爭及拳匪之亂，在我國曾造成嚴重的災害，有遠見之士均感到民眾教育的重要性。當時羅振玉首於光緒二十八年（1902）提出實施新教育制度的建議，羅氏竭力主張在全國普設公共圖書館與博物館。除在京都及各省省會設立圖書館外，又在每一府、廳、州、縣亦得設立，每一所圖書館應蒐藏中日西文書，並開放供民眾閱覽。光緒三十一年（1905）再度推行新政，湖南省成立了第一所公共圖書館，隨著天津、南京也相繼成立。宣統元年（1909）學部頒布「公共圖書館通行章程」二十條，這是我國最早的圖書館法規，其中規定北京及各省省會各設圖書館一所，各府、廳、州、縣治依照籌備年限，逐漸設立。翌年在北京成立京師圖書館；各省省立圖書館相繼成立者有山東、湖南、山西、廣東、吉

〔註14〕見盧震京《圖書學大辭典》頁435，圖史條，有云：「圖之進化約略可分時期者三：（一）保守時期，（二）被動時期，（三）自動時期。」
〔註15〕詳見蔣良騏原纂，王先謙改修《十二朝東華錄》光緒朝冊七頁3773，李端棻奏（文海出版社影印，民國52年9月）。
〔註16〕案戊戌政變後，崇尚新學，日本「圖書館」這一名詞，始流入我國。

林、黑龍江、浙江、甘肅等省，後因宣統三年國民革命爆發，圖書館的發展不得已暫告中斷。這個時期的圖書館組織與管理大抵仿自當時的日本，但是編製目錄仍沿襲舊法，均已含近代圖書館的意義。

光緒二十五年（1899）促使我國圖書館學校設立，影響最大的美國韋棣華女士（Mary Elizabeth Wood, 1861-1931）來到我國。韋女士在應聘文華中學教授英文期間，發現尊崇學術的中國，對教育中最重要的一環——使人享終身教育機會的公共圖書館——反被忽略，深感詫異，又感於我國學校不能發展、教育不能普及的原因是因為缺少圖書館的補助，因之於光緒二十九年（1903）首先創辦文華公書林，圖書館建築於宣統二年（1910）完成，同時對民眾開放，當時閱覽的人很多，此舉為我國近代圖書館事業開了啟發作用，韋女士隨後又選派學生赴美學習圖書館學，遂使美國圖書館學輸入，而使我國有了近代圖書館的觀念及方法。

由上簡述，可知清朝是我國傳統觀念下的圖書館——藏書樓，逐漸過渡到含有近代圖書館的意義——開放為公眾利用的時代。要瞭解我國近代圖書館的發軔及演變，就得先知悉清代圖書館發展史。此亦是我撰本文的第三個原因。

基於這三個原因，來敘說清代圖書館事業。

第二章　保守時期的清代圖書館事業

　　中日甲午戰爭（光緒二十年至二一年，1894～1895）在中國近代史上實具有極其廣泛而深刻的影響，有識之士咸信這是從來所未有的大變局。鴉片戰爭後，林則徐、魏源　一輩人所倡導的海防運動；英法聯軍後，曾國藩、左宗棠、李鴻章等所領導的自強運動，積多年艱苦經營的海權，一舉而敗壞。國人因而覺悟到，徒有船堅砲利，仍未必能驟致富強。梁啓超曾稱：

　　　　喚起吾國四千年之大夢，實自甲午一役也。（中略）吾國則一經庚
　　申圓明園之變，再經甲申馬江之變，而十八行省之民，猶不知痛癢，未
　　嘗稍改其頑固囂張之習。直待台灣既割，二百兆之償款既輸，而鼾睡之
　　聲乃漸驚起，此亦事之無如何者也〔註1〕。

甲午一役，致使國人覺醒，加以光緒中葉列強向我國強迫租借港灣、拓展租界並劃分勢力範圍；外患之煎急，瓜分之禍，迫於眉睫。當時我國之局勢，猶如康有為所指：

　　　　吾中國四萬萬人，無貴無賤，當今一日在覆屋之下，漏舟之中，薪
　　火之上；如籠中之鳥，釜底之魚，牢中之囚；為奴隸，為牛馬，為犬羊，
　　聽人驅使，聽人宰割，此四千年二十朝未有之奇變！加以聖教式微，種
　　族淪亡，奇慘大痛，真有不能言者也〔註2〕。

　　正是人為刀俎，我為魚肉。另則隨列強武力的入侵，西學又再輸入。始於道光、咸豐，大盛於同治、光緒，為士人拓展了知識的新境界。

〔註1〕見梁啓超《戊戌政變記》附錄一，改革起源，頁1130（台灣中華書局，台二版，民國54年2月）。

〔註2〕見倚劍生《光緒二十四年中外大事彙記》論說彙卷首之二保國會第一集工部康有為演說，頁184所云。（台灣華文書局，中華文史叢書之四十一，民國57年6月，據國立台灣大學圖書館藏光緒二十四年刊本影本）。

是以甲午一役之後，有識之士知自強運動只學習技術，而不求於政制之改革，尚不足以救亡圖存，而政治、經濟、法律、教育、文化諸端，實爲立國之要圖，必需就政制徹底改革，方足以使中國轉弱爲強。務本之道方爲正鵠。此一思想上之大轉變，實有助於中國之近代化矣。

圖書館的運動深受此種思想轉變的影響，亦逐漸由保存文獻而爲利用文獻。先有李端棻、羅振玉等輩倡導在先，而大規模地興建圖書館供民眾閱覽在後。一種含有近代圖書館意義的運動遂告進行，此種運動與甲午戰爭之前的圖書館活動，大爲不同，吾人若以甲午戰爭爲標界，在此之前，圖書館乃因襲中國固有之觀念，徒知典守，以蒐集保管典籍爲目的，謂之儲藏室、藏書樓可也。視圖書如珍奇，少供閱覽，莫能遍及。在此之後，遂將所蒐集及保存者，供眾閱覽，賦有一種教育的使命。職此之故，乃將有清一朝的圖書館事業，以甲午戰爭爲界，分爲前後二期，吾所撰述的爲清代之中國圖書館事業史，而非清朝愛新氏之圖書館事業史。故自世祖順治入關君臨中國（明思宗崇禎十七年，順治元年）至德宗光緒二十年中日戰爭起凡九朝（1644～1894）二五〇年，概屬前期，本文稱爲圖書館的保守時期。而德宗光緒二十一年中日甲午戰爭結束迄於宣統三年滿清覆亡（1895～1911）凡二朝十七年，概屬後期，稱爲圖書館的啓發時期。而以後者短短不及二十年內，圖書館的事業突飛猛進，而趨向近代化最爲重要。凡此，乃以圖書館進化的眼光來爲清代圖書館事業作一斷代。

第一節　接收明代的典藏

清以滿州一部落入主中原，本無文獻可言，然當世祖之都北京，興文教，尚經術，優禮前朝儒臣，詔孔子六十五代孫孔允植襲衍聖公〔註3〕，使滿州子弟學者，習漢文漢語。及得南京，又取錢謙益、王鐸等而重用之，由是清代遂以此時發其興學之端，絕無疑問的清入據北京，先接收了明代的典藏，保存了文獻。明之巨製，首爲《永樂大典》，而官家藏書首推北京文淵閣。

明太祖於元順帝至元二十六年（1366）削平陳友諒，即命有司訪求遺書〔註4〕。

〔註 3〕見《世祖章皇帝實錄》冊一，卷九，頁 103，有云：「（順治元年甲申冬十月）丙辰吏部議覆山東巡撫方大猷疏：請以孔子六十五代孫孔允植仍襲封衍聖公，照原階兼太子太傅；其子興燮，照例加二品冠服；孔允鈺、顏紹緒、曾聞達、孟聞璽仍襲五經博士。」
〔註 4〕見朱國禎《皇明大事紀》卷一所云。（明崇禎五年尋溪朱氏刊本，國家圖書館Microflim）。

洪武元年（1368）伐燕，命大將軍徐達盡收元奎章、崇文秘書圖籍，及太常法服、祭器、儀象版籍，歸南京。及燕平，又詔求民間遺書，先是仍元制，設秘書監丞，尋改翰林典籍，以掌之〔註5〕。成祖以靖難兵起而得帝位，時不平之氣盈海宇，成祖知不可以力服，思以文治籠羅天下士，冀借稽古右文之舉，以消弭草野私議，於是召天下文學士，仿宋太宗編《太平御覽》、《冊府元龜》、《文苑英華》之例，啟秘閣圖書，開館纂修類書。首以「天下古今之事物散載諸書，篇帙浩穰，不易檢閱，朕欲悉采各書所載事務類聚之，而統之以韻，庶幾考察之便，如探囊取物爾。（中略）凡書契以來經史子集百家之書，至於天文地志陰陽醫卜僧道披藝之言，備輯為一書，毋厭浩繁〔註6〕！」命解縉著手編纂，圖借文墨以銷塊壘，至永樂二年十一月廿一日（1404）事成，進所纂錄韻書，賜名《文獻大成》。由於參與纂修之學者既少（147人），為時復短（一年）〔註7〕，自不能詳備靡遺。故成祖遂命重修，於是廣召四方儒者，許侍臣各舉所知，至永樂三年正月開局纂修。「敕太子少師姚廣孝，刑部侍郎劉季箎，及縉總之」〔註8〕，當時與事者頗多，凡二千一百

〔註5〕見《明史》冊三，卷九六志七十二，頁1035，〈藝文一〉有云：「明太祖定元都，大將軍收圖籍致之南京。復詔求四方遺書，設秘書監丞，尋改翰林典籍，以掌之。」（藝文印書館，民國45年，據清乾隆武英殿刊本影印）。

〔註6〕見《明實錄》冊十，〈明太宗實錄〉卷二一，頁393（永樂元年）秋七月丙子朔享太廟，上諭翰林侍讀學士解縉等所云。（中央研究院歷史語言研究所，民國57年，據國立北平圖書館紅格鈔本微捲影印）。

〔註7〕《明實錄》冊十〈明太宗實錄〉卷三六，頁627有云：「（永樂二年十一月）丁巳，翰林學士兼右春坊大學士解縉等進所纂錄韻書賜名《文獻大成》。賜縉等百四十七人鈔有差，賜宴於禮部。既而上覽所進書尚多未備，遂命重修。」

〔註8〕《明實錄》冊一〇〈明太宗實錄〉卷三六，頁627作如是云。
繆荃孫《永樂大典考》亦作如是云。（藝文堂文續集卷四）
又有作姚廣孝鄭賜監修，劉季箎副監修。如黃佐《翰林記》卷十三，頁5，修書條有云：「命太子少師姚廣孝，禮部尚書鄭賜監修，刑部侍郎劉孝箎副監修。賜卒，以贊善梁潛代焉。」
孫壯《永樂大典考》宋端儀《立齋閑錄》卷三條引楊士奇撰〈劉季箎墓誌〉云：「永樂乙酉，廣召文儒，纂修大典，命太子少師姚廣孝、禮部尚書鄭賜監修，而擇六卿之二有文學者一人為之副，遂又命刑部左侍郎劉季箎。」（北京北海圖書館月刊第二卷第三、四號，頁841～859，民國18年3月）。
郭伯恭《永樂大典考》章二，頁8，引用黃佐所云。又以楊士奇〈梁用之墓碣銘〉所言：「五年，命以本官兼右春坊右贊善進儒林郎，時修《永樂大典》，召至四方儒學老成充纂修及繕修及繕寫之士，幾三千人，人眾事殷，特命太子少師姚廣孝，禮部尚書鄭賜總之。已而賜卒，命禮部翰林院就院推舉才學服眾者代賜，遂舉用之。」為佐證。
以為「楊士奇為當時文淵閣直閣事，親自所見，所言自較可信。〈太宗實錄〉成於宣德中，後人重修，或不免舛誤耶。」（臺灣商務印書館，人人文庫第四六二、四六三號，民國56年10月）。

六十九人〔註9〕，幾包括了當時所有的學者，其參與之人既多，成功自易，故至永樂五年十一月十五日（1407）即全部告蕆。書凡二萬二千二百一十一卷，一萬一千零九十五冊，更賜名《永樂大典》〔註10〕。

　　大典「包括宇宙之廣大，統會古今之異同，巨細粲然明備。」〔註11〕，其編纂以《洪武正韻》爲綱，「用韻以統字，用字以繫事，凡天文地理、人倫、國統、道德、政治、制度、名物，以至奇聞異見，庾詞逸事，悉皆隨字收載〔註12〕。」如凡〈天文志〉皆載於天字下，歷代〈地理志〉附於地字下，若日月星雨風雲霜露及山海江河等之類，則各隨字備載〔註13〕。名物制度載在經史諸書者，亦隨類附見。他如歷代國號、官制、禮樂、詩書，及一名一物，俱各隨字備載，而詳歸各韻。蒐采之書，上自唐虞，迄於明初，靡不旁搜而彙輯，力圖詳備。修撰之宏，爲前所未有。是誠彙萬卷於一編，合千載於一時之鉅製也，正是「一書傳而群書

蘇振申《永樂大典年表初稿》亦云：「明成祖三年乙酉正月復在文淵閣開館纂修；姚廣修，鄭賜監修，劉季篪爲副監修。」（《東西文化》第五期，頁42～53，民國56年11月）。

案將主事《文獻大成》的緝摒除不用，殊爲不可能。是以仍依實錄所載。一如昌彼得〈永樂大典述略〉（《大陸雜誌》第六卷第七期，頁226～228，民國42年4月）所記載。

〔註9〕《明實錄》冊一一〈明太宗實錄〉卷七三，頁1016有云：「賜廣孝等二千一百六十九人鈔有差」。

而孫承澤《春明夢餘錄》卷十二，頁4有云：「正總裁三人，副總裁廿五人，纂修三百四十七人，催纂五人，編寫三百三十二人，看詳五十七人，謄寫一千三百八十一人，續送教授十人，辦事官吏二十人，凡二千一百八十人。」

案參諸他籍總數或云二千餘人，或云幾三千人，或云數千人，今殊難知其確數，祇得以實錄爲準。

〔註10〕《明實錄》冊一一〈太宗實錄〉卷七三，頁1016有云：「（永樂五年十一月乙丑）太子少師姚廣孝等進重修《文獻大成》，書凡二萬二千二百一十一卷，一萬一千九十五本，更賜名《永樂大典》」同卷。又接著云：「上親製序以冠之，其文曰（中略），始於元年之秋而成於五年之冬，總二萬二千九百三十七卷，名之曰《永樂大典》。」

姚廣孝等〈進永樂大典表〉有云：「謹寫成《永樂大典》二萬二千八百七十七卷，凡例並目錄六十卷，裝潢成一萬一千九十五冊」

案由姚表可知，〈成祖序〉所言係與目錄合併數之，故曰「總」。即姚表與〈成祖序〉卷數實相符。若與實錄相校讎，則冊數同而卷數相異，難定是非，今以實錄爲準。

又書成年代有以姚表末署「永樂六年十二月」而謂大典編成於六年可知。然欠乏證例，故仍以實錄爲準。

〔註11〕《明實錄》冊一一〈太宗實錄〉卷七三，頁1016上親製序。

〔註12〕見郭伯恭《永樂大典考》章四，頁87引靈石楊氏刊《連筠簃叢書》〈永樂大典目錄〉卷首。

〔註13〕見《明實錄》冊一一〈太宗實錄〉卷七三，頁1016。

之涯略以傳。」宋元以前之佚文秘典，賴此多得而傳焉。

　　《永樂大典》告藏後，藏入文淵閣〔註14〕，及遷都北京，此書亦隨之入北京，貯之文樓〔註15〕。嘉靖三十六年（1557）四月十三日，奉天門并三殿午門災（回祿），世宗急命挪救，移貯史館〔註16〕，經此災後，蓋感於孤本存貯，難保無虞，至嘉靖四十一年（1562）遂有《大典》錄副之舉焉。

　　考《世宗實錄》卷五一二有云：「嘉靖四十一年八月乙丑（十三日），詔重錄《永樂大典》，命禮部左侍郎高拱，右春坊右中允管理國子監司業事張居正，各解原務，入館校錄。拱仍以侍郎兼翰林院學士，同左春坊左諭德兼侍讀瞿景淳充總校官，居正仍以中允兼翰林院編修，同修撰林燫、丁士美、徐時行，編修呂旻、王希烈、張四維、陶大臨，檢討吳可行、馬自強充分校官（中略）及三殿災，上聞變，即命左右趣登文樓，出《大典》，甲夜中諭凡三四傳，是書遂得不燬。上意欲重錄一部，貯之他所，以備不虞，每爲閣臣言之。至是諭大學士徐階曰：『昨計重錄《永樂大典》，兩處收藏，茲秋涼，可處理。』乃選各色善楷書人禮部儒士程道南等百餘人，就史館分錄，而命拱等校理之。」〔註17〕

　　於是嘉靖四十一年（1562）八月，開館於朝門東西廊下，館務進行，由徐階統籌。當時供膳寫者凡一百零九名，分爲十館，每人日鈔三葉，悉照原書冊數重錄〔註18〕。至隆慶元年（1567）四月始克告竣，爲時將及五載，世稱嘉隆副本。貯皇史宬〔註19〕。隆慶、萬曆以還，邊疆多事，君庸臣沓，無人過問；及崇禎十七年甲申（1644），

〔註14〕見郭伯恭《永樂大典考》章五，頁103引鄭堂《道山集》卷二〈樂府大聖樂〉有云：「文淵東閣，前朝秘監，東觀石渠。下閣九間藏大典，上閣牙籤縹帙百二層廚。」案此指南京文淵閣。

〔註15〕見《明實錄》冊九十〈世宗實錄〉卷五一二，頁8411有云：「名曰《永樂大典》，書成，貯之文樓。」
　　　案依《明史》冊三，卷九六志七十二，頁1035〈藝文一〉有云：「陳循取文淵閣書一部至百部各擇其一，得百櫃運至北京。」又郭伯恭《永樂大典考》章五，頁103以爲大典「亦隨之入北京」而貯之文樓。

〔註16〕見《明實錄》冊九十〈世宗實錄〉卷五一二，頁8411。

〔註17〕見《明實錄》冊九十〈世宗實錄〉卷五一二，頁8411。

〔註18〕見郭伯恭《永樂大典考》章五，頁106引《世經堂集》卷六徐階〈處理重錄大典奏〉。

〔註19〕《明實錄》冊九二穆宗實錄卷七，頁203有云：「（隆慶元年四月庚子）以重錄《永樂大典》成，加少師兼太子太師吏部尚書建極殿大學士徐階正一品俸；少保兼太子太保吏部尚書武英殿大學士李春芳，郭朴，少保兼太子太保禮部尚書武英殿大學士高拱，各加少傅兼太子太傅；禮部尚書兼文淵閣大學士陳以勤，加太子太保；吏部左侍郎兼東閣大學士張居正，陞禮部尚書兼武英殿大學士；原任太子太保吏部尚書兼武英殿大學士嚴訥，給應得誥命。（中略）餘各加俸秩。及書寫儒生，以次授職，給賞有差。已而階等各上疏辭免恩命，俱優詔不允。」

李自成入都，《大典》正本被毀；副本亦殘缺二千四百二十二卷〔註20〕。雍正年間，移貯翰林院〔註21〕。乾隆時朱筠在翰林，因繙閱《大典》，見其中所錄之書，多世不恆見者，乃請敕校辦《永樂大典》，爲導《四庫》開館之先路。

當成祖輯《永樂大典》之時，「帝御便殿，閱書史，問文淵閣藏書，解縉對以尚多闕略，帝曰：『士庶家稍有餘資，尚欲積書，況朝廷乎？』遂命禮部尙書鄭賜

又依孫承澤《春明夢餘錄》卷十二，言及副本貯皇史宬。

考重錄本僅有一部。郭伯恭《永樂大典考》章五，頁 115 有云：「《四庫總目》謂『重錄正副二本』，並注云『事見《明實錄》』，按今實錄俱在，並無其文，可知其言，誣矣。總目又從舊京詞林志，謂『仍歸原本於南京』，蓋亦爲無稽之談。觀姚福云『至正統己巳（十四年，1449）南內大災，文淵閣向所藏之書，悉爲灰燼。』正統己巳在隆慶元年前一百一十九年，彼時南內即燬於火，則百餘年後齎送大典，將何所貯，重錄之意，固在南處收藏，以保無虞，然亦決不致置祖宗珍貴之物，於曠遠閒散之地。孫承澤云『正本貯文淵閣，副本貯皇史宬』，此乃均指北京而言。《總目》因欲兼合孫氏之說，遂云重錄正副二本，仍歸原本於南京；殊不知正本即原本，副本即重錄本，物固不異，記者引用之名互有不同耳。《總目》不察，以致後人襲其成說，紛紛以爲當時已有三部，即原本、正本、副本；余撰《四庫全書纂修考》時，不及細考，竟亦從之，是眞誤人不淺也」。

蘇振申《永樂大典年表初稿》註十二云：「讀徐階〈處理永樂大典奏〉文，可知重錄一本已覺不易，何況多部？李正奮《永樂大典考》，神田喜一郎〈有關永樂大典之二三史料〉皆言重錄止一部可以鐵斷。郭伯恭《永樂大典考》，頁 115 云『書手一○九人，每人每日須寫三葉（案見徐階〈處理永樂大典奏〉）每人須足五千葉之數。按大典每本十餘葉至三十餘葉不等，折衷計算通以二十五葉爲準，則一人所寫五千葉即爲二百本，一○九人合計之，共得一萬一千八百本，而大典原冊爲數一萬一千九十五冊，所多無幾，可謂符合，則重錄本只一部彰彰明甚。』此說甚合理，具據皆徐階奏文，應可信。」案《明實錄》冊九十〈世宗實錄〉卷五一二，頁 8411 亦云：「上意欲重錄一部貯之他所以備不虞」，益復可證僅重錄一部。

〔註20〕 蘇振申〈永樂大典聚散考〉，頁 11 引姜紹書《韻石齋筆談》卷上〈秘府藏書條〉云：「內府秘閣所藏書甚寥寥，然宋人諸集十九皆宋版也（中略）但文淵閣制既庳狹，而牖復暗黑，抽閱者必秉炬以登，內閣輔臣無暇留心及此，而翰苑諸臣世所稱讀中秘書者，曾未得窺東觀之藏。至李自成入都，付之一炬，良可嘆也。」（《國立中央圖書館館刊》第四卷第二期，頁 10～22，民國 60 年 6 月）

郭伯恭《永樂大典考》章六，頁 122 云：「此雖未明言《大典》，然《大典》既在閣中藏貯，則必於此時被燬無疑。」

案副本之散佚，據《四庫全書總目提要》云殘缺二千四百二十二卷，則四庫全書開館前已佚，度亦與正本同時。

郭伯恭《永樂大典考》章七，頁 134 亦云：「民國 20 年（1931）冬，國立北平圖書館收得《大典》目一本，上有翰林院印，目中於存佚各卷，詳爲注明，通計佚去者得二千二百七十四卷。此目入聲自八陌以下殘去，凡缺四韻，佚去若干卷不可知。總數與二千四百二十二卷甚近，蓋此自即乾隆時館臣檢查之底冊也」

〔註21〕 見張廷玉《澄懷園語》卷三，頁 7 有云：「此書原貯皇史宬，雍正年間移置翰林院，予掌院時，因得寓目焉。」

遣使訪購，惟其所欲與之，勿較值。」〔註22〕此舉一則有助《大典》之編成，另則充實宮藏。案文淵閣擁有三朝（宋金元）之書藏，加以永樂十九年（1421），成祖復遣陳循取南內書，一部至百部，各擇其一，得百櫃，運致北京，於是宋金元來皇家之舊藏，群集於北京之文淵閣，所藏富矣。宣宗嘗臨視文淵閣，親披閱經史，時刻本十三、抄本十七爲數約二萬餘部，近百萬卷，〔註23〕。正統六年（1441）楊士奇（名寓，以字行）將文淵閣所貯書籍，逐一檢勘承詔編錄《文淵閣書目》二十卷，收錄凡四萬二千六百冊，以千字文排次，自天字至往字，凡得二十號，每號後分一至五櫥不等，分類略依四部，而視各類書之多寡或另行編號，每書僅記書名冊數，下記完闕，並卷數撰人亦無之，簡陋殊甚。今以《永樂大典》對勘其所收之書，世無傳本者，往往見於此目，亦可知其儲度之富。萬曆三十三年（1605），孫能傳等亦編《內閣藏書目錄》。朱彝尊云：

> 宋靖康二年，金人索秘書監文籍，節次解發，見丁特起《孤臣泣血錄》。而洪容齋《隨筆》亦云：『宣和殿太清樓、龍圖閣所儲書籍，靖康蕩析之餘，盡歸於燕。』元之平金也，楊中書惟中於軍前收集伊洛諸書，載送燕都，及平宋，王承旨構，首請輦宋三館圖籍。至元中，又徙平陽經籍於京師，且括江西諸郡書板，又遣使杭州悉取在官書籍板至大都。明永樂間勅翰林院，凡南內所儲書，各取一部。于時修撰陳循，督舟十艘，載書百櫃送北京，又嘗命禮部尚書鄭賜，擇通知典籍者，四出購求遺書，皆儲之文淵閣內。相傳雕本十三，抄本十七。蓋合宋元金之所儲而匯于一，縹緗之富，古未有也〔註24〕。

又陳登原有云：

> 蓋漢唐以來，公家藏弆，均在長安洛陽二處。至趙宋，始集中於汴京；南渡後，金人輦而致北，宋人聚而在南。及元建大都，又致臨安之書，而燕都藏弆之地位，始以顯著。明成祖以北京所蓄，益之以南都所聚，北京乃爲官家收藏之中心矣〔註25〕。

清既接收明代官家所藏之文淵閣，亦即承受了明代所藏及文化之緒業矣。

案自洪武元年（1368）以至崇禎十七年（1644）李自成之陷北京，明之享有

〔註22〕見《明史》冊三，卷九六志七十二，頁1035〈藝文一〉。

〔註23〕見《明史》冊三，卷九六志七十二，頁1035〈藝文一〉。

〔註24〕朱彝尊《曝書亭集》冊中，卷四四跋三，頁540〈文淵閣書目跋〉。（世界書局，中國學術名著第六集第十七至十九冊，民國53年2月）。

〔註25〕見陳登原《中國典籍史》卷二章八，頁220（樂天出版社，民國60年4月）。

國家約二百七十餘年，承平既久，則文獻之聚，自亦順時而成，徵特公家藏弆大有可觀，即私人藏書之風亦可謂上接宋元，大啓清代者。尤自嘉靖以降，海宇平定，私家藏書，極稱一時風尚。

　　清代私家藏書，除二三家外，恆再傳而散佚，然輾轉流播，終不出江南境外者幾二百年，殆楊以增得藝芸書舍之經史佳本，情勢始稍變，而吳越之所以成為藏書中心點者，晚明實啓其端緒〔註26〕。

　　明初私家藏書，以宗室為最富，有晉莊王鍾鉉、周定王橚、寧獻王權、靖王奇原、端王知烊、簡王新堄、秦簡王誠泳、衡王祐輝、高唐王厚、廬江王貝南等。諸藩之外，首推宋濂，其後為葉盛、陸容、吳寬、張泰、陸鈛。成化以降，此風彌盛，有朱存理、楊循吉、都穆、文璧、錢同愛、張寰、顧元慶（以上為蘇州）、徐獻忠、何良俊、朱大韶（以上為華亭）、陸深、黃標（以上為上海），其藏書之地，不出江蘇之境。嘉隆間天下承平，學者文人競尚藏書，浙江與江蘇更相互頡頏，有唐順之（武進）、王世貞（太倉）、錢穀、劉鳳（長州）、楊儀（海虞）、茅坤（歸安）、沈節甫（烏程）、項文汴（嘉興）、范欽（寧波）諸人均富收藏，開清代私家藏書之端緒焉。萬曆以降，鉅儒宿學亟亟以蒐羅典籍為務。有焦竑（金陵）、李鶚翀（江陰）。明代萬曆以後，當以趙琦美之脈望館、毛晉之汲古閣（以上為浙西）、祁承㸑之澹生堂、紐石溪之世學樓（以上為浙東），陳自舜、陸寶（以上為四明）、陳第之世書堂、陳暹、馬森、林懋和、謝肇淛、徐渤、曹學佺（以上為福建）。至於北方自明建國以來藏書家寥寥可數，陸續有李廷相、晁琛、高儒、李開先、孫承澤、梁清標、周亮工等等。以上諸公，皆當世名儒，翶翔藝苑，其所收典籍之多，亦為一時之大家。此等藏書之風，竟沿至有清，經久不墜，而清初藏書諸家亦皆承襲晚明諸家，如黃宗羲得之於澹生堂、得月樓，錢謙益得之於脈望館等。明之散出而清之承緒。他如范氏天一閣之書，明人無過而問者。康熙之初，黃宗羲始破例登之，於是徐乾學等，聞而來鈔，至咸豐時，蔚為海內著稱之收藏家。清代藏書之借助於明人者，於此可見。

第二節　順康雍的圖書結集及編纂

　　綜觀有清圖書館保守時期，自順治入關至光緒中日戰爭止，凡歷九朝，約二

〔註26〕見袁同禮〈明代私家藏書概略〉，頁 179（《圖書館學季刊》第二卷第二期，頁 179～187，民國 17 年 3 月）

百五十年，其間與宮庭書藏之建立最有關係者，也是最有貢獻者，厥爲聖祖康熙、世宗雍正、高宗乾隆三帝。蓋專制時代，一切國家行政，皆取決於君主，故君主之賢明與否，治事精神之好壞，常爲決定國家盛衰之關鍵。清初康雍乾皆爲英明果斷之主，故其政治清明，武功強盛，國庫豐裕，民生安樂，足稱盛世；圖書文化事業之興亦在太平之世。

自太祖弩爾哈赤叛明（明神宗萬曆四十四年，1616）至削平三藩（康熙二十年，1681），其間六十餘年，連年戰亂，全力用兵之不暇，焉能及於文事。康熙在位六十年，六次南巡，整飭吏治，澄清政風，勦滅三藩，鞏固政權，降服台灣鄭氏之統治，親征漠北，大敗噶爾丹，使外蒙古內附，青海入朝，平定西藏之叛亂，完成大一統局面，並制止帝俄南侵，鞏固北疆。雍正在位十三年，以法家精神治世，政治清明，武功極盛。乾隆在位六十年，好大喜功，用兵四方，開拓疆域，造成所謂「十全武功」。此三朝共歷一百三十四年，恰爲清入主中國期間之一半，在此期間，不獨武功戡定海內，開拓疆域，樹立屏藩，造成大版圖，在文治上亦頗有成就，呈現太平之世。是爲清之鼎盛時期，而建立了清官家之書藏。

清滅了明，也接收了其官家圖書館所藏之典籍文物，依孫承澤在《春明夢餘錄》所言，明官藏遠邁一百萬冊，然因明末戰亂，許多的書籍包括正本《永樂大典》都燬於戰火。我們實難以統計順治入主中國之時，擁有前代圖書之正確數目。依王國維《觀堂集林》所載，內閣所藏涵有極大量的手抄本，內有不少的宋元本。清不僅接收了明而且也包括了明以前各朝的官藏。

清順治元年即明崇禎十七年（1644），世祖即位時，年方六歲，由多爾袞、濟爾哈朗兩親王輔政，入關掃流寇並經略南方。順治八年，世祖親政於大和殿，終其朝南明勢力未平。順治十四年詔直省學臣購求遺書〔註27〕，然戰亂連年，無暇文事，成效不大。

順治二年五月命內三院大學士馮銓、洪承疇、李建泰、范文程、剛林、祁充格等纂修明史〔註28〕，未成。計世祖朝所官修成之書凡五，如后：

<hr>

〔註27〕《世祖章皇帝實錄》冊三，卷一百八，頁 1294 有云：「（順治十四年丁酉三月甲寅）詔直省學臣購求遺書」。

〔註28〕《世祖章皇帝實錄》冊一，卷十六，頁 183 有云：「（順治二年乙酉五月癸未）內三院大學士馮銓、洪承疇、李建泰、范文程、剛林、祁充格等奏言：臣等欽奉聖諭總裁《明史》。查舊例設有副總裁、應用學士、講讀學士等官。今請以學士詹霸、伊國、甯完我、蔣赫德、劉清泰、李若琳、胡世安；侍讀學士高爾儼；侍讀陳其慶、朱之俊爲副總裁官。其纂修等員，應加選取。今選有郎廷佐、圖海、羅憲汶、劉肇國、胡統虞、成克鞏、張端、高珩、李奭棠爲纂修官。石圖等七員爲收掌官。古祿等十一員爲滿宇

書　名	卷　數	編纂年代（順治）	主撰（編）者
資政要覽	四	十二	
御註孝經	一	十三	世祖章皇帝
御註道德經	二	十三	世祖章皇帝
內則衍義	一六	十三	
易經通註	九	十五	傳以漸等

〔註29〕

　　順治帝享年不永，雖雅意右文，未能大昌文化。清代首先增加官家圖書館書藏，大量集結編纂圖書者，厥為聖祖康熙帝。

　　康熙一朝，文治武功斐然比於漢唐之盛。帝甚獎勵文學，即位之初為籠絡明室遺臣文人士子，收攬人心，而於十七年（1678）詔舉博學鴻儒，以備顧問著作之選〔註30〕，舉學行兼優，文詞卓越者凡一四三人，於體仁閣課以詩賦〔註31〕，取中一等二十名，二等三十名，但授翰林院官一職，敕其纂修《明史》〔註32〕。

謄錄官。吳邦尹等三十六員為漢字謄錄，以及收發草本等事宜。從之。」

〔註29〕本表書名取自《四庫全書簡明目錄》。所列階為官修敕撰本。按書纂成年代依次排列。

〔註30〕《聖祖仁皇帝實錄》冊二，卷七十一，頁960有云：「（康熙十七年戊午春正月）乙未諭吏部，自古一代之興，必有博學鴻儒，振起文運，闡發經史，潤色詞章，以備顧問著作之選。朕萬幾餘暇，游心文翰，思得博學之士，用資典學（中略）凡有學術兼優，文詞卓越之人，不論已仕未仕，令在京三品以上及科道官員，在外督撫布按各舉所知，朕將親試錄用。其餘內外各官，果有真知灼見，在內開送吏部，在外開報督撫，代為題薦，務令虛公延訪，期得真才，以副朕求賢右文之意。」（華聯出版社，民國52年9月）

又蔣良騏原纂王先謙纂修《十二朝東華錄》康熙冊一，卷五，頁 182 所云同。（文海出版社影印，民國52年）

〔註31〕蔣良騏原纂王先謙纂修《十二朝東華錄》康熙冊二，卷六，頁209有云：「（康熙十八年）二月丙申朔，試內外諸臣薦舉博學鴻儒一百四十三人於體仁閣，賜宴試題璿璣玉衡賦，省耕詩五言排律二十韻。」

〔註32〕蔣良騏原纂王先謙纂修《十二朝東華錄》康熙冊二，卷六，頁211有云：「（康熙十八年二月）甲子諭吏部薦舉到文學人員，已經親試。其考中一等彭孫遹、倪燦、張烈、汪霖、喬萊、王頊齡、李因篤、秦松齡、周清原、陳維崧、徐嘉炎、陸葇、馮勖、錢中楷、汪楫、袁佑、朱彝尊、湯斌、汪琬、邱象隨。二等李來泰、潘耒、沈珩、施閏章、米漢雯、黃與堅、李鎧、徐釚、沈筠、周慶曾、尤侗、范必英、崔如岳、張鴻烈、方象瑛、李澄中、吳文龍、龐塏、毛奇齡、錢金甫、吳任臣、陳鴻績、曹宜溥、毛升芳、曹禾、黎騫、高詠、龍燮、嚴繩孫。著纂修《明史》。」又蔣良騏原纂王先謙纂修《十二朝東華錄》康熙朝冊二，卷六，頁211有云：「（康熙十八年五月）庚戌授薦舉博學鴻詞。邵吳遠為侍讀。湯斌、李來泰、施閏章、吳元龍為侍講。彭孫遹、張烈、汪霖、喬萊、王頊齡、陸葇、錢中諧、袁佑、汪琬、沈珩、米漢雯、黃與堅、李鎧、

劉廷璣《在園雜誌》有云：

> 掄才之典，於斯為盛，其中人才德業，理學政治，文章詞翰，品行
> 事功，無不悉備。洵是表章廊廟，矜式後儒，可以無慚鴻博，不負聖明
> 之鑒拔，誠一代偉觀也〔註33〕。

帝對於纂修《明史》極為重視〔註34〕，若材料之蒐集、體例之更正，屢有所言，以補史臣之闕。

　康熙帝以勤學勵行自信，倡文學、尊儒術，又欲博採群書。二十五年（1686）諭禮部翰林院：

> 自古帝王致治隆文，典籍具備，猶必博採遺書，用充秘府。蓋以廣
> 見聞，而資掌故，其盛事也。朕留心文藝，晨夕披覽，雖內府書籍，篇
> 目粗陳，而裒集未備。因思通都大邑，應有藏編，野乘名山，豈無善本？
> 今宜廣為訪輯（中略）搜羅罔遺，以副朕稽古崇文之至意〔註35〕。

沈筠、周慶曾、方象瑛、錢金甫、曹禾為編修。倪燦、李因篤、秦松齡、周清原、陳
維崧、徐嘉炎、馮勖、汪楫、朱彝尊、邵象隨、潘耒、徐釚、尤侗、范必英、崔如岳、
張鴻烈、李澄中、龐塏、毛奇齡、吳任臣、陳鴻績、曹宜溥、毛升芳、黎騫、高詠、
龍燮、嚴繩孫為檢討。」

〔註33〕見劉廷璣《在園雜誌》卷一，頁46所云。（文海出版社，《近代中國史料叢刊》第二十六輯之三七九，民國55年）。

〔註34〕蔣良騏原纂王先謙纂修《十二朝東華錄》康熙朝冊一，卷八，頁289有云：「（康熙二十二年八月）丁卯，上問學士牛鈕、張玉書、湯斌等，爾所修明史如何。牛鈕等奏曰：（中略）萬曆以後成書較難。上曰：時代既近，則瞻徇易生，作史昭垂永久，關繫甚大，務宜從公論斷，爾等勉之。」
又冊一，卷八，頁293亦云：「（康熙二十二年十一月）丁丑，上召入大學士等問曰：所修明史若何。李霨奏曰：（中略）自萬曆以後，三朝事繁而雜，尚無頭緒，亦在參酌。上曰：史書永垂後世，關繫甚重，必據實秉公論斷得正，始無偏詖之失，可以傳信後世。」
又冊一，卷九，頁343有云：「（康熙二十六年四月）己未諭大學士等：爾等纂修明史，曾參看前明實錄否，史事所關甚重，若不參看實錄，虛實何由悉知。」
又冊二，卷十三，頁473有云：「（康熙三十六年丁丑春正月甲戌）諭大學士等：（中略）明代無女后豫政以臣陵君等事，但其末季壞於宦官耳。且元人譏宋，明復譏元。朕並不似前人，輒譏亡國也，惟從公論耳。」
又冊二，卷十五，頁579有云：「（康熙四十三年十一月）諭：明史關繫極大，必使後人心服乃佳。（中略）有明二百餘年，其流風善政誠不可枚舉。今之史官或執己見者有之，或據傳聞者亦有之，或用禪史者亦有之，任意妄作此書，何能盡善。（中略）若明史之中稍有一不當，後人將歸責於朕，不可輕忽也。是以朕為明史作文一篇，爾等可曉諭九卿大臣，御製文曰：（中略）明史不可不成，公論不可不採，是非不可不明，人心不可不服，關繫甚鉅。」

〔註35〕蔣良騏原纂王先謙纂修《十二朝東華錄》康熙朝冊一，卷九，頁328康熙二十五年夏

禮部等議覆，購求遺書，應令直隸及各省督撫出示曉諭，彙送禮部。因諭：

> 自古經史書籍，所重發明心性，禪益政治，必精覽詳求，始成內聖
> 外王之學。朕披閱載籍，研究義理，凡厥指歸，務期於正。諸子百家，
> 泛溢詭奇，有乖經術。今搜訪藏書善本，惟以經學史乘，實有關係修齊
> 治平，助成德化者，方為有用。其他異端詖說，概不准收錄〔註36〕。

雖然我們不能知曉康熙所蒐集典籍數目之多寡，然從其敕撰之圖書數目，可揣摸
必蒐得了大量書籍。依《國朝宮史》所載：康熙一朝所敕撰之書為數有一萬五千
多種，包括了各種學術。茲列其較著者如後〔註37〕：

書　名	卷　數	編纂年代（康熙）	主撰（編）者
數理精蘊	五三	十三	
日講四書解義	二六	十六	庫勒納等
日講書經解義	一三	十九	庫勒納等
孝經衍義	一〇〇	二十一	張英等
平定三逆方略	六〇	二十一	
日講易經解義	一八	二十二	牛鈕等
幸魯盛典	四〇	二十三	孔毓圻等
古文淵鑑	六四	二十四	徐乾學等
春秋傳說彙纂	三八	三十八	王掞等
佩文韻府	二一二	四十三	張玉書、陳廷敬等
佩文齋詠物詩選	四八六	四十五	
歷代賦彙	一八四	四十五	陳元龍等
全唐詩	九〇〇	四十六	曹寅
御批通鑑綱目	五九	四十六	

四月甲午諭禮部翰林院所云。
〔註36〕蔣良騏原纂王先謙纂修《十二朝東華錄》康熙朝冊一，卷九，頁328有云：「（庚申）
禮部等衙門遵旨議覆，購求遺書應令直隸各省督撫出示曉諭，如得遺書令各有司會同
儒學教官轉詳督學及該各省督撫酌定價值，彙送禮部。（中略）得旨：自古經史書籍，
所重發明心性（中略）其他異端詖說，概不准收錄。」
〔註37〕本表書名取自《四庫全書簡明目錄》。所列皆為官修敕撰本。按書纂成年代依次排列；
其不著年代列於最末。

通鑑綱目前編	一八	四十六	
外紀	一		
舉要	三		
通鑑綱目續編	二七	四十六	
歷代詩餘	一二〇	四十六	沈辰垣等
歷代題畫詩	一二〇	四十六	陳邦彥等
佩文齋書畫譜	一〇〇	四十七	孫岳頒等
廣群芳譜	一〇〇	四十七	汪灝等
親征平定朔漠方略	四〇	四十七	溫達等
四朝詩	三一二	四十八	張豫章
淵鑑類函	四五〇	四十九	
全金詩	七四	五十	
歷代紀事年表	一〇〇	五十一	王之樞等
萬壽盛典	一二〇	五十二	內廷諸臣
朱子全書	六六	五十二	李光地等
星曆考原	六	五十二	李光地等
律呂正義	五	五十二	
歷象考成	四二	五十二	胤祿
御選唐詩	三五	五十二	
曲譜	一四	五十四	王奕清等
周易折中	二二	五十四	李光地等
月令輯要	二五	五十四	李光地等
詞譜	四〇	五十四	王奕清等
康熙字典	四二	五十五	張玉書等
性理精義	一二	五十六	李光地等
韻府拾遺	一一二	五十九	
子史精華	一六〇	六十	吳士玉等
分類字錦	六四	六十	何焯等
書經傳說彙纂	二四	六十	王齡等
詩經傳說彙纂	二二	六十	王鴻緒等
千叟宴詩	四	六十	

由於清以外族入主中國，帝爲與其臣民之間消泯文化上差異，而甚好學。年十七八時，讀書過勞，至於喀血，亦不肯少休。十六年（1677）以近侍內無博學善書者，特於翰林內選擇二員，常侍左右，講究文義，且令居內城，不時宣召，日日進講，未嘗間斷〔註 38〕。甚至於三藩亂起，兵馬戎憁，京城不安之際，帝仍以「日講關繫甚大（中略）恐致荒疏，日月易邁，雖當此多事之時，不妨乘間進講，於事無誤，功夫不間，裨益身心，非淺爾。」「軍機事情有間數日一至者，亦有數日連至者，非可限以日期。其仍每日進講，以慰朕惓惓嚮學之意〔註 39〕！」不肯中斷。帝嘗曰：

> 朕御極五十年聽政之暇，勤覽書籍，凡四書五經通鑑性理等書，俱經研究，每儒臣逐日進講，朕輒先爲講解一過，遇有一句可疑，一字未協之處，亦即與諸臣反復討論，期於義理貫通而後已〔註 40〕。

帝可謂好學矣。其臨摹法帖，多至萬餘〔註 41〕；寫寺廟扁額，亦多至千餘。

帝對朱子非常推重，五十一年（1712）特命朱子配祀十哲之列〔註 42〕。而帝居常講論亦以朱子之學爲正宗〔註 43〕。《御纂性理精義》十三卷，此乃由明胡廣所奉敕撰之《性理大全》一書中擷其菁華而成，以闡明理性。按《性理大全》探宋儒之說凡一百二十家，其中有自爲卷帙者，計九種，共二十六卷；二十七卷以下，

〔註 38〕蔣良騏原纂王先謙纂修《十二朝東華錄》康熙朝冊一，卷五，頁 177 有云：「（康熙十六年冬十月）癸亥諭大學士等，朕不時觀書寫字，近侍內並無博學善書者，以致講論不能應對。今欲於翰林內選擇二員，常侍左右，講究文義。但伊等各供厥職，且住城外，不時宣召，難以即至，著於內城撥給閒房，停其升轉，在內侍從，數年之後，酌量優用。」

〔註 39〕蔣良騏原纂王先謙纂修《十二朝東華錄》康熙朝冊一，卷三，頁 109 康熙十三年九月壬戌朔諭翰林院掌院學士傅達禮等所云。

〔註 40〕見蔣良騏原纂王先謙纂修《十二朝東華錄》康熙朝冊二，卷十八，頁 650 康熙五十年辛卯春正月辛巳上御經筵諭大學士等所云。

〔註 41〕見蔣良騏原纂王先謙纂修《十二朝東華錄》康熙朝冊二，卷十五，頁 574 有云：「（康熙四十三年秋七月乙卯）上曰：朕自幼好臨池，每日寫千餘字，從無間斷，凡古名人之墨蹟石刻，無不細心臨摹，積今三十餘年，亦性之所好。」

〔註 42〕見蔣良騏原纂王先謙纂修《十二朝東華錄》康熙朝冊二，卷十八，頁 659 有云：「（康熙五十一年）二月丁巳諭大學士等，（中略）朕以爲孔孟之後有裨斯文者，朱子之功最爲宏鉅，應作何崇禮表彰，爾等會同九卿詹事科道詳議具奏。尋議宋儒朱子配享孔廟，本在東廡先賢之列，今應遵旨升於大成殿十哲之次，以昭表彰之意。從之。」

〔註 43〕見蔣良騏原纂王先謙纂修《十二朝東華錄》康熙朝冊二，卷十八，頁 667 有云：「（康熙五十一年冬十月癸亥）諭大學士李光地曰：爾曾以易數與眾講論乎算法與易數脗合。朕凡閱諸書必考其實，曾將算法與朱子全書較過。今人看正書者少，宋儒講論性理亦未嘗不作詩賦，但所作詩賦皆醇厚。朱子以蘇軾所作文字偏於粉飾，細閱之果然。若看聖賢講論性理諸書，雖賦性魯鈍，及至日就月，將定有裨益。」

捃拾群言，分門編纂為理氣、鬼神、性理、道統、聖賢、諸儒、學、諸子、歷代、君道、治道、詩、文十三類。帝嘗出《理學真偽論》，以試詞林。五十二年（1713）又敕李光地等蒐集朱子之文集語錄，將其中未定之說後先互異，或門人記述彼此迥殊等等，加以分類排輯，分為十九門，凡六十六卷，刊行以廣流傳。推重宋學，定蒐集眾多關於此之典籍於官藏。

康熙學術之發展，其特可紀述者，則算術及地理知識之進步是也。帝譯當時輸入之代數曰阿爾熱八達（Algebra 譯音），曰借根方，御製《數理精蘊》一書，即集西方數學之大成。其有八線表、對數闡微表、對數表、八線對數表，可謂通中西之異同矣。又前此中國地圖皆不施經緯度線，記里多誤；且荒遠山川，原委難明〔註44〕。自康熙四十七年至五十六年，分派西方傳教士白進、費隱等，用西學量法，繪畫地圖，分赴蒙古各部及中國各省〔註45〕。白進又彙為總圖，名《皇輿全覽圖》〔註46〕。嗣後中國出版之地圖，多以此圖為藍本。

雍正帝以政事留心，不足言學問。其振興文教之事，則於十一年正月諭各省建立書院，各賜帑銀一千兩為倡，餘令各該省督撫豫籌膏火，以垂永久，不足者在存公銀內支用，擇一省文行兼優之士讀書其中，使之朝夕講誦，整躬勵行，有所成就，俾遠近士子觀感奮發，亦興賢育才之一道〔註47〕。此為省會偏設書院之

〔註44〕見蔣良騏原纂王先謙纂修《十二朝東華錄》康熙朝冊二，卷十八，頁652有云：「（康熙五十年辛卯五月癸巳）諭大學士等，天上度數俱與地之寬大脗合。以周時之尺算之，天上一度即有地下二百五十里。以今時之尺算之，天上一度即有地下二百里。自古以來繪輿圖者，俱不依照天上之度數以推算地理之遠近，故差誤者多。」

〔註45〕見柳詒徵《中國文化史》章四，頁42引黃伯祿《正教奉褒》所云：「康熙四十七年，諭傳教士分赴蒙古各部、中國各省，遍覽山水城郭，用西學量法，繪畫地圖。是年派日耳曼人白進、費隱，法蘭西人雷孝思、杜德美等，往蒙古及直隸。四十九年，費隱等往黑龍江。五十年雷孝思等往山東，費隱等往山西陝西甘肅。五十一年法蘭西人馮秉正、德瑪諾等，往河南江蘇浙江福建。五十二年法蘭西人湯尚賢、葡萄牙人麥大成等往江西廣東廣西，費隱、法人潘如往四川。五十四年雷孝思等往雲南貴州湖南湖北繪圖。五十六年各省地圖繪畢。白進等彙成總圖一幅，並分圖進呈。（聖祖命名《皇輿全覽圖》，即世稱康熙內府輿圖也）」（正中書局，台一版，民國56年10月）

〔註46〕蔣良騏原纂王先謙纂修《十二朝東華錄》康熙朝冊二，卷二一，頁745有云：「（康熙五十八年二月）甲寅諭內閣學士蔣廷錫：《皇輿全覽圖》，朕費三十餘年心力始得告成，山脈水道俱與禹貢相合。爾將此全圖並分省之圖與九卿細看，儻有不合之處，九卿有知者即便指出，看過後面奏。尋九卿奏稱，從來輿圖地記往往前後相沿，傳聞傳會雖有成書，終難考信，或山川經絡不分，或州縣方隅易位，自古至今迄無定論。（中略）此誠開闢方員之至寶，混一區夏之鉅觀。」

〔註47〕見蔣良騏原纂王先謙改修《十二朝東華錄》雍正朝冊二，卷十一，頁460有云：「（雍正十一年癸丑春正月）壬辰諭內閣：各有學校之外，地方大吏每有設立書院。（中略）擇一省文行兼優之士讀書其中，使之朝夕講誦，整躬勵行，有所成就，俾遠近士子觀

始。是年四月，亦詔在京三品以上，及外省督撫會同學政，薦舉博學鴻詞〔註48〕，一循康熙年間故事。

雍正承康熙之餘緒亦致力於官家修書，如下〔註49〕：

書　名	卷　數	編纂年代（雍正）	主撰（編）者
聖諭廣訓	一	二	
音韻闡微	一八	四	李光地等
駢字類編	二四〇	四	
孝經集註	一	五	世憲宗皇帝
執中成憲	八	六	
庭訓格言	一	八	
上諭八旗	一三	九	允祿等
上諭旗務議覆	一二	九	允祿等
諭行旗務奏議	一三	九	允祿等
大義覺迷錄	四	十一	
日講春秋講義	六四		
聖祖仁皇帝御製初集、二集、三集、四集	一七六		張玉書、允祿等
世宗憲皇帝御製文集	三〇		

感奮發，亦興賢育才之一道也。督撫駐紮之所爲省會之地，著各該督府商酌舉行。各賜帑銀一千兩，將來士子群聚讀書，須豫爲籌畫，資其膏火，以垂永久，其不足者在於存公銀內支用。封疆大臣等並有化導士子之職，各宜殫心奉行。」（文海出版社影印，民國52年）

〔註48〕見蔣良騏原纂王先謙改修《十二朝東華錄》雍正朝冊二，卷十一，頁466有云：「（雍正十一年癸丑夏四月）己未諭閣，國家聲教覃敷，人文蔚起。（中略）迄今數十年來館閣詞林儲才雖廣，而宏通博雅淹貫古今者未嘗廣爲捜羅以示鼓勵。（中略）除見任翰詹官員無庸在膺薦舉外，其他已任未任之人，在京著滿漢三品以上各舉所知彙送內閣，在外著督撫會同該學政，悉心體訪。（中略）務期虛公詳慎，搜拔眞才，朕將臨軒親試，優加錄用。」

〔註49〕本表書名取自《四庫全書簡明目錄》。所列皆爲官修敕撰本。按書纂成年代依次排列；其不著年代列於最末。

　　康雍二朝大規模地刊定古書，編定古書，所謂「欽定」是也。在所有欽定諸
書中，尤以《古今圖書集成》，卷頭為最大。我國類書創始於魏文帝《皇覽》〔註
50〕，至是書出，體例臻登峰造極之境。且清代敕撰書綜計約二萬六千餘卷，祇此
一書已佔其五分之二，不可謂小矣，特詳述之。全書凡六彙編、三十二典、六千
一百零九部、一萬卷，其博雖不逮明《永樂大典》，卷數亦僅其半，然《大典》僅
分韻抄書，龐雜繁重，毫無組織，而《古今圖書集成》系統井然有序，編製精審，
內容豐富，篇幅巨大，突破舊籍，且有刊本流傳，是一部創世鉅製。

　　葉德輝在《書林清話》卷九《內府刊欽定諸書》，引用清禮親王昭槤所撰《嘯
亭雜錄續錄》中所記〈御定古今圖書集成〉之文下，曾加以註解：

　　　　謹按：此書《四庫》未著錄，據阮元編《天一閣書目》云：乾隆三
　　　十九年，御賜《古今圖書集成》一萬卷，聖祖仁皇帝御撰。雍正四年，
　　　世宗憲皇帝御製序，略言：皇考命儒臣廣羅群籍，分門別類，統為一書。
　　　經歷歲時，久而未就。特命尚書蔣廷錫等重加編校，凡釐定三千餘卷，
　　　增刪數十萬言，圖繪精審，考定詳悉，列為六編，析為三十二典，其部
　　　六千餘，其卷一萬云。蓋是書經兩朝始成〔註51〕。

葉氏僅標出是書經兩朝始成，而對纂修者及成書的年代語焉不詳。實因該書雖為
官修之書，然在卷首並無纂修者的職名。「夫清代官修之書，如《康熙字典》、《佩
文韻府》、《淵鑑類函》、《廣群芳譜》、《四庫總目》，以及《續三通》、《清三通》、《會
典》、《一統志》等，無不於卷首列有纂修職名，是書為清代鉅製，而反無之，寧
不可怪」〔註52〕。又《皇朝文獻通考》〈經籍考〉著錄有「《欽定古今圖書集成》
一萬卷，雍正三年戶部尚書蔣廷錫奉敕校」，不說撰、或說纂修，體例也與其他官
修書不同〔註53〕，是以對是書作者為誰，也就聚說紛紜了。

　　《古今圖書集成》的編者，一般說法是清聖祖（康熙）敕撰，蔣廷錫奉世宗

〔註50〕見宋王應麟《玉海》冊二，卷五四〈藝文〉，頁 1070〈魏皇覽〉條有云：「（魏志）文
　　　帝好學，黃初中，散騎侍郎劉劭等受詔集五經群經，以類相從，凡千餘篇，號曰《皇
　　　覽》。（中略）（唐志）何承天《并合皇覽》一百二十二卷，徐爰《并合皇覽》八十四
　　　卷，類事之書始於皇覽。」（華聯出版社影印，民國56年3月）
〔註51〕見葉德輝《書林清話》卷九，頁 236 內府刊欽定諸書御定古今圖書集成五千二百卷條
　　　下所云。（世界書局、中國學術名著，目錄學名著第二集第一冊，民國50年9月）。
〔註52〕見萬國鼎〈古今圖書集成考略〉（《圖書館學季刊》第二卷第二期，頁 235～245，民國
　　　17年3月）。
〔註53〕見蔣復璁《珍帚集》〈古今圖書集成的前因後果〉，頁 112（自由太平洋文化事業公司，
　　　民國54年8月）。

（雍正）敕重編的〔註54〕，這是很不正確的說法。這部書眞正的編者乃是陳夢雷〔註55〕，蔣廷錫大約是校訂者〔註56〕。

陳夢雷，字則震，一字省齋，福州閩縣人。未冠，登康熙九年進士，授翰林院編修，請假歸。適逢耿精忠謀叛，雷爲所脅而遭羅致，得罪清廷，被謫戍關外。康熙帝東巡盛京，夢雷獻詩稱旨，蒙旨召還，教習西苑，侍誠親王（胤祉）攻讀。康熙三十九年（1700）奉命編《圖書集成》。御書「松高枝葉茂，鶴老羽毛新」聯句賜之〔註57〕。陳氏上誠親王「進彙編啓略」曾說：

> 雷賦命淺薄，氣質昏愚。讀書五十載，而技能無一可稱，涉獵萬餘卷，而記述無一可舉，深恐上負慈恩，惟有掇拾簡編，以類相從，仰備顧問。而我王爺聰明睿智，於講論經史之餘，賜之教誨，謂《三通》、《衍義》等書，詳於政典，未及蟲魚草木之微；《類函》、《御覽》諸家，但資詞藻，未及天德王道之大。必大小一貫，上下古今，類列部分，有綱有

〔註54〕見陳夢雷《古今圖書集成》雍正四年九月〈御製古今圖書集成序〉有云：「欽惟我皇考聖祖仁皇帝聰明睿智，靈生知之資，而又好古敏求，孜孜不倦。（中略）而又以爲未攬其全，乃命廣羅群籍，分門別類，統爲一書。成冊府之鉅觀，極圖書之大備，而卷帙浩富，任事之臣，弗克祇承，既多訛謬，每有闕遺。經歷歲時，久而未就。朕紹登大寶，思繼先志，特尚書蔣廷錫等董司其事，督率在館諸臣，重加編校。」（文星書店翻印，民國53年10月）

〔註55〕案持此說法者，頗不乏人。見文星書店翻印《古今圖書集成及索引》冊一蕭孟能〈文星版古今圖書集成序〉有云：「這部書的眞正編者乃是含冤莫白的陳孟雷。」彼又列舉十一家說法來支持其論調。如下：

(1) 陳夢雷《松鶴山房文集》卷二，〈進彙編啓略〉。

(2)《東華錄》雍正朝，卷一癸亥諭（案此諭爲康熙六十一年十二月下，亦即康熙駕崩後一個月）

(3) 萬國鼎〈古今圖書集成考略〉。（《圖書館學季刊》第二卷第四期）

(4) 英人翟理斯 Lionel Giles 於宣統三年出版《欽定古今圖書集成索引》（An Alphabetical Index to the Chinese Encyclopaedia Ch'in Ting Ku Chin T'u Sha Chi Chêng）序文。

(5) 乾隆帝〈御製題武英殿聚珍板十韻有序〉（葉得輝《書林清話》卷八〈宋以來活字板〉）

(6) 清吳長元《宸垣識略》卷三，〈皇城〉。

(7) 錢基博《版本通義》，〈歷史第二〉。

(8) 阮葵生《茶餘客話》卷十六，〈畢昇活字板〉。

(9) 趙萬里《中國印本書籍發展簡史》。

(10) 李之鼎《叢書舉要》。

(11) 蔣復璁〈古今圖書集成的前因後果〉（《文星》第八三期）

〔註56〕見蔣復璁《珍帚集》〈古今圖書集成的前因後果〉，頁113。

〔註57〕見李恒《國朝耆獻類徵初編》冊八，卷一一六，頁4912〈陳孟雷傳〉所云。（文友書店，民國59年3月）。

紀，勒成一書，庶足以大光聖朝文治。雷聞命踴躍，喜懼交並，自揣五十年來，無他嗜好，惟有日抱遺編，今何幸大慰所懷，不揣蚊力負山，遂以一人獨負斯任。謹於康熙四十年十月爲始，領銀催人繕寫，蒙我王爺殿下頒發協一堂所藏鴻編，合之雷家經史子集約計一萬五千餘卷，至此四十五年四月内，書得告成，分爲彙編者六，爲志三十有二，爲部六千有零，凡在六合之内，鉅細畢舉，其在十三經、二十一史者，隻字不遺；其在稗史子集者，亦只刪一二，以百篇爲一卷，可得三千六百餘卷，若以古人卷帙較之，可得萬餘卷。雷三載之内，目營手檢，無間晨夕，幸而綱舉目張，差有條理，謹先騰目錄凡例爲一冊上呈〔註58〕。

可知這部書是繕寫於十八世紀的第一年——康熙四十年（1701）十月，至四十五年（1706）四月完工，共費時四年半。書初成，名曰《文獻彙編》。越十年進呈，賜名《古今圖書集成》，命儒臣重加編校，十年未就。

　　在世宗未繼統前，諸王爭位，各養名士，弋取聲譽。雍正即位，當時《圖書集成》尚未校竟，爲翦胤祉羽翼，將發遣陳夢雷父子邊外，另由蔣廷錫編校。據《東華錄》所載：

　　　　癸亥諭：陳夢雷原係叛附耿精忠之人，皇考寬仁，免戮，發往關東。後東巡時，以其平日稍知學問，帶回京師，交誠親王處行走。累年以來，招搖無忌，不法甚多，京席斷不可留，著將陳夢雷父子，發遣邊外。（中略）陳夢雷處所存《古今圖書集成》一書，皆皇考指示訓誨，欽定條例，貫數十年聖心，故能貫穿今古，彙合經史，天文地理，皆有圖記，下至山川草木，百工製造，海西秘法，靡不備具。洵爲典籍之大觀。此書工猶未竣，著九卿公舉一二學問淵通之人，令其編輯竣事。原稿内有訛錯未當者，即加潤色增刪。仰副皇考稽古博覽至意〔註59〕。

又雍正四年九月二十七日《御製古今圖書集成》序：

　　　　欽惟我皇考聖祖仁皇帝聰明睿智，寔生知之質，而又好古敏求，孜孜不倦。（中略）以天縱之能，而準於儀器，凡注經考史，選詩論文，以及博聞多識之資，所纂輯雕鏤，充溢於内府，刪述之功，嘉惠無窮，稱極盛矣！而又以爲未攬其全，乃命廣羅群籍，分門別類，統爲一書，成冊府之鉅觀，極圖書之大備，而卷帙浩富，任事之臣，弗克祇承，既多

〔註58〕見文星書店翻印《古今圖書集成及索引》冊一蕭孟能〈文星版古今圖書集成序〉，頁4
　　　　引陳夢雷《松鶴山房文集》卷二〈進彙編啓略〉所云。
〔註59〕見蔣良騏原纂王先謙改修《十二朝東華錄》雍正朝冊一，卷一，頁7癸亥諭。

訛謬，每有闕遺，經歷歲時，久而未就。朕紹登大寶，思繼先志，特命尚書蔣廷錫等董司其事，督率在館諸臣，重力編校。窮朝夕之力，閱三載之勤，凡釐定三千餘卷，增刪數十萬言；圖繪精審，考定詳悉。書成進呈，朕覽其大凡，列為六編，析為三十二典，其部六千有餘，其卷一萬〔註60〕。

蔣廷錫，字揚孫，號西谷，一號南沙，江蘇常熟人。於雍正三年（1725）十二月二十七日，上表文：

惟下竭愚衷，仰遵聖訓，幸假三年之久（中略）校刊既竣，奉表告成〔註61〕。

由上可知，蔣氏之作，不過以三年之力，補完殘闕，刪定偽訛。大都編仍其舊，志易為典而已。

這部書之編制，凡分六彙編：一、〈曆象彙編〉，二、〈方輿彙編〉，三、〈明倫彙編〉，四、〈博物彙編〉，五、〈理學彙編〉，六、〈經濟彙編〉。其〈編次凡例〉：

法莫大乎天地，故彙編首曆象而繼方輿；乾坤定而成位，其間者人也，故明倫次之；三才既立，庶類繁生，故次博物；裁成參贊，則聖功王道以出，次理學經濟，而是書備焉〔註62〕。

首三編是天地人，次之以物，然後是理學與經濟。可以說已包括了所謂學問之道。又〈御製古今圖書集成序〉：

始之以曆象，觀天文也；次之以方輿，察地理也；次之以明倫，立人極也；又次之以博物理學經濟，則格物致知，誠意正心，治國平天下之道，咸具於是矣（中略）故是書之成，貫三才之道，而靡所不賅；通萬方之略，而靡所不究也。我皇考金聲玉振，集五常三王孔子之大成。

前乎此者，有所未備；後有作者，又何以加焉〔註63〕。

其體製之簡嚴贍備，允為近世空前鉅構，無多讓焉。六彙編之下為三十二典。茲立其總目如表：

〔註60〕見陳孟雷《古今圖書集成》冊一〈御製古今圖書集成序〉序文。
〔註61〕見陳孟雷《古今圖書集成》冊一蔣廷錫等上表文所云。
〔註62〕見陳孟雷《古今圖書集成》冊一〈編次凡例〉所云。
〔註63〕見陳孟雷《古今圖書集成》冊一〈御製古今圖書集成序〉序文。

編　別	典　別	部　數	卷　數	記載事項
曆象彙編	乾象典	二一	一〇〇	紀天地陰陽五行日月星辰及風雲雨雪雹等旁及火與煙
	歲功典	四三	一一六	紀季節月令寒暑干支晨昏晝夜等
	曆法典	六	一四〇	紀曆法儀象漏刻兼及測量算法數目等
	庶徵典	五〇	一八〇	紀變異災荒夢謠讖等
方輿彙編	坤輿典	二一	一四〇	記土泥石砂汞礬黃灰水冰泉井以及歷代輿圖分畫建都留都關隘市肆陵寢冢墓等
	職方典	二二三	一五四四	分紀清代各省府地理
	山川典	四〇一	三二〇	紀名山大川
	邊裔典	五四二	一四〇	紀外國
明倫彙編	皇極典	三一	三〇〇	紀帝王之事
	宮闈典	一五	一四〇	紀太上皇后妃宮女乳保東宮皇子皇孫公主駙馬外戚宦寺等
	官常典	六五	八〇〇	紀百官之事
	家範典	三一	一一六	紀家庭間事並及宗屬戚屬奴婢等
	交誼典	三七	一二〇	紀師友鄉里以及社交世態等
	氏族典	二六九三	六四〇	分紀名姓氏按韻編次
	人事典	九七	一一二	紀身體年齡名號命運感應等
	閨媛典	一七	三七六	紀婦女之事
博物彙編	藝術典	四三	八二四	紀農醫卜星相術數及畫弈商賈傭工優令娼妓之類
	神異典	七〇	三二〇	紀鬼神釋道
	禽蟲典	三一七	一九二	分紀各動物
	草木典	七〇〇	三二〇	分紀各植物
理學彙編	經籍典	六六	五〇〇	紀河圖洛書十三經國語國策列代史通鑑史學地志及諸子集部類書雜著等大抵偏重於經史
	學行典	九七	三〇〇	紀人品學問名賢列傳及游俠勇力等
	文學典	四九	二六〇	紀文學總論名家列傳及各體文與詩賦詞曲等
	字學典	二四	一六〇	紀音義字體法帖書法畫家聲韻方言以及筆墨紙硯等

經濟彙編	選舉典	二九	一三六	紀學校教化及取士之科等
	銓衡典	一二	一二〇	紀官制祿制封建及黜擢之法等
	食貨典	八三	三六〇	紀戶口農桑田制蠶桑荒改賦役漕運貢獻鹽法雜稅平準國用飲食布帛珠玉金銀錢鈔等
	禮儀典	七〇	三四八	紀冠婚喪祭朝會燕饗等禮而祀典最詳又以服章正名定分禮所必嚴亦附及之
	樂律典	四六	一三六	紀律呂歌舞及各種樂器等
	戎政典	三〇	三〇〇	紀兵制田獵兵法兵略屯田馬政驛遞兵器等
	祥刑典	二六	一八〇	紀律令及盜賊牢獄聽斷刑制赦宥等
	考工典	一五四	二五二	紀諸工匠規矩準繩度量權衡城池橋梁宮室器用等

以上各典之大概也，可以說容納了古今事類。典之下再分部，計有六千一百零九部。一部之中復分彙考、總論、圖、表、列傳、藝文、選句、紀事、雜錄、外編各目。凡一事之大綱，入於〈彙考〉；瑣細而有可傳之價值者，分列〈紀事〉；百家及釋道之書，所紀荒唐難信，寄寓記諭之談，入於〈外編〉；議論純正者編入〈總類〉；議論雖偏而詞藻可採者收入〈藝文〉；麗詞偶句，入於〈選句〉。但也有駁雜不純，無可列類之文字，則收於〈雜錄〉。山川禽獸草木器物，顯之於〈圖〉繪；星躔官度紀元，列之以〈表〉；各人事跡，則載於〈列傳〉。部之下所分細目，並非各部皆有，無者闕之。常有者大抵為〈彙考〉、〈總論〉、〈藝文〉、〈紀事〉、〈雜錄〉諸目。

　　清代的《古今圖書集成》實兼有《永樂大典》之長，又將記傳之列傳列入，真是囊括古今，包羅萬象之巨著。此書之纂修，因天主教耶穌會的傳布，引起了西洋學術界之注意。德國哲學家萊布尼茲（Leibniz）曾經致函康熙，提及此書。他於創立普魯士及俄羅斯科學院後，想為聖祖辦一中國科學院，網羅中西人士，由全體知識界中人通力合作，以期對世界文化有所貢獻。在法國更引起重大的影響，因服爾德（Voltaire）之極端推崇，於是百科全書家狄德羅（Diderot）在其出版之百科全書中對於中國極致崇拜，據說法國的百科全書派（Encyclopechistes）是受《古今圖書集成》的影響〔註64〕，《圖書集成》備受中西推重，由此可知。

〔註64〕見蔣復璁《珍帚集》〈古今圖書集成的前因後果〉，頁 122 所云。

第三節　乾隆的圖書結集及編纂

乾隆之時，天下太平，故文治之粉飾，號稱極盛。即位之初，以國家久道化成，文人蔚起，遂申諭各省督撫，速行保薦〔註65〕。乾隆元年（1736）九月，試被薦者一百七十六人於保和殿〔註66〕，取十五員授翰林院編修檢討庶吉士等有差〔註67〕。二年〔1737〕復試續到博學鴻詞於體仁閣，取四人授翰林院檢討或庶吉士〔註68〕。十四年（1749）以詞苑中寡經術士，特旨令大學士九卿督撫選舉潛心經學，純樸淹通之士，不拘資格，務精勿濫〔註69〕；十六年（1751）取四人並授

〔註65〕見王先謙《十二朝東華錄》乾隆朝冊一，頁20有云：「（十一月）乙巳諭：國家久道化成人文蔚起，皇考樂育群材，特降諭旨，令直省都撫及在朝大臣各保舉博學鴻詞之士以備制作之選，乃直省奉詔已及二年，而所舉寥寥。朕思天下之大，人才之眾，豈無足膺是舉者（中略）再爲申諭，凡在内大臣及各直省督撫，務宜悉心延訪速行保薦，定於一年之内，齊集京師候朕廷試，儻直省中實無可舉，亦即具本題覆。」（文海出版社影印，民國52年）。

〔註66〕見《大清高宗純（乾隆）皇帝實錄》冊一，卷二七，頁617有云：「（乾隆元年丙辰九月己未）御試博學鴻詞一百七十六員於保和殿，命大學士鄂爾泰、張廷玉，吏部侍郎邵基閲卷。」（台灣華聯出版社印，民國53年9月）。
又王先謙《十二朝東華錄》乾隆朝冊一，卷一，頁54亦云同。

〔註67〕《大清高宗純（乾隆）皇帝實錄》冊一，卷二八，頁625有云：「（乾隆元年丙辰冬十月）大學士鄂爾泰等閲取博學鴻詞優卷進呈。得旨：考取博學鴻詞一等五名二等十名，應如何授以官職之處，爾等查例具奏。尋奏：查得康熙十八年考取博學鴻詞四十九人，分別授以翰林官。臣等謹擬一等授以翰林院編修，二等内由科甲出身者，授以翰林院檢討，未經中舉者，授以翰林院庶吉士，帶領引見。允行。」
又王先謙《十二朝東華錄》乾隆朝冊一，卷一，頁59云：「（乾隆元年十月乙丑）引見考取博學鴻詞劉綸等十五員。得旨：劉綸、潘安禮、諸錦、于振、杭世駿俱著授爲翰林院編修，陳兆崙、劉玉麟、夏之蓉、周長發、程恂俱著授爲翰林院檢討，楊度汪、沈廷芳、汪士煌、陳士璠、齊召南，俱著授爲翰林院庶吉士。」

〔註68〕王先謙《十二朝東華錄》乾隆朝冊一，卷一，頁69有云：「（乾隆二年六月壬寅）御試續到博學鴻詞於體仁閣，授萬松齡、張漢爲翰林院檢討，朱荃、洪世澤爲翰林院庶吉士。」
又《高宗純皇帝實錄》冊二，卷四七，頁849有云：「（乾隆二年丁巳七月壬寅）大學士張廷玉，尚書孫嘉淦，以考取博學鴻詞優卷進呈，并帶領引見。得旨：考取一等之萬松齡著授爲翰林院庶吉士，張漢著授爲翰林院檢討。」

〔註69〕《高宗純皇帝實錄》冊八，卷三五二，頁5324有云：「（乾隆十四年己巳十一月己酉）諭聖賢之學，行，本也；文，末也。而文之中，經術其根柢也，詞章其枝葉也，翰林以文學侍從，近年來因朕每試以詩賦，頗致力於詞章，而求其沈酣六籍，含英咀華，究經訓之閎奧者，不少覯見，豈篤志正學者鮮與，抑有其人而未之聞與。（中略）今海宇昇平，學士大夫，具得精研本業，其窮年矻矻，宗仰先儒者，當不乏人，奈何令終老牗下，而詞苑中寡經術士也。内大學士九卿，外督撫其公舉所知，不拘進士舉人諸生，以及退休閒廢人員，能潛心經學者，慎重遴訪，務擇老成敦厚，純樸淹通之士以應，精選勿濫，稱朕意焉。」

國子監司業〔註 70〕。三十年（1765）史館特立〈儒林傳〉〔註 71〕。又車駕巡幸所至，輒召諸生試詩賦，與以科目出身。如巡江浙得八十五人；巡山東得十七人；巡天津得十六人；幸五台得九人〔註 72〕。又開陽城馬周科，以徵士之不得志而隱棲巖穴，或伏人門下者。前後得人之盛，遠邁康熙。此亦或爲乾隆之籠絡手段，學者均入其彀，而汲汲於功名，不復排滿。翰林院重修工竣，乾隆親臨賜宴，優禮學人，尊重讀書〔註 73〕。帝又嗜好吟詠，性耽書畫；弱冠時，即以詩文刊《樂善堂集》。其後時與群臣唱和，巡幸所至，亦到處留題。故御製詩至二三萬首〔註

〔註 70〕《高宗純皇帝實錄》冊八，卷三九六，頁 5920 云：「（乾隆十六年八月丙申）諭據王師摺奏，保舉經學之士陳祖范、顧棟高，年力老邁，不能來京等語。陳祖范、顧棟高俱著給與國子監司業職銜，以爲經學之勸，所以著述留覽。」
又冊八，卷三九一，頁 5855 云：「（乾隆十六年辛未閏五月壬辰）諭保舉經學之陳祖范、吳鼎、梁錫璵、顧棟高既據大學士九卿等，公同覆覈，眾論僉同。」

〔註 71〕王先謙《十二朝東華錄》乾隆朝冊三，卷二一，頁 800 云：「（乾隆三十年九月）戊子諭：前以國史原撰列傳，止有褒善，惡者惟貶而不錄，其所以爲惡，人究不知，非所以詔傳信也。因降旨開館重修。（中略）且如儒林亦史傳之所必及。果其經明學粹，雖韋布之士不遺，又豈可拘於品位，使近日如顧棟高輩，終於湮沒無聞邪。舉一以例其餘，雖列女中之節烈，卓然可稱著，亦當覈實兼收，另爲列傳。」
又《高宗純皇帝實錄》冊一五，卷七四四，頁 10614 亦云同。

〔註 72〕見清高宗敕撰《清朝通志》冊二，卷七二，頁志 7178〈選舉略一〉有云：「十六年二月，上南巡江浙，召試獻賦人員。進士舉人授爲內閣中書遇缺即補，諸生準作舉人在內閣中書上學習行走。乾隆三十六年、四十一年，駕幸山東。二十二年、二十七年、三十年、四十五年、四十九年，駕幸江浙。三十八年、四十一年，駕幸天津，凡進獻詩賦人員皆考試選取，分別錄用。」（新興書局影印，國學基本叢書，民國 48 年 1 月）
又《高宗純皇帝實錄》冊八，卷三八三，頁 5746 有云：「（乾隆十六年辛未二月乙未）諭：朕者方觀民，南巡江浙，群黎士庶，踴躍趨迎，就瞻恐後，紳士以文字獻頌者載道接踵，愛戴之忱，有足嘉者，朕以疊沛恩膏，隨時賞賚。（中略）夫膠庠之秀，志切近光，其積學有素，文采穎異者，加以甄錄，良合於陳詩觀風，育才造士之道，顧工拙既殊，真膺錯出，理應試之，無使魚目碔砆，得混珠玉，其如何分別考試，著文學士傅恒，協辦大學士梁詩正，侍郎汪由敦會同該總督學政，詳議具奏。」
又冊十九，卷九二九，頁 13459 有云：「（乾隆三十八年巳三月己酉）諭朕因永定北運兩河工程告蕆涇省成事，臨幸天津。直省士子，夾道歡迎，輸忱蹈詩，進獻詩冊者甚多，爰照從前巡幸江浙山東之例，命題考試，就其義之高下，量加錄取。所有列在一等之生員顧塱、李廷敬；貢生閔思毅、陸伯焜，俱著賞給舉人。其舉人杜兆基著以內閣中書補用。其列在二等之進士張虎祥、舉人張方理、秦柵、邱桂芳、謝肇洞、吳裕德、祝塈；生員陸蓉、邱桂山、劉祖志；貢監生邱人龍、楊炤、李憲喬、趙珍俱著賞緞二疋，以示省方觀風嘉惠譽髦之至意。」

〔註 73〕見王先謙《十二朝東華錄》乾隆朝冊一，卷六，頁 31，乾隆九年冬十月庚午，上幸翰林院，文中所云。

〔註 74〕《高宗純皇帝實錄》冊八，卷三四二，頁 5200 有云：「（乾隆十四年己巳六月辛卯）《御製詩初集》成，上自序曰：向敘《樂善堂集》云，夙昔典學所心得，不忍棄置，後雖

74），復有《御製文初集》三十卷凡五百七十餘篇〔註75〕，其中當不免代庖改削之作，就數量而言，其多爲陸放翁所無，帝頗自誇其淵博。又嘗鑒書畫，書法效董其昌。帝於清語講習頗深，情於西洋之科學知識，則殊淡然漠視。

乾隆亦仿康熙，購求遺書，編纂書籍，六年（1741）正月庚午（四日）諭：

> 從古右文之治，務訪遺編。目今內府藏書，已稱大備。但近世以來，著述日繁。如元明諸賢，以及國朝儒學，研究六經，闡明性理，潛心正學，純粹無疵者，當不乏人，雖業在名山，而未登天府。著直省督撫學政，留心採訪，不拘刻本鈔本，隨時進呈，以廣石渠天錄之儲〔註76〕。

令採訪近世著作，隨時進呈，其講究「闡明性理，潛心正學」，其蒐羅之意與康熙尊崇儒術，提倡理學尚無二致。惟其書籍之進呈較康熙時尤倍多焉。

帝既以璽命諸臣，編纂群籍，完成許多衣被百代之巨製，如下〔註77〕：

書　名	卷　數	編纂年代（乾隆）	主撰（編）者
日講禮記解義	六四	一	
四書文	四一	一	方苞等
日知薈說	四	一	
歷象考成後編	一〇	二	
唐宋文醇	五八	三	
硃批諭旨	三六〇	三	
太祖高皇帝聖訓	四	四	

有作，或出詞臣之手，眞贋各半（中略）因取丙辰以迄丁卯所作，略加編定，都爲四十四卷，古今體計四一百五十首有奇。」

又清高宗敕撰《清朝通志》冊二，卷一百三，頁志7335〈藝文略七〉有云：「《御製詩初集》四十四卷目錄四卷，《二集》九十四卷目錄十卷，《三集》一百卷目錄十二卷。古今體詩編年爲次，自丙辰至丁卯爲初集，自戊辰至己卯爲二集，自庚辰至辛卯爲三集，自壬辰至癸卯爲四集。甲辰以後之詩恭俟續編。」

案共詩二萬四千二百四十餘首。《樂善堂集》三十卷尚不與焉。

〔註75〕清高宗敕撰《清朝通志》冊二，卷一百二，頁志7334〈藝文略七〉有云：「《御製文初集》三十卷，乾隆二十八年恭錄奏進，奉敕刊布。凡五百七十餘篇，分十有九體，各以年月爲次。」

〔註76〕見王先謙《十二朝東華錄》乾隆朝冊一，卷四，頁140，乾隆元年辛酉春正月庚午諭所云。

〔註77〕本表書名取自《四庫全書簡明目錄》，所列皆爲官修敕撰本，按書纂成年代依次排列，其不著年代列於最末。

太宗文皇帝聖訓	六	四	
世祖章皇帝聖訓	六	四	
康濟錄	六	四	倪國璉
協紀辦方書	三六	四	允祿等
八旗通志初集	二五〇	四	
醫宗金鑑	九〇	四	鄂爾泰等
明史	三三六	四	張廷玉等
世宗憲皇帝聖訓	三六	五	
大清律例	四八	五	三泰等
聖祖仁皇帝聖訓	六〇	六	
上諭內閣	一五九	六	
國朝宮史	三六	七	于敏中等
授時通考	七八	八	
八旗滿州氏族通譜	八〇	九	
儀象考成	三二	九	
秘殿珠林	二四	九	
石渠寶笈	四四	九	
律呂正義後編	一二〇	十一	
詞林典故	八	十二	鄂爾泰等
續文獻通考	二五二	十二	劉墉、嵇璜等
皇朝文獻通考	二六六	十二	劉墉、嵇璜等
皇清文穎	一二四	十二	
周官義疏	四八	十三	
儀禮義疏	四八	十三	
禮記義疏	八二	十三	
平定金川方略	三二	十三	來保等
西清古鑑	四〇	十四	
經史講義	三一	十四	蔣溥等
同文韻統	六	十五	允祿等

叶韻彙輯	五八	十五	梁詩正等
唐宋詩醇	四七	十五	
清職貢圖	九	十六	傅恒等
盤山志	二一	十九	蔣溥等
周易述義	一○	二十	傅恒等
詩義折中	二○	二十	傅恒等
皇輿西圖志	五二	二十一	劉統勳
大清通禮	五○	二十二	傅恒等
樂善堂文集	三○	二十三	蔣溥等
春秋直解	一五	二十三	傅恒等
皇朝禮器圖式	二八	二十四	
大清會典	一○○	二十六	允祹、傅恒等
大清會典則例	一八○	二十六	允祹、傅恒等
西域同文志	二四	二十八	傅恒等
大清一統志	五○○	二十九	和坤等
南巡盛典	一二○	三十一	高晉
續通志	五二七	三十二	劉墉、嵇璜等
續通典	一四四	三十二	劉墉、嵇璜等
皇朝通志	二○○	三十二	劉墉、嵇璜等
皇朝通典	一○○	三十三	傅恒等
通鑑輯覽	一一六	三十三	傅恒等
校正淳化閣帖釋文	一○	三十四	
評鑑闡要	一二	三十六	劉統勳等
增訂清文鑑	三二	三十六	傅恒等
平定準噶爾方略	一七二	三十七	劉統勳等
音韻述微	三○	三十八	
開國方略	三二	三十八	
武英殿聚珍板程式	一	三十八	金簡
臨清紀略	一六	三十九	舒赫德等
日下舊聞考	一二○	三十九	

通鑑綱目三編	四〇	四十	
天祿琳瑯書目	一〇	四十	于敏中
勝朝殉節諸臣錄	一二	四十一	
平定兩金川方略	一五二	四十一	阿桂等
滿洲源流考	二〇	四十二	阿桂等
漢洲祭神祭天典禮	六	四十二	
蒙古源流	八	四十二	小徹辰薩、囊台吉
國子監志	六二	四十三	梁國治等
西清研譜	二四	四十三	
蒙古王公表傳	一二	四十四	
盛京通志	一二〇	四十四	
漢洲蒙古漢字三合切音清文鑑	三三	四十四	阿桂等
歷代職官表	六三	四十五	紀昀等
明臣奏議	二〇	四十六	
宗室王公功績表傳	一二	四十六	
熱河志	八〇	四十六	
蘭州紀略	二〇	四十六	
河源紀略	三六	四十七	
古今儲貳金鑑	六	四十八	諸皇子率內廷諸臣
石峰堡紀略	二〇	四十九	
遼金元三史國語解	四六	五十	
台灣紀略	七〇	五十三	
詩經樂譜全書	三〇	五十三	
樂律正俗	一	五十三	
千叟宴詩	三六	五十五	
八旬萬壽盛券	一二〇	五十七	阿桂等
錢錄	一六	六十	
譯五經四書	五八、二九		

復自即位以來，屢頒殿板欽定諸書，儲之學宮，俾士子就近觀摩。元年（1736）三月命頒《十三經》、《二十一史》於各省會及府州縣學，又命將聖祖御纂《周易折中》、《性理精義》、《朱子全書》、《詩書》、《春秋》各傳說彙纂諸書，頒存太學，刊示諸生〔註78〕。四月，復以聖祖御纂諸書，前經世宗特敕直省布政使司刊刻，准士子呈請刷印，顧以守候多勞，赴司刷印者廖廖，因令招募賈人，聽其印賣，以廣流傳〔註79〕。乾隆九年，翰林院修成，賜《古今圖書集成》一部〔註80〕。三十七年（1772）正月四日復頒詔求書，即為四庫開館之第一聲。

> 今內府藏書，插架不為不富；然古今來著作之手，無慮數千百家。
>
> 或逸在名山，未登柱史。正宜及時採集，彙送京師，以彰千古同文之盛。
>
> 其令直省督撫，會同學政等，通飭所屬，加意購訪。（中略）庶幾副在石
>
> 渠，用儲乙覽。從此四庫七略，益昭美備，稱朕意焉！〔註81〕

乾隆之時，文字之獄大興，一言之牴觸，輒至家破命亡；而又以購求遺書之名，廣蒐野史詩文之關於指斥者，胥銷燬而焚禁之。其雖以燬書為世所詬病，而假朝廷之威力，萃載籍於天府，成絕大之叢書，繫千古之文化者，則其功亦不可泯。

〔註78〕王先謙《十二朝東華錄》乾隆朝冊一，卷一，頁 44 有云：「（乾隆元年五月庚申）諭頒聖祖仁皇帝御製律歷淵源於直省學宮書院。」

又冊一，卷一，頁 37 云：「（乾隆元年三月丙午）頒《十三經》《二十一史》於各省會及府州縣學。」及「（戊午）頒聖祖仁皇帝御製《周易折中》、《性理精義》、《朱子全書》、欽定《尚書傳說彙纂》、《詩經傳說彙纂》、《春秋傳說彙纂》儲於太學，刊示諸生。」

又《高宗純皇帝實錄》冊八，卷三八四，頁 5753 有云：「（乾隆十六年辛未三月戊戌朔）頒賜江浙各書院殿板經史。諭：經史，學之根柢也，會城書院，聚黌庠之秀而砥礪之，尤宜適之正學。朕時巡所至，有若江寧之鍾山書院，蘇州之紫陽書院，杭州之敷文書院，各賜武英殿新刊《十三經》《二十二史》一部，資髦士稽古之學。」

〔註79〕《高宗純皇帝實錄》冊一，卷十七，頁 468 有云：「（乾隆元年丙辰四月辛卯）分廣布御纂經書，定生員試經解。諭總理事務王大臣：從來經學盛則人才多，人才多則俗化茂，稽諸史冊，成效昭然，我皇祖聖祖仁皇帝（中略）御纂《周易折中》、《尚書彙纂》、《春秋彙纂》等編，又有《朱子全書》，《性理精義》，正學昌明，著作大備。我皇考世宗憲皇帝，至德同符，考思不匱，特敕直省布政使，將諸書敬謹刊刻，准士子赴司呈請刷印。蓋欲以廣聖教，振儒風，甚盛典也。乃聞各省雖有刊板，而士子刷印寥寥。蓋由赴司遞呈以示批發，既多守候之勞，且一生所請不過一部，斷不能因一部書而特為發板開刷，士子所以欲多得書而勢不能也。朕思諸書，實皇祖惠教萬世，皇考頒行天下之典籍，安可不廣為敷布。著直省撫藩諸臣，加意招募坊賈人等，聽其刷印通行鬻賣，嚴禁胥吏阻撓需索之弊，斯士子皆易於購買，庶幾家傳戶誦，足以尤廣厥傳。」

〔註80〕王先謙《十二朝東華錄》乾隆朝冊一，卷六，頁 31 有云：「（乾隆九年冬十月）丁卯賜翰林院《古今圖書集成》。」。

〔註81〕見王先謙《十二朝東華錄》乾隆朝冊三，卷二八，頁 1010 乾隆三十七年壬辰春正月庚子諭所云。

此即《四庫全書》之編纂也。

上旨降後，安徽學政朱筠便留心訪求薈萃遺編，以資進獻，同時又陳奏，建議開館校理《永樂大典》並及他書，他以為 1、舊鈔本尤當急搜。2、中秘書籍當標舉現有者，以補其餘。3、著錄校讎當並重也。4、金石之刻，圖譜之學在所必錄〔註82〕。是奏甚得乾隆注意，而付「原議大臣議奏」，引起軍機大臣等之爭議。劉統勳以為「非政之要而徒為煩」力持不可，欲議寢之。卒于敏中之贊助，始得入奏〔註83〕。三十八年（1773）二月初六日乾隆從朱筠請，校辦《永樂大典》，「派軍機大臣為總裁官，仍於翰林等官內選定員數，責令及時專司查校，將原書詳細檢閱，並將《圖書集成》互為校讎，擇其未經採錄而實在流傳已少，尚可裒輯成編者，先行摘開目錄奏聞，候朕裁定」〔註84〕。軍機大臣等奉旨，連忙把翰林院所貯《大典》目錄六十本內檢出首套東冬字韻十本，先行進呈御覽〔註85〕。過後便奉到諭旨，令揀翰林等官詳定修書規條，並添派王際華、裘日修為總裁官〔註86〕。不久劉統勳等議定條例十三條奏請派遣專人上緊趕辦，以期作速竣功〔註87〕。旋得旨：「將來辦理成編時，著名《四庫全書》〔註88〕。」未幾四庫全書館正式成立於翰林院內迤西之一區房屋內〔註89〕，於是由校輯《永樂大典》之遺書一變而空前的叢書編纂矣。

然究《四庫全書》其編纂的原因，就其表面而言，約有三端：1、周永年倡儒藏說。氏以為自漢以來官私之藏著錄不為不多，然未有久而不散者，是以藏之一地，不能藏於天下，藏於一時，不能藏於萬世也。故取法釋藏、道藏之義，以立儒藏，俾古人著述之可傳與至今日永無散矣，自以與天下萬世共讀之。2、乾隆下詔求遺書，彙送京師；書既大集，審訂以起。3、朱筠王應綵復奏請校辦《永樂大典》，主張擇其散片各自成書。所輯日多，奏請賜名，乃更加擴充。就實際言，則

〔註82〕見郭伯恭《四庫全書纂修考》章一，頁 7 引《朱筠笥河文集》卷一所云。（台灣商務印書館，《人人文庫》第三七一、三七二號，民國 56 年 7 月）

〔註83〕見郭伯恭《四庫全書纂修考》章一，頁 10 所云。

〔註84〕王先謙《十二朝東華錄》乾隆朝冊四，卷二九，頁 1055 乾隆三十八年二月乙丑軍機大臣議覆朱筠條奏所云。

〔註85〕見郭伯恭《四庫全書纂修考》章一，頁 11 所云。

〔註86〕見王先謙《十二朝東華錄》乾隆朝冊四，卷二九，頁 1056 乾隆三十八年二月庚午諭所云。

〔註87〕見郭伯恭《四庫全書纂修考》章一，頁 12 引《辦理四庫全書檔案》上冊，頁 7 所云。

〔註88〕見王先謙《十二朝東華錄》乾隆朝冊四，卷二九，頁 1056 乾隆三十八年二月庚午諭所云。

〔註89〕見《高宗純皇帝實錄》冊十九，卷九二六，頁 13414 乾隆三十八年二月庚午諭所云。

乾隆帝一人之私意而已。其作用甚多：1、欲藉採集遺書之機會，銷燬有關記載康熙時雍正與海寧陳氏易子之風說；清宮闈之亂；清皇室父子之變、兄弟之禍、骨肉之慘；及任何有關志在排滿復明，散佈種族思想等記錄。2、集漢人數千年之書俾滿人得遍觀而盡識，以加其對漢化之抵抗力。3、帝即位以來，鄂爾泰、張廷玉兩派黨爭甚烈。鄂人頗方正力持大體，張略圓通陰承意旨。帝雖陽排朋黨，然始終實左祖張氏。編纂全書之議起。于敏中極力主張，劉統勳則極端反對，蓋劉得鄂之方嚴，于爲張之嫡派，帝卒用于議，下詔開館，抑方正而獎圓通。4、迎合當時學者的需要，以牢籠旭日初昇之漢學。同時因漢學興，類書專供詞章之摭採，學者鄙其蕪雜或浮華而捨之，進而求讀原書，類書遂告衰微。是以輯佚書之盛，湧爲潮流。5、藉此舉蒐集明代種種失德之記載，使之隨古書名著共傳於後世，以永播其惡於人間並表揚清朝之盛大，使之與古人並存而不朽。6、欲結集一空前之大叢書，以比擬前朝。7、開館修書招致著書守道之人，使之耗精敝神於尋行數墨之中，以安其反側〔註 90〕。由此觀之，乾隆《四庫》之修在毀去於己及帝國不利之記載與籠絡學人而已。

　　緣康雍以來，文字獄屢作，人民鳥懼驚弓久矣，是以乾隆所頒徵書之諭，各省督撫多存觀望，恐因此復造成大獄，多奉行具文，致將近一年「未見一人將書名錄奏」，帝甚爲不悅，復降諭嚴飭，「速行設法訪求，無論刊本鈔本，一一彙收備採」〔註 91〕。然應者仍屬寥寥，即或進呈，類多普通書籍。高宗不得已，乃於三十八年（1773）三月二十八日，復下詔解釋，諭曰：

　　　　前經降旨：令各該督撫等，訪求遺書，彙登冊府。（中略）乃各省奏到書單，寥寥無幾；且不過近人解經論學，詩文私集數種，聊以塞白。（中略）文人著書立說，各抒所長。或傳聞異辭，或紀載失實，因所不免，果其略有可觀，原不妨兼收並蓄；即可字義觸礙，如《南北史》之互相詆毀，此乃前人偏見，與近時無涉，又何必過於畏首畏尾耶？朕辦事光明正大，可以共信於天下，豈有下詔訪求遺籍，故於書中尋摘瑕疵，

〔註90〕見任松如《四庫全書答問》，頁 3～9 問五所云（上海啓智書局，民國 17 年 8 月）。又楊家駱《四庫全書概述》，頁 9～17 所云（中國辭典館復館籌備處，民國 57 年 10 月）。

〔註91〕《高宗純皇帝實錄》冊一八，卷九一九，頁 13275 有云：「（乾隆三十七年壬辰十月戊寅）諭軍機大臣等，前以歷代流傳舊書及國朝儒林撰述；向來未登大內收藏書目者，已降旨直省督撫會同各學政，通行購訪，彙列書名奏聞再令廷臣檢覈行知取進。迄今幾及匝歲，曾未見一人將書名錄奏，飭辦殊爲延緩（中略）各督府等其即恪遵前旨，飭催所屬，速行設法訪求，無論刊本鈔本，一一彙收備採。」

罪及藏書之人乎？若此番明切宣諭後，仍似從前疑畏，不肯將所藏書名開報，聽地方官購借，將來或別有破露違礙之書，則是其人有意隱慝收存，其取戾轉不小矣。（中略）再各省聚書最富者，原不盡皆本地人之撰著，祇論其書有可採，更不必計及非其地產，則搜輯之途更寬，方不致多有遺逸。著再傳諭各督撫等，予以半年之限，即遵朕旨實力速爲妥辦，陸續奏報。若再似從前之因循搪塞，惟該督是問！將此一併通諭中外知之〔註92〕。

又江浙爲人文淵藪，私人藏書最富。若此二省能遵旨進呈，他省可無論矣。故上旨降後，次日復諭兩江總督高晉、江蘇巡撫薩載及浙江巡撫三寶〔註93〕從速訪書。至閏三月初三日，復降諭催辦，其中更指名兩淮鹽政李質穎鈔馬裕之藏書〔註94〕此旨既頒，收效甚速，不惟李質穎儘力搜覓，而東南藏書家亦陸續進呈矣。至五月，各省進書，已頗可觀，乾隆乃下詔訂定進書獎勵辦法三種〔註95〕：

一、獎書：進書在五百種以上者賞《古今圖書集成》一部。
二、題獎：進書中有精醇之本，乾隆親爲評詠，題識簡端，並令書館錄副後，儘先發還。
三、記名：私人進書在百種以上者，其姓名附載於各書提要之末。各省採進本在百種以下者，亦將由某省督撫某人採訪所得，附載於後。

乾隆始之以誘掖，故示寬大，繼則加以獎勵，以爲立言，於是獻書之路大開，藏書家疑懼稍釋，珍藏儘出。另則若有因循搪塞，則惟各該督撫是問，致亦緣地方官更雷厲風行，派人搜訪，不敢徒視其文，於是行進遺逸蒐羅，四方競進，海內彬彬靡然向風矣。

乾隆採輯遺書標準，大旨有關歷代流傳舊書內有闡明性學治法，關係世道人心者，自當首先購覓。若有發揮傳注考竅典章旁暨九流百家之言，有裨實用者，

〔註92〕見《高宗純皇帝實錄》冊十九，卷九二九，頁13462乾隆三十八年癸巳三月丁巳諭。
〔註93〕見《高宗純皇帝實錄》冊十九，卷九二九，頁13465有云：「（乾隆三十八年癸巳三月戊午）諭（前略）遺籍珍藏固隨地俱有，而江浙人文淵藪其流傳較別省更多，果能切實搜尋，自無不漸臻美備。（中略）徵訪之事，更當向其責成。著將此專交高晉、薩載、三寶，務即恪遵朕旨實力購覓，並當舉一反三，迅速設法妥辦，以副朕殷殷佇望之意。」
〔註94〕《高宗純皇帝實錄》冊十九，卷九三一，頁13494有云：「（乾隆三十八年癸巳閏三月丁亥）諭軍機大臣等，前以辦理《四庫全書》，聞揚州商人馬姓，家內藏書頗富，曾傳諭李質穎令就近妥協訪問借鈔。」
〔註95〕見《高宗純皇帝實錄》冊十九，卷九五八，頁13979乾隆三十九年甲午五月丙寅諭所云。

亦應備爲甄擇。至於歷代名人與清初士林宿望，向有詩文書集，及乾隆初年沈潛經史，原本風雅各著成編，並非勦說厄言可比者亦宜採入。其餘有關坊肆所售舉業時文（八股），民間無用之族譜尺牘屏幛壽言等類，及其人本無實學，不過駕名馳鶩編刻酬唱詩之瑣屑無當者，俱不採入〔註96〕。

乾隆之訪求遺書，並非廣稽載籍，以博得右文令主之名，乃爲寓禁於徵，由於各省進書絡繹不絕，因未見稍有忌諱者，故三十九年八月乃詔：

> 乃各省進到書籍，不下萬餘種，並不見奏及稍有忌諱之書，豈有裒集如許遺書，竟無一違礙字跡之理？況明季末，造野史者甚多，其間毀譽任意，傳聞異辭，必有詆觸本朝之語。正當及此一番查辦，盡行銷燬，杜遏邪言，以正人心，而厚風俗，斷不宜置之不辦！此等筆墨妄議之事，大率江浙兩省居多；其江西閩越湖廣，亦或不免。豈可不細加查覈？高晉、薩載、三寶、海成、鐘音、德保皆係滿州大臣；而李侍堯、陳輝祖、裴宗錫等，亦俱係世臣。苟見有詆毀本朝之書，或係稗官私載，或係詩文專集，應無不共知切齒。豈有尚聽其潛匿流傳，貽惑後世？不知各該督撫等查繳遺書，於此等作何辦理？著即行據實具奏。至各省已經進到之書，現交四庫全書處檢查，如有關礙者，即行撤出銷燬。其各省繳到之書，督撫等或見其書有忌諱，撤留不解，亦未可知。設或竟未交一關礙之書，則恐其仍係匿而不獻。著傳諭該督撫等，於已繳藏書之家，再令誠妥之員，前往明白傳諭：如有不應存留之書，即速交出，與收藏之人並無干礙。（中略）若此次傳諭之後，復有隱諱存留，則是有心藏匿僞妄之書，日後別經發覺，其罪轉不能逭，承辦之督撫等，亦難辭咎〔註97〕！

至此遂由訪書一變爲禁燬違礙書籍，露出眞面目矣。各省爲徹底查禁，除諭之地保，家諭戶曉之外，乃使佐雜教職司蒐訪之責，勵以繳書多寡，爲將來補用名次之擢用之階〔註98〕，及利用地方紳士及各學生監，幫同蒐訪〔註99〕，深入民間；

〔註96〕見王先謙《十二朝東華錄》乾隆朝冊四，卷二九，頁1055乾隆三十八年二月乙丑諭。案該諭爲四庫全書館採輯遺書標準。

〔註97〕見《高宗純皇帝實錄》冊二○卷九六四，頁14077乾隆三十九年甲午八月丙戌諭軍機大臣等云。

〔註98〕見《高宗純皇帝實錄》冊二一，卷一○三九，頁15263有云：「（乾隆四十二年丁酉八月）癸丑諭軍機大臣曰：三寶奏，查繳應燬各書，若止責令地方官及各教勸諭呈繳，勢難徧行清檢，查分發教職，閒空人員甚多，伊等俱係本地之人，派其各赴原籍府分，因親好友，易於詢訪，并代爲清查，將來即以繳書多寡，爲補用名次後先等語，所辦甚好。（中略）今浙省既辦有成就，各省均應照此辦理。」

〔註99〕郭伯恭《四庫全書纂修考》章二，頁23引故宮博物院刊《文獻叢編》第八輯乾隆四

更有各督撫飭屬倍價購買〔註100〕，眞是爲逢迎邀譽，無所不用其極。由於曉諭、蒐覓及購買三途並進，書呈繳速而質量眾，是以採集了大量的圖書，爲繼《漢志》、《隋志》、《宋志》以來又一次中國典籍之大結集。

　　其所採集圖書有四種來源：一爲政府固有藏書。可分爲勅撰本及內府本。二爲公私進到遺書。可分爲各省採進本、私人進獻本及通行本。三爲《永樂大典》中散見之書，即稱永樂大典本。四爲臨時編纂加入之書，此亦稱勅撰本。由此觀之其所據之書可簡分爲勅撰本、內府本、各省採進本、私人進獻本、通行本及永樂大典本等六種本子。分述如后：

1、勅撰本

　　自清初以至乾隆時，諸臣遵照勅令所編纂者。內分在四庫全書館未開以前及開館後臨時編纂加入二種。勅撰本又有御定、御纂、御批、御製、御註、御選及御編七種，總計經史子集四部著錄者凡一四九種，都列於各個門類清人著述之前，以示尊崇。

2、內府本

　　乃內廷所收藏專供御覽之書。有舊板、新刊及鈔本之別，凡經史子集四部著錄者約三二七種，存目約四二〇種。

3、各省採進本

　　凡各省督撫學政採取各地遺書彙齊進獻備用者。有係購用者；有係借鈔者。當時進書最多者爲浙江，據《浙江採集遺書說錄》，自壬辰秋至甲午夏（乾隆三十七一乾隆三十九，1772～1774）凡進書十二次，計獻書四五二三種〔註101〕，五六九五五卷，另二〇九二冊不分卷數。而以雲南及奉天爲最少。

4、私人進獻本

　　當時藏書家自己呈獻書以備用者。有奉旨進獻者，有自願進獻者。進書至五六七百種者爲浙江鮑士恭、范懋柱、汪啓淑及江蘇馬裕四家。進書至百種以上者

十四年九月閩督繳書奏摺有云：「札令各屬，於地方紳士中，愼選制行循謹，素爲閭井悅服，每縣數人，分派城鄉，轉向親友密訪。」

又引同書第九輯湖廣總督亦「嚴飭府縣，（中略）協同各學教官，傳齊紳士生監人等，廣爲蒐覓。」

〔註100〕見《高宗純皇帝實錄》冊二一，卷一〇二二，頁15032有云：「（乾隆四十一年丙申十二月庚戌）諭軍機大臣等，據海成奏，將各屬續獲應燬書籍，分晰開單進呈，並稱自展限倍價購買以來，據各屬蒐買，以及民間繳呈應燬禁書，前後共有八千餘部之多，雖屬經家喻戶曉，乃尚不能一時淨盡，再請展限購求等語，所辦甚好。」

〔註101〕郭伯恭《四庫全書纂修考》章四，頁79據涵秋閣抄本《各省進呈書目》所云：「凡進書十二次，共四六〇一種。」

為江蘇周厚堉、蔣曾瑩，浙江之吳玉墀、孫仰曾，汪汝溧。以及在京之黃登賢、紀昀、勵守謙及汪如藻等〔註102〕。進獻之書有家藏本、家刻本及購進本。

5、通行本

凡採自在社會上最流行之書籍者。亦有購用及借鈔二種。總計四庫著錄者一百種，存目者八十七種。

6、永樂大典本

由《永樂大典》中輯出之書，其輯出收入四庫之書，著錄者凡三八五種，四九二六卷，存目者凡一二七種。

約以上諸端，則乾隆一朝在中國遺籍之蒐羅上，誠可謂空前之偉觀矣。

自乾隆三十八年（1773）二月，四庫正式開館，至四十七年（1782）正月丙寅第一分《四庫全書》書成，歷任館職者共三百六十人〔註103〕，計有正總裁十六人總攬館事，以副總裁十人襄助之。

總裁之下，有總閱官十五人總理閱定各書之事；總纂官三人總理編書之事；總校官一人總理校訂之事；翰林院提調官二十二人，武英殿提調官七人，管理提取兩處之藏書之事；總目協勘官七人管理協定全書總目之事。總纂官之下有纂修官，分任編書之事。其下分為校勘《永樂大典》纂修官三十九人，校辦各省送到遺書纂修官六人，黃籤考證纂修官二人及天文算學纂修官三人。總校官之下，有分校官，分任校訂之事；分校官除篆隸分校官二人，繪圖分校官一人外，多由纂修官兼任。

繕書處專掌鈔書之事：有總校官四人總理校對脫誤之事；有分校官一七九人分任校對之事。

督催官二人分掌督促編書鈔書之事。翰林院收掌二十人、武英殿收掌十四人及繕書處收掌三人，分任三處書籍出入之事。

監造官三人專任刊刻印刷裝訂整理之事。

以上四庫館組織及職務分配之概況也。又據乾隆四十七年（1782）七月十九日開列辦理《四庫全書》在事諸臣職名清單計從三六二人，內因陸費墀、王嘉曾二人係兼職，故其姓名兩見〔註104〕。此三六〇之中旗人不足六分之一。大半海內

〔註102〕見《高宗純皇帝實錄》冊十九，卷九五八，頁13980。乾隆三十九年甲午五月丙寅所云。

〔註103〕郭伯恭《四庫全書纂修考》章三，頁60引《四庫全書總目》卷首云：「歷任館職者共三百六十人。」

〔註104〕見任松如《四庫全書答問》，頁9～10問七所云。

積學之士，而分任校勘，又多著名之學者。如副總裁有彭元瑞；總纂官有紀昀、陸錫熊；總閱官有莊存與、謝墉、朱珪；總目協勘有任大椿、李潢、程晉芳；校勘《永樂大典》有戴震、邵晉涵、周永年；校辦各省遺書有姚鼐、朱筠、翁方綱；黃籤考證有王太岳；天算纂修有陳際新；繕書處分校有金榜、洪梧、曾燠、吳錫麒、趙懷玉；分校篆隸有王念孫。而謄錄初由保舉者六百餘人，續行招考者二千一百餘人，僱覓者千人，共三八二六人。其中亦有專門名家未列館職以私人資格助理館事者，如丁杰。然而實際任編纂之事者則為總纂、纂修、總校、分校諸官，其間掌機軸與全書相始終的以紀昀及陸錫熊二人之力為多，而戴震、邵晉涵、周永年三人也有很大幫助。

　　由於參與《四庫》者都是一代學者，弁冕藝林，是以對書籍的編錄，都經過切實的校讎，非泛泛之比。《四庫全書》採用四部分類法，將各種書籍大別為經史子集四部，凡群經及小學之書，皆入經部。而記事之書及考辨史體以及評論史事，著有專書者，皆屬隸史部。著書立說，能成一家之言者，統稱為子書。而詩文詞曲，散篇零什，分別部居輯而次之，以及考厥源流，評其優劣之專書，雜屬咸入集部。每部又分為若干類。經部分十類，史部分十五類，子部分十四類，集部分五類；每類之中或流別繁碎者，又各析子目。如經部禮類分為六子目；小學類分為三子目。史部地理類分為十子目；傳記類分為五子目；政書類分為六子目；詔令奏議類分為二子目；職官類分為二子目；目錄類分為二子目。子部術數類分為七子目；藝術類分為四子目；雜家類分為六子目；天文算法類分為二子目；小說類分為三子目；譜錄類分為四子目；集部詞曲類分為五子目；別集類依時代先後分為六子目。間有無類可歸之書，則別為附錄，有附錄於某類之後者，有附錄於某子目之後者。

　　全書凡四部、四十四類、六十五子目。其分類別屬可謂細矣。四部分類雖成立於隋唐，到《四庫全書》而達最鼎盛之時期。茲列類別大要於下：
經部
　　　易類
　　　書類
　　　詩類
　　　禮類　　周禮　儀禮　禮記　三禮　通義　通禮　雜禮
　　　春秋類
　　　孝經類
　　　五經總義類

四書類

樂類

小學類　　訓詁　字書　韻書

史部

正史類

編年類

紀事本末類

別史類

雜史類

詔令奏議類　　詔令　奏議

傳記類　　聖賢　名人　總錄　雜錄　別錄

史鈔類

載記類

時令類

地理類　　總志　都會　郡縣　河渠　邊防　山川　古蹟　雜記　遊記　外記

職官類　　官制　官箴

政書類　　通制　興禮　邦計　軍政　法令　營建

目錄類　　經籍　金石

史評類

子部

儒家類

兵家類

法家類

農家類

醫家類

天文算法類　　推步　算書

術數類　　數學　占候　相宅　相墓　占卜　命書　相書　陰陽　五行

藝術類　　書畫　琴譜　篆刻　雜伎

譜書類　　器用　食譜　草木蟲魚　雜物

雜家類　　雜學　雜考　雜說　雜品　雜纂　雜編

類書類

　　小說家類　　　雜事　異聞　瑣語

　　釋家類

　　道家類

集部

　　楚辭類

　　別集類　　　漢至五代　北宋建隆至靖康　南宋建炎至德祐　金至元

　　　　　　　　明洪武至崇禎　清初至乾隆修書時

　　總集類

　　詩文評類

　　詞曲類　　　詞集　詞選　詞話　南北曲

　　《四庫》之類別雖仍一貫傳統的因襲，惟分門析目，較之以往，至詳且盡，誠為當時纂修諸人苦心經營成績。且各書分別類目，皆考校原書詳為釐定，以圖書內容真際，著者作書宗旨及原書體裁，詳為配隸，非若從前泛就書名，略為分別者可比。自《隋志》以下，門目大同小異，互有出入，亦各具得失。而《四庫》門戶變更亦非杜撰妄事更張，皆務求典籍，擇善而從，較以往分類進步。

　　《四庫》之編非特分類上有突過前人之處，即關於遺籍之校讎，亦屬空前之盛舉。古籍自西漢劉氏一度校理之後，其餘各代雖亦有校理之事，然多為文字異同之比勘及著錄分類而已，實無所謂整個的校讎。惟《四庫》之纂修，乃對遺籍作一大規模之審訂與校理，時以耆學參與《四庫》，其皆各集所長，故成績斐然可述。《四庫全書》凡例有載：

　　　　前代藏書，率無簡擇，蕭蘭並擷，珉玉雜陳，殊未協別裁之義。今詔求古籍，特創新規，一一辨厥妍媸，嚴為去取。其上者，悉登編錄，罔致遺珠。其次者，亦長短兼臚，具瑕瑜之不掩。其有言非立訓，義或違經，則附載其名，兼匡厥謬。至於尋常著述，未越群流，雖咎譽之盛無，要流傳之已久，準諸家著錄之例，亦併其存目，以備考核。等差有辨，旌別兼施，自有典籍以來，無如斯之博且精矣〔註105〕。

此為其敘錄原則，其別擇取舍如斯，較隋唐宋明諸代的檢藏，自高出一籌。然乾隆編纂《四庫》，內含政治作用，古今書籍凡有觸犯干礙，誅求爬剔，洗刷無膬，思想激烈的，都付之一炬。《四庫全書》的纂修校理，雖由多數館臣分任，而總鑑定的還是乾隆。「每進一編，必經親覽，宏綱巨目，悉稟天裁，定千載之是非，決

百事之疑似，權衡獨運，袞鉞斯昭」〔註106〕。惟恐文網有漏，修書期間，亦屢降諭旨，頻加指示。茲就《咫進齋叢書》內所載違礙書目數種如次〔註107〕：

禁燬書目	全燬的	《銷燬書目》一四四種
		《浙江查辦應燬書目》一六四種
		《外省移咨應燬書目》三三七種
	抽燬的	《抽燬書目》一八一種
		《又抽燬書目》四○種
		《應抽燬書目》五種
	禁絕的	《軍機處奏准禁書總目》七四九種
		《續奉應禁書目》五○種
	違礙的	《查有違礙謬妄感憤語句書目》一三種
		《應繳違礙書籍各種名目》七三○種

　　總計二四一三種。上表所列，乃舉其大要，可見其燬書之烈，誠典籍之浩劫，是以典籍是否有違帝意，亦為取捨要件。

　　四庫對古籍一一詳核，斥而存目，兼辨證其非。其有本屬偽書，流傳已久，或掇拾殘餘，真贗相參，歷代詞人，已引為故實，未可概為捐棄，則姑餘存而辨別之。大抵灼為原帙者，則題曰某代某人撰。灼為贗造者，則題曰舊本題某代某人撰。踵誤傳譌，其例相同。至於其書雖歷代著錄而實一無可取，已知其妄者，則亦存目，不使濫登。又是編四部之首，各冠以總序，撮述其源流正變，以挈綱要，其四十三類之首，亦各冠以小序詳述其分併改隸，以析條目。如其義有未盡，例有未該，則或於子目之末，或於本條之下，附註案以明通變之由。於所刊諸書，各撰為題要，分之則散弁諸編，合之則共為總目。每書先列作者之爵里；次考本書之得失，權重之異同，以及文字之增刪，篇帙分合，皆詳為訂辨，巨細不遺；而人品學術之醇疵，國紀朝章之法戒，亦未嘗不各昭彰瘅，用著勸懲。至若馬班之史，李杜之詩，韓柳歐蘇之文章，濂洛關閩之道學，定論久孚，無庸更贅一語者，只論其刊刻傳寫之異同，編次增刪之始末，著是本之善否而已。以上皆審核

〔註106〕見楊家駱《四庫全書概述》，頁17載《四庫全書》凡例第一條所云。
〔註107〕據陳登原《中國典籍史》章七，頁101所列表云。案此據《咫進齋叢書》第四函《銷燬抽燬書目》，《禁書總目》，《違礙書目》三冊而作表。（藝文印書館，《百部叢書集成》之七七）。

密而考據精，爲校讎學史上開一奇葩。

各類目中編排各書乃以撰書人時代先後爲序，釋道、閨閣、宦侍、外臣亦各從時代不復區分。若生卒年月無從考者，附於本代之末。考註舊書仍從舊書時代，不依作註之時代。又名雖裒輯舊書，而實係自爲著述者，仍從輯書之時代；僞託之書仍從其所託之時代。歷代帝王著者冠於各代之首；臣下奉敕撰輯者亦同。又官撰官印之書，別於私家著述之前，秩序井然，一目瞭然。

當時全書編纂分應鈔、應刻、存目三項。各書先由各纂修官預擬，次由總纂修官酌定，交總裁出奏，候旨決定。其刊鈔存目之標準，是將進列各遺書，同《永樂大典》輯出之書，詳加核勘「擇其中罕見之書，有益於世道人心者，壽之梨棗，以廣流傳。餘則選派謄錄，彙繕成編，陳之府冊。其中有俚淺譌謬者，止存書名，彙入《總目》〔註108〕。凡應鈔之書由四庫館館臣手錄，應刊之書以武英殿聚珍板印行，皆收入《四庫》，即爲著錄之書；而刊出之書及存目之書，不錄於《四庫》，但存其目。著錄之書都凡三千四百七十部，七萬九千零十八卷」〔註109〕，此即《四庫全書》所收各書之總數。《總目》中僅存書名，《四庫》中未收其書者，都凡六千八百零十九部，九萬四千零二十四卷（內四百零九部無卷數）〔註110〕。此實較著錄之書尤多。

《四庫全書》自乾隆三十八年至五十二年（1773～1787）〔註111〕十五年中，鈔寫不輟，而浩瀚之《四庫》，相繼完成，共繕寫七部（翰林院副本不計）分置七閣，以其分量之重，完成之速，誠文化界一空前壯舉也。

四庫館除《四庫全書》之編纂之外，因《四庫》又產生《四庫全書薈要》、《四庫全書考證》、《四庫全書總目提要》及《四庫全書簡明目錄》之作。

《四庫全書》開館時乾隆年已六十三，恐不得見全書之成〔註112〕，另因卷帙

〔註108〕見《高宗純皇帝實錄》冊十九，卷九三五，頁13547乾隆三十八年癸巳五月申戌諭所云。

〔註109〕見郭伯恭《四庫全書纂修考》章五，頁104據同治七年廣東書局重刊簡明目錄核算云：「著錄之書，都凡三千四百七十部、七萬九千一十八卷。」

〔註110〕見郭伯恭《四庫全書纂修考》章五，頁114據光緒甲申春學海堂重刊本胡虔《四庫全書附存目錄》所核算云：「總目中僅存書名，四庫中並未收其書者，都凡六千八百一十九部，九萬四千零三十四卷。」

〔註111〕見《高宗純皇帝實錄》冊二十六卷一二八二，頁18856有云：「（乾隆五十二年丁未六月戊申）嗣於四分全書辦竣時，經總裁等奏准，所有底本，將來俱應存貯翰林院衙門。今續辦三分全書已經告竣，此項底本，自應查齊收貯。」

〔註112〕郭伯恭《四庫全書纂修考》章十，頁198引《御製詩四集》卷七十八，頁8經筵舉文淵閣賜宴以《四庫全書》第一部告成度閣內用翰林院例得近體四律，首章即疊去歲詩韻小註云：「癸巳歲，始思及依經史子集爲四庫全書，並命輯永樂大典中散篇成帙；

浩繁，不便檢閱〔註113〕，乃命於到館各書中擇其尤精者，先爲《四庫全書薈要》。以于敏中、王際華特管其事，其經部得百七十三種，史部得七十種，子部得八十二種，集部得三十九種，共四百六十四種。每書前皆有提要，以括書中大旨，而考證附冊尾焉。有凡例、總目列爲首函，總二千函，分繕《薈要》二份，均於四十三年（1772）告竣，一藏紫禁城坤寧宮後御花園內擒藻堂，一藏長春園含經堂內味腴書室。

　　《薈要·總目》與《四庫全書·總目》不同。此目係統全書之卷數以定次，故首列卷數，次部數、書名、卷數、著者朝代爵里姓名。並述該書係依何種版本繕錄，據何種板本校正，故是書之價值，觀總目即可知之。

　　又《四庫全書》校書時，附粘考訂各書簽子，奉旨決定後：應鈔本，附錄於每卷之末；應刊本，附刊卷尾。乾隆四十一年九月三十日上諭：命書館總裁，將所有諸書校訂各簽，另爲編次〔註114〕。與《總目提要》一體付聚珍版，排刊流傳，名爲《四庫全書考證》，計一百卷。

　　再又四庫全書館將著錄與存目之書，彙列書名，繕爲《總目》，每目之下，將一書原委，撮舉大凡。並詳著書人姓名、世次、爵里，可以一覽了然，是爲《四庫全書總目提要》，共二百卷。各閣所藏各書提要，每互異其詞，較坊間刻本同異更多。

　　因《總目提要》書帙甚繁，翻閱不易。乃於《提要》之外，另編《簡明目錄》。祇載著錄書名、卷數，注某朝某人撰。並略誌數語下，共二十卷。與《總目提要》，同時刊行。

　　《考證》、《總目提要》、《簡明目錄》當時另外刊行。因刊行考證之意在便民間隨時訂正也。刊行《總目提要》，俾民間隨地得知著者之生平，全書之大概也。

　　　　然朕臨御已三十餘年，亦望七之歲矣，斯事體大而物博，時略嫌遲，故甲午聯句詩有『逢會略嫌遲歲月，就將惟冀願觀成』之句。今壬寅甫及十年，薈要兩部及全書第一部均藏事（中略）適觀厥成，實堪喜慰爾！」

〔註113〕《高宗純皇帝實錄》冊十九，卷九三四，頁13525有云：「（乾隆三十八年癸巳五月己未朔）全書卷帙浩如煙海，將來度弆宮廷，不啻連楹充棟，檢玩爲難。惟擒藻堂向爲宮中陳設書籍之所，牙籤插架，原按四庫編排，朕每憩此觀書，取攜最便。著於全書中擷其菁華，繕爲薈要，其篇式一如全書之例，蓋彼取其廣，此取其精，不相妨而適相助。（中略）著總裁于敏中、王際華專司其事。」

〔註114〕《高宗純皇帝實錄》冊二一，卷一○一七，頁14979有云：「（乾隆四十一年丙申九月）戊戌諭：昨四庫全書薈要處，呈進鈔錄各種書籍，朕於幾餘披閱，見黏簽考訂之處，頗爲詳細，所有各簽向曾令其附錄於每卷之末，即官版諸書，亦可附刊卷尾。（中略）前經降旨，令將四庫全書總目及各書提要，編刊頒行；所有諸書校訂各簽，並著該總裁等，另爲編次。既不虛諸臣校勘之勤，而海內承學者，得以由此研尋。」

刊行《簡明目錄》，篇目不繁而檢查較易也。

《四庫全書》爲空前之一部大叢書，集中國古來典籍之大成，其雖未盡包羅古今一切載籍，然當清代中葉，凡無背正學之典冊，幾全薈萃於斯，雖當時蒐書編纂，寓禁於徵，錮蔽摧燒，爲數不夥；然使及茲不爲，後將莫逮，保存文獻，厥功甚偉，平衡論之，或竟可謂功浮於過。蓋其與吾國學術有極深切明著之影響。

第四節　嘉道咸同光五朝圖書的編纂

由於乾隆晚年，荒於政事，習於驕奢，信任權臣和坤，而國勢遂由盛而漸衰矣。迨仁宗嘉慶即位後，變亂遂起，苗亂與白蓮教之亂接踵而來，繼之又有東南沿海海盜、江西天地會亂、天理教亂、苗猺、西北回亂等等，其在位之二十五年間幾無寧日，已瀕臨民窮財盡之境。宣宗道光在位三十年，缺乏明斷，不識大體，鴉片戰爭（道光二〇至二二年，1840～1842）遂開帝國主義者侵華之先聲，受列強之迫害矣，民生艱苦。道光三十年（1850）又有太平天國亂起。文宗咸豐在位十一年，內有太平天國之亂，外有英法聯軍（咸豐八至十年，1858～1860）入北京，真是內亂外患紛至沓來。穆宗同治在位十三年，雖號稱中興，內有太平天國、捻匪、雲南與西北之回匪、苗亂；外則天津教案、馬嘉理案、伊犁交涉等，疲於對外交涉，喪權辱國。德宗光緒在位三十四年，實則慈禧太后專擅，此時有中法戰爭（光緒十年，1884）中日戰爭（光緒二〇至二一，1894～1895），列強謀我益亟，瓜分亡國之禍日迫，繼之八國聯軍（光緒二六年，1900）陷津京，太后挾帝奔西安，內則新舊黨人之爭，保皇革命之爭，險象環生。迨宣統帝在位三年而告遜位覆亡。

可知康雍乾之後，外患內憂踵至，諸帝均無暇顧及圖書文化事業，據民國初（1917）清點故宮宮藏時，發現有些圖書佈滿灰塵，顯然是經久未被整理。守成都不易，又如何能苛求其致力充實書藏，發展圖書館事業。

是以，乾隆之後，官方不復訪求遺書而編纂圖籍亦大多實錄聖訓，勦匪勦蕃方略之屬，亦不甚多，有關圖書館事業之活動，近乎息止。

嘉慶九年以文淵閣度藏書籍，見有續增歸架各冊，增設校理四員，協同武英殿纂修各員校對。十四年頒發書籍於盛京各學約有九十種。十八年獎勵鮑廷博刻《知不足齋叢書》，好古續學，老而不倦，恩賞給舉人，俾其行書香香，廣刊秘籍，亦藝林之勝事也。嘉慶帝紹承乾隆餘緒，官府敕撰編成之書僅有下列：

書　名	卷　數	編纂年代（嘉慶）	主撰（編）者
千叟宴詩	二四	元	
平苗紀略後附御製詩四集	五二	二	鄂輝等
高宗純皇帝實錄	一五〇〇	四	
天祿琳瑯後編	二〇	四	彭元瑞
熙朝雅頌首集正集	二六、一〇八	九	
皇朝詞林典故	六四	十	朱珪
台規	一九	十	恭阿拉
高宗純皇帝聖訓	三〇〇	十二	
西巡盛典	二四	十四	董誥等
勦平三省邪匪方略正編	三六一	十五	慶桂等
皇清續文穎	一六四	十五	董誥等
學政全書	八六	十七	
續修大清會典、圖、事例	八〇、四六，九二〇	十八	托津等
全唐文、附姓氏韻編	一〇〇〇、二	十九	董誥等
平定教匪紀略	四二	二十一	托津等
軍器則例	二四	二十四	董誥等
南河成案續編	一〇六	二十四	
兵部處分則例、續纂	七八、四	二十五	
中樞政考、續纂	七二、四	二十五	長齡等
三元詩、附三元喜讌詩	一、一	二十五	
仁宗睿皇帝味餘書室全集定本、附隨筆	四〇、二		
御製文、二集、餘集	二、一四、二		
御製詩初集、二集、御製詩	四八、六四、三二		

道光咸豐兩朝，天下多事，稽古右文，萬機無暇。官府敕撰編成之書，有下列：

書　名	卷　數	編纂年代 （道光、咸豐）	主撰（編）者
新疆識略	一三	元（道光）	汪廷珍
春秋左傳讀本	三〇	三	英和等
仁宗睿皇帝實錄	三七四	四	
仁宗睿皇帝聖訓	一一〇	四	
大清通禮	五四	四	穆克登顯等
台規	四一	四	松筠等
平定四疆勦擒逆裔方略	八〇	九	曹振鏞
吏部處分則例	五二	十	
重修康熙字典		十一	
南河成案續編	一〇六	十三	
重修大清一統志		二十二	
宣宗成皇帝御製養正書屋全集定本	四〇		
御製文初集、餘集	一〇、六		
御製詩初集、餘集	二二四、一 二		
宣宗成皇帝實錄	四七六	二（咸豐）	
宣宗成皇帝聖訓	一三〇	六（咸豐）	
文宗顯皇帝御製文集、御製詩集	二、八		

同治號稱中興，右文之業，亦乏善可陳。其有：

書　名	卷　數	編纂年代（同治）	主撰（編）者
文宗顯皇帝實錄	三五六	元	
孔廟正位圖	一	三	
文宗顯皇帝聖訓	一一〇	五	
大婚禮節	一	九	
勦平粵匪方略	四二〇	十一	奕訢
勦平捻匪方略	三二〇	十一	
戶部則例	二四	十二	
穆宗毅皇帝御製文集、御製詩集	一〇、六		

光緒一朝，年代甚久，處新舊勢力衝蕩之下，雖欲有爲，奈何心有餘而力不足。
其有：

書　名	卷　數	編纂年代（光緒）	主撰（編）者
續浚南湖圖志	一	四	
穆宗毅皇帝實錄	三七四	五	
穆宗毅皇帝聖訓	一六〇	五	
工部則例	一二〇	十	
國子監南學存目	一	十	國子監
科場則例	六〇	十四	詹淳謨等
國子監南學第二次存書目	一	十五	國子監
平定陝甘新疆回匪方略	三二〇	二十二	奕訢
平定雲南回匪方略	五〇	二十二	奕訢
平定貴州苗匪紀略	四〇	二十二	
欽定續修大清會典、圖、事例	一〇〇、二七〇、一二〇	二十五	崑岡等
校訂見行律、見行律案語		三十一	沈家本
大清商律		三十二	商部

綜觀上述〔註115〕，官府印書亦寥寥，其去康熙及乾隆二朝甚遠。蓋國力日衰，
亦無興文之雅意。

清初學者漸不耐於類書的形式，而喜求讀原書。此種求讀原書之欲既高，而
自有載籍以來，原書之亡者多矣，是以經傳百家之書時有一鱗片甲存者，學者視
之亦以爲嘗鼎一臠亦勝於無，漢學家遂於研究經史考訂古書之外，復將舊類書及
其他古書中散見之各種古書，裒輯成帙各還原本，故輯佚書之風氣於以興起。康
熙朝《全唐詩》、《全金詩》之纂亦輯佚之流也。乾隆三十八年（1773）詔修《四
庫全書》，館臣自《永樂大典》中輯出五百餘種。從此自《大典》輯佚之風大盛。
蓋《大典》卷帙實包羅五代十國宋遼金元諸朝之官藏書籍，奧籍秘典，往往而有，
蘊蓄之富，實爲類書之冠。清儒治《大典》之學者，皆有深詣，遂自《大典》輯
佚不少圖書。乾隆之後官家輯佚書，闃寂無聞，而私人輯佚之風大漸，叢書也因
此日夥。

〔註115〕以上官府所修書取自劉錦藻《清朝續文獻通考》冊八，卷二五七至二八二經籍一至二
　　　　六，頁考10017～10274。

叢書哀輯殘佚，合刻群編，蓋昉於宋俞鼎孫《儒學警悟》、左圭《百川學海》。降至明季，古籍之流傳漸稀，藏書之業乃盛，各藏書家出其珍秘，校讎刊印，以廣流傳。胡震亨之《秘冊彙函》，程榮之《漢魏叢書》，其尤著者也，流風所被，迨清彌廣。乾隆三十八年敕編有《武英殿聚珍板叢書》二千八百九十一卷。自後官府不復有叢書之業。而私人之力，編摩叢書，日益眾多，或搜羅散佚如馬國翰之《玉函山房》；或校讎精印，如黃丕烈之士禮居；或專一地之文獻，如《嶺南遺書》、《台州叢書》；或合一人之著作，如《亭林船山遺書》，或集專門之要籍，如通志堂之《經解》，及《子書百家》等，自乾隆以後，更是蔚然大觀，不勝枚舉。

分析嘉道咸同及光緒甲午年之前，有關圖書館事業之官方活動，厥為官書局的設立及官辦編譯事業。

一、官書局

清代官書之風，開自朝廷，各州府縣衙署，相繼從事刊刻。書院學校，印行尤夥。從咸豐末年（1861）到清朝滅亡（1911）為止，整整五十年間，地方疆臣大吏設立許多書局，刊刻了不少經史典籍。言些書局既由政府主持，與一般民間私刻或書賈經營者不同，乃名之為「官書局」以別之。咸同以後，內憂外患交加，兵燹戰亂，使乾嘉以還的官私藏書受到悲慘的厄運，這些官書局能夠於灰燼之餘，訪求遺編復校勘頒布，對保存固有文化實有極大的貢獻，這種地方官署設專局刻書一事，亦為前代所未有。

洪楊之後，各省官書局先後枛立。況周儀《惠風簃二筆》有言：「咸豐十一年八月，曾文正克復安慶，部署挵定，命莫子偲大令采訪遺書，既復江寧，開官局於冶城山，此江南官書局之俶落也〔註116〕。」

太平天國起於道光三十年（1850），咸豐三年（1853）定都南京，迄同治三年（1864）曾國荃攻拔南京為止，擾攘達十五年之久。被兵之域，遍及十六行省。又以太平天國定都江南，故所受之兵燹亦以江浙兩省為最甚。同治四、五年間，向稱文物極盛之地如江蘇、松、常、鎮、揚諸府，其學校舊藏的書籍均蕩然無存；藩署舊有的經史刻板亦皆毀失；民間私人藏書家所藏卷帙多成灰燼；偶而有書肆刊刻經書，亦多屬刪節本，簡陋不堪。兩江總督曾國藩欲購置「欽定《周易折中》、《三禮義疏》、詩書春秋各傳說彙纂，和武英殿十三經之類等書，竟因循再三，不能到手〔註117〕。」同治三年，曾氏得何杬贈與一套殿板《廿四史》，與莫友芝兩

〔註116〕見葉德輝《書林雜話》〈清代印刷史小紀〉，頁5引況周儀蕙風簃二筆所云。
〔註117〕見《大陸雜誌語文叢書》第二輯第二冊謝正光〈同治年間的金陵書局〉，頁129引《曾

人賞玩再三，不忍釋手〔註118〕。是以一般士子有志讀書而無從購覓。

　　曾文正公慨兵燹之餘，書肆蕩然無復舊觀，乃於咸豐十一年八月，湘軍克復安慶後，部署粗定，即委派莫友芝探訪遺籍，并與其弟國荃商議刊刻王船山遺書。同治三年四月，擬妥一份書局章程，正式在安慶設局。六月克復南京，乃移局於南京之鐵作坊，後復移至城西冶城山飛霞閣。其刊本最著者：《四書》、《諸經》、《史記》、《前漢書》、《三國志》、《文選》、《王氏讀書雜誌》、《漁洋山人古詩選》、《穀梁毛詩》、《後漢書》、《史記集解索隱正義》。當時京朝大官，索局刻書者紛起，蓋以其校刊之精，突過殿本也。江南之文采風流，賴此遂得保存一二。

　　丁申《武林藏書錄》云：「杭州庚辛劫後，經籍蕩然。同治六年撫浙使者馬端敏公，加意文學，聘薛慰農觀察時雨，孫琴西大僕衣言，首刊經史，兼及子集，奏開書局於篁庵，並處校士於聽園。派提調以監之。選士子有文行者總而校之，集剞劂氏百餘十人以寫刊之。議有章程十二條，自丁卯開局至光緒乙酉，凡二十年，先後刊刻二百餘種」。《中國雕板源流考》又云：「自同治己巳江寧、蘇州、杭州、武昌同時設局後，淮南、南昌、長沙、福州、廣雅、濟南、成都繼起，所刻四部書，亦復不少矣。」茲更重列各局名稱如次：

江蘇　江南書局（江寧）　　　江楚書局（江寧）
　　　淮南書局（揚州）　　　蘇洲書局（蘇州）
浙江　浙州書局（杭州）
湖北　崇文書局（武昌）
湖南　思賢書局（長沙）
江西　江西書局（南昌）
四川　存古書局（成都）
山東　皇華書局（濟南）
山西　山西官書局（太原）
福建　福州書局（福州）
廣東　廣雅書局（廣州）
雲南　雲南書局（昆明）

　　此諸書局，當時在剞劂之工作上，亦頗能合作。如《二十四史》有五局合刻本，即一書分由五個書局合刻者也。如《新五代史》、《舊五代史》及《明史》由

　　　　文正公全集》書札卷三十「復許先屏太史」所云。
〔註118〕見《大陸雜誌語文叢書》第二輯第二冊謝正光〈同治年間的金陵書局〉，頁 129 引曾
　　　　文正公平日記同治三年正月七日所云。

崇文書局,《新唐書》、《舊唐書》及《宋史》由浙江書局,《遼金元三史》由蘇州書局,《史記》、《漢書》、《後漢書》、《三國志》、《晉書》、《宋書》、《南齊書》、《梁書》、《陳書》、《魏書》、《北齊書》、《周書》、《南史》、《北史》由江南書局,《隋書》由淮南書局刊印。諸局之書皆校刊審慎,稱爲局本,而以地名冠之。此等官書局與清末圖書館事業有密切之關係。

二、官辦編譯事業

自西洋文明東漸,我國政治上社會上學術上一切之事業,已漸爲世界潮流所侵襲,乃不得不乘時以除舊布新。當其始也,僅賴通商傳教之士爲之淪。商人貿易唯利是圖,不足論哉,而教士以學術爲傳道之媒介,影響中國可謂大矣。清初對於耶穌會所攜以俱來之西洋文明,當政諸人,大率均能信服其說而加以接受。於是天文曆法算術測量物理生理醫藥等科,均有輸入,哲學論理亦曾述及。尤以康熙帝愛好西學,究心曆算,對西人曲賜優容,令出入禁庭,各獻其長。於是曆法之改進,地圖之測量,礮銃之製造,一時西教士翻譯中西各種書籍,對中西文化加意溝通。一時承學之士,蒸蒸嚮化,肩背相望。後惜教皇禁令祀祖敬天尊孔一事,引起清廷反感,下令禁止西人傳教,惟仍留用技藝之人。加以西教士亦有參與諸王奪嫡之爭,於是雍正即位後,正式頒佈禁教明詔,所有西洋人,除在京當差任職欽天監者外,一律遣送澳門,各地天主堂均改爲公廨祠廟或義學,遂使我國與西方文明隔絕矣。乾隆以後,例禁更嚴,外國教士在京供職者,永遠不准回國,亦不准與中國人民交結。內地教士一經查出,輕則驅逐,重則正法。因此雍乾嘉道四朝約一百二三十年間,惟以廣州爲對外通商口岸,關於文化之交流,幾乎斷絕矣。斯時也,西洋進步神速,科學發達一日千里,中國固懵然無知也。遂使中國科學落後一百餘年。

鴉片戰爭以來,外侮日亟,咸豐中葉之後,朝野人士始對於西洋文明重加認識,頗有知變法以圖強者,漸事模倣,創設新政不一而足。其中促進文化與啓迪民智之編譯事業,亦隨時代需要而爲時人所注目。清季以來,當以京師同文館爲首創。

自英法聯軍一役結束後,乃於咸豐十年(1860)十二月創設總理各國通商事務衙門,此爲我國有外交機關之嚆矢。因爲外交上之需要,遂於同治元年七月設立同文館於北京,並設印書處以印譯籍。同文館之組織依《大清會典》:設管理大臣掌五大洲之學以佐朝廷。設四國語言文字館,凡前後英法德俄館計八館,考選八旗子弟與民籍之俊秀者入館習之。總署據英公使威妥瑪言,以英人包爾騰(Rev.J.S.Bardon)兼通漢文,聘充教席,挑學生十人來館試教。言明止習言語文

字，不准傳教。另以漢人徐樹琳教習中文，遂以英、法、德、俄各國文字及天文、格致、算、醫諸學，教授生徒。是爲我國通習外國語言文字之始，亦近代學校之濫觴也。同時馮桂芬著采西學議，主張於廣東上海設立翻譯公所，教以西國語言文字，選譯英華書院、墨海書院書藏及方略館所置道光二十七年俄人所進書籍千餘種。同治二年（1863）江蘇巡撫李鴻章奏設廣方言館（原名學習外國語言文字學館）於上海，就敬業書院隙地，起造房屋，制極宏敞。由馮桂芬擬定章程。同年仿京館例，在粵設廣東同文館。然彼等之設立則專在培養翻譯人才，以備當時對外翻譯交涉之用，其所注意不過學習各國之語言文字，其目的不在翻譯圖書，惟藉翻譯圖書爲其成績之標準。上海廣方言館繙譯書籍，不甚可考，至於京師同文館所繙譯者以美人丁韙良（William Alexander Parsons Martin,1827～1916），法人畢利于爲主。在光緒二十年以前，計譯有《天道溯原》、《勸善喻道傳》、《萬國公法》、《格致入門》、《化學指南》、《法國律例》、《星軺指掌》、《公法便覽》、《英文舉隅》、《富國策》、《俄國史略》、《各國史略》、《化學闡源》、《物理測算》、《全體通考》、《公法會通》、《算學課藝》、《新加坡律例》、《中國古世公法論略》、《漢法字彙》、《天學發軔》、《同文津案》等二十種。凡此所譯西洋政教法制格致製造之書，亦足以啓發新知，而對文字學之貢獻亦甚卓越。

繼京師同文館、上海廣方言館而起者，則有江南製造局之繙譯館。同治六年（1867）四月，江督曾國藩於上海城南創建江南製造局，並附設學館，以學習繙譯之用。在同治七年（1868）九月曾國藩疏陳機器局情形有云：

該局向在上海虹口暫租外廠，中外錯處，諸多不便。且機器日增，廠地狹窄，不能安置，六年夏間，乃於上海城南興建新廠，購地七十餘畝，修造公所（中略）另立學館，以習繙譯。繙譯一事，係製造之根本，洋人製器，出於算學，其中奧妙，皆有圖說可尋。特以彼此文字扞格不通，雖日習其器，究不明夫用器與製器之所以然。本年局中委員於繙譯甚爲究心，先後訂請英國偉烈亞力（A.Wylie）、英國傅蘭雅（John Fryer）、瑪高溫（MacGaven）三名，專擇有裨製造之書，詳細繙出。現已譯成《汽機發軔》、《汽機問答》、《運規約指》、《泰西採煤圖說》四種，擬俟學館建成，即選聰穎子弟，隨同學習，妥立課程，先從圖說入手，切實研究。庶幾物理融貫，不必假手洋人，亦可引伸另勒成書，此又擇地遷廠及添設繙譯館之情形也〔註119〕。

〔註119〕見魏允恭《江南製造局記》冊一，卷二，頁205同治七年兩江總督曾國藩奏陳辦理江南製造局情形所云。（文海出版社，《近代中國史料叢刊》第四十一輯之四〇四，民國

同治九年將上海廣方言館併入江南製造局，改名繙譯館，繙譯格致、化學、製造各書。其組織規模，據《江南製造局記》：設提調一人，口譯二人，筆述三人，校對畫圖四人，人各一室，日事撰述，旁爲刻書處，乃剞劂者所居。其口譯者，有英國傅蘭雅、偉烈亞力，美國林樂知、金楷理諸人。其筆述則以無錫徐壽、徐建寅父子，及金匱華衡芳爲巨擘，徐華諸氏，對於製造理化之學有湛深之研究。不但對於製造工作極有成績，對於編譯工作尤有可觀。

不及十年，製造局已譯出西洋書籍九十八種，其中自然科學佔四十七種，工藝軍事佔四十五種，亦有他種書。若分門別類則以軍事書爲最多，工藝書次之，理化書又次之，算術書又次之，其他天文、生理、政治、史地、商業諸書又次之，法律、農業書籍爲最少。是以關於國防應用等書籍之編譯爲一大特色。梁啓超《西學書目表》序例云：

> 曾文正公開府江南，創製造局，首以繙譯西書爲第一要義。數年之間成者百種。（中略）譯出各書，都爲三類：一曰學，二曰政，三曰教。今除教類之書不錄外，自餘諸書，分爲三卷：上卷爲西學諸書，其目曰算術、曰重學、曰電學、曰化學、曰聲學、曰光學、曰汽學、曰天學、曰地學、曰全體學、曰動植物學、曰醫學、曰圖學。中卷爲西政之書，其目曰史學、曰官制、曰學制、曰法律、曰農政、曰礦政、曰工政、曰商政、曰兵政、曰船政。下卷爲雜類之書，其目曰游記、曰報章、曰格致、曰西人議論之書、曰無可歸類之書。官局所譯者，兵政類爲最多，蓋昔人之論，以爲中國一切皆勝西人，所不如者兵而已。（中略）製造局首重工藝，而工藝必本格致諸書，雖非大備，而崖略可見。惟西政各籍，譯者寥寥。官制學制農政諸門，竟無完帙〔註120〕。

益可佐證製造局繙譯方向。又〈大同譯書局敍例〉言：「官譯之書，若京師同文館、天津水師學堂、上海製造局始事迄今垂三十年，而譯成之書，不過百種。」大約此不過百種之譯書，著眼於強兵之用。

此時有一段中美書緣，似不宜略過。同治八年（1869）六月清廷應美國政府三次請求及答還美所贈有關農業、機械、採礦、地圖及測量太平洋鐵道之書，援道光二十四年間賞給俄羅斯經卷之例，贈送美書籍十種，約一千冊，裝成一百三十函。將清單粗略列舉如下：

55年）。

〔註120〕見《時務報》冊一光緒二十二年九月十一日第八冊，頁488〈梁啓超西學書目表〉序列所云（京華書局，《清末民初報刊叢書》之二，民國56年5月）。

　　一、《皇清經解》道光九年（1829）廣東粵雅堂刊本三百六十六冊（按國會圖書館點查實爲三百六十冊）　五十函

　　二、《五禮通考》乾隆十九年（1754）江蘇陽湖刊本一百二十冊　十二函

　　三、《欽定三禮》乾隆十四年（1749）殿本一百四十四冊（實一百三十六冊）十八函

　　四、《醫宗金鑑》乾隆五年（1740）北京刊本九十一冊（實九十冊）　十二函

　　五、《本草綱目》順治十二年（1655）北京刊本四十八冊　八函

　　六、《農政全書》道光十七年（1837）貴州刊本二十四冊　四函

　　七、《駢字類編》雍正五年（1727）北京刊本一百二十冊　二十函

　　八、《針炙大成》道光十九年（1839）江西刊本十冊　二函

　　九、《梅氏叢書》康熙四十六年（1707）北京刊本十冊　二函

　　十、《性理大全》明永樂十四年（1416）內府刊本十六冊　二函

以上各書〔註121〕，半數爲醫農算術之類。此或爲中國最早之國際圖書交換。上述書現均藏於美國國會圖書館東方部門，在每函套套面均貼有白紙書籤，上面印有「Presented to the Government of U.S.A. by His Majesty the Emperor of China, June, 1869」（1869 年 6 月中國皇帝陛下贈送美國政府。）此種文化交換有助於兩國之間互想瞭解之增進。

第五節　保守時期書藏的建立

　　清接受了明之官藏，繼之以康雍乾三期於圖書之大力結集與編纂，隨後各朝守成，亦累有增益，致擁有大量圖書，自是必需有庋藏之所，茲分述如下；

一、七　閣

　　綜觀有清一朝，卷帙浩繁之書厥爲《四庫全書》，是以首舉陳列該書藏之七閣——文津閣、文源閣、文淵閣、文溯閣、文宗閣、文匯閣及文瀾閣。

　　乾隆早在《四庫》成書之前，就籌畫囤藏之閣樓，故纂修初，即命勘查浙江范氏之天一閣，豫構四閣，以備將來庋藏之用〔註122〕。天一閣者，明侍郎范欽之

〔註121〕見《傳記文學》卷一四期六錢存訓〈中美書緣〉，頁 7 所云。（民國 58 年 6 月，頁 6
　　　　～9）。

〔註122〕見郭伯恭《四庫全書纂修考》章六，頁 125 引〈御製文淵閣記〉云：「凡事豫則立，
　　　　書之成雖尚需時日，而貯書之所，則不可不宿構。（中略）閣之制，一如范氏天一閣，
　　　　而其詳則見於御園文源閣之記。」

藏書樓。自嘉靖迄乾隆，歷二百一十餘年，書藏累久而不散不壞，令人起故家喬木之感。高宗羨企不已，遂思仿其建築，使《四庫全書》得以以永久保存。乾隆三十九年（1774）六月二十五日上諭曰：

> 浙江寧波府范懋柱家所進之書最多，因加恩賞《古今圖書集成》一部，以示嘉獎。聞其家藏處曰天一閣，純用磚瓷，不畏火燭。自前明相傳至今，並無損壞，其法甚精。著傳諭寅著親往該處，看其房間製造之法若何，是否專用磚石，不用木植，並其書架款式若何，詳細詢察，燙成准樣，開明丈尺，呈覽。寅著未至其家之前，可豫邀范懋柱與之相見，告以奉旨；因聞其家藏書房屋、書架，造作甚佳，留傳經久，今辦《四庫全書》，卷帙浩繁，欲倣其藏書之法，以垂久遠，故令我親自看明，具樣呈覽，爾可同我前往指說。如此明白宣諭，使其曉然，勿稍驚疑，方爲妥協。將此傳諭知之。仍著即行覆奏。

杭州織造寅著至范氏家之後，尋奏：

> 天一閣在范氏住宅東，坐北向南，左右磚瓷爲垣。前後簷，上下俱設窗門，其樑柱俱用松杉等木。共六間：西偏一間，安設樓梯。東偏一間，以近牆壁，恐受濕氣，並不貯書。惟居中三間，排列大櫥十口，內六櫥，前後有門，兩面貯書，取其透風。後列中櫥二口，小櫥二口。又西一間，排列中櫥十二口。櫥下各置英石一塊，以收潮濕。閣前鑿池。其東北隅又爲曲池。傳聞鑿池之始，土中隱有字形，如「天一」二字，因悟「天一生水」之義，即以名閣。閣用六間，取「地六成之」之義。

> 是以高下、深廣，及書櫥數目、尺寸，俱合六數。特先繪圖具奏〔註123〕。

於是乾隆即據此，分建四閣。首先完工者，則爲熱河避暑山莊之文津閣及圓明園之文源閣〔註124〕。文津閣之建築，始於乾隆三十九年（1774）秋，成於四十年（1775）夏〔註125〕。文源閣之建築與竣工，與文津閣同時。而紫禁城之文淵閣則始於乾隆四十年（1775），蕆工於四十一年（1776），盛京之文溯閣至四十七年

〔註123〕見《大清高宗純皇帝實錄》冊十九，卷九六一，頁14020乾隆三十九年甲午六月丁未諭云。

〔註124〕見郭伯恭《四庫全書纂修考》章六，頁123引《高宗御製詩四集》卷三三，頁33月台詩所云：「天一取閣式，文津實先構。」註云：「命仿浙江范式天一閣之製，先於避暑山莊構文津閣，此乃構文源閣於此。」

〔註125〕見郭伯恭《四庫全書纂修考》章六，頁123引《高宗御製詩四集》卷三〇，頁37題文津閣詩序所云：「閣始於乾隆甲午秋月，越次年乙未夏月蕆工。」案乾隆甲午年即三十九年。

（1778）始竣工〔註126〕。以上四閣，俱在禁地，爲內廷四閣，亦稱北四閣。

　　《四庫》纂修之初，高宗僅囑寫四部，貯放於北四閣，徒爲內廷插架之供。嗣念及江浙爲人文淵藪，復命續繕三部，分藏江南，俾士林就近鈔錄傳觀，用光文治。最早成立了江蘇鎮江金山寺之文宗閣，事在乾隆四十四年（1779）〔註127〕，其後有江蘇揚州大觀堂之文匯閣成於乾隆四十五年（1780）〔註128〕，至於浙江杭州聖因寺之文瀾閣則始於乾隆四十七年（1782）告竣於四十九年（1784）〔註129〕。以上三閣俱在江浙，爲江浙三閣，亦稱南三閣。

　　七閣閣式悉仿天一閣，其閣之外觀及內部陳設大抵雷同，今以文淵閣爲例，試說明之。其閣三層，外觀若二層，蓋其下層復分爲二；上下各六楹，層皆兩折而上。瓦青綠色，閣前甃方池，跨石梁，引御河水注之。閣之左右植松檜，閣後疊石爲山，山後垣，門一，北嚮。門外稍東，設直房，爲直閣諸臣所居，閣內正中設寶座，東內室南床上，面西設寶座，三面仙樓，東仙樓南床上，面西設寶座。上層樓明間，中設方式書楠一，南北嚮各設寶座一，閣內上下，貯《四庫全書》。

〔註126〕見郭伯恭《四庫全書纂修考》章六，頁123引《御製詩五集》卷十八，頁5文津閣詠古櫥云：「四庫編書成十年，四閣庋書構九歲。」註云：「自甲午分建四閣，貯《四庫全書》。御園之文源閣，山莊之文津閣，均以甲午經始，乙未蕆工。大內之文淵閣始於乙未成於丙申。於盛京之文溯閣，以壬寅工竣。記甲午至壬寅，凡九年，而四閣俱成。」案甲午、乙未、丙申、壬寅分別爲乾隆三十九、四十、四十一、四十七年。

又《十二朝東華錄》乾隆朝冊四，卷三十七，頁1321亦云：「（乾隆四十七年壬寅春正月）己卯建盛京文溯閣。」

〔註127〕見郭伯恭《四庫全書纂修考》章六，頁134引《高宗御製詩五集》卷四，頁24〈題文宗閣疊庚子詩韻〉首聯有云：「庚子南巡閣已成，香楠爲架列函盛。」注云：「庚子南巡時，金山文宗閣已成，貯《古今圖書集成》全部。」

郭伯恭案《御製詩四集》卷六九，頁4有〈題文宗閣〉及卷七三，頁14有〈再題文宗閣〉之詠，則文宗閣成於庚子之前可知。

又以曾燠《續金山志》卷四，頁云：「文宗閣在行宮之左，乾隆四十四年建。」按庚子即乾隆四十五年，庚子之前當爲四十四年，此說蓋可信無疑。

〔註128〕郭伯恭《四庫全書纂修考》章六，頁135引《高宗御製詩五集》卷四，頁19〈文匯閣疊庚子韻〉首聯有云：「天寧別館書樓聳，向已圖書貯大成。」注云：「此閣成於庚子，亦倣范氏天一閣之式爲之。」

案庚子即乾隆四十五年。

〔註129〕見郭伯恭《四庫全書纂修考》章六，頁135引乾隆四十七年七月初八上諭有云：「杭州聖因寺後之玉蘭堂，著交陳輝祖、盛住改建文瀾閣，並安設書格備用。伊齡阿、盛住於文淵等閣書格式樣，皆所素悉，自能仿照妥辦。」郭氏又引邵晉涵《杭州府志》〈西湖圖說〉卷一，頁44所云：「近復於行宮之左建閣，儲藏《四庫全書》，賜名文瀾。」按此志刻於乾隆四十九年，證以高宗是年即已頒御題「文瀾閣」額，則文瀾閣之成，至遲在四十九年矣。

下層中三楹，兩旁儲《古今圖書集成》十二架。案七閣之創建，遠在《四庫全書》完成之前，閣中空曠頗不雅觀，是以高宗於七閣藏工後，即各頒發《圖書集成》一部，倣照全書函式，裝潢陳列。左右兩楹，儲經部二十架。中層儲史部三十三架。上層中儲子部二十二架，兩旁儲集部二十八架。經史架高七尺四寸，寬四尺，深二尺，每架四槅，各十二函。子集架高十尺八寸，每架則為六槅，亦各十二函。總百有三架，六千一百四十四函〔註130〕。大抵北四閣之書，每冊首葉蓋有閣名之寶，如「文淵閣寶」、「文溯閣寶」、「文津閣寶」之類，末葉蓋有「乾隆御覽」之寶，惟文津閣書末葉獨蓋「避暑山莊」及「太上皇帝之寶」小篆朱文方印各一顆。而南三閣文瀾本則每冊首頁蓋「古稀天子之寶」，末蓋「乾隆御覽之寶」，此不啻猶今各書蓋館藏鈐。書皮及帶均以色別，北四閣書經部綠色，史部紅色，子部藍色，集部灰色〔註131〕。而南三閣書，文匯閣則為經部綠色，史部紅色，子部玉色，集部藕合色。文瀾閣則為經部葵綠色，史部紅色，子部月白色，集部黑灰色〔註132〕，函以木櫝以免風傷蟲蛀之患，函外刻有函數及書名，字色與封皮同。又某架貯某書，則製有排架圖，檢書則按圖索驥。今視之，可補其分類法欠細分之不足，檢閱雖屬便易，其法太滯。蓋閣之書藏永為《四庫》及《圖書集成》二部，故能有排架圖，若今圖書不斷湧入書庫，繪圖亦不甚煩矣。

　　文淵閣亦設有專官兼掌。其有文淵閣領閣事二員，以大學士、協辦大學士、翰林院掌院士兼充，總司典掌。其次為直閣事六員，以由科甲出身之內閣學士，由內班出身之滿詹事、少詹事、侍讀侍講學士，漢詹士、少詹事、侍讀侍講學士等官兼充，同司典守釐輯。又其次為校理十六員，以由內班出身之滿庶子、侍讀、侍講、洗馬、中允、贊善、編修、檢討，漢庶子、侍讀、侍講、洗馬、中允、贊善、修撰、編修、檢討及由科甲出身之內閣侍讀等官兼充，分司註冊點驗。所有閣中書籍按時檢曝，雖責之內府官署，而一切職掌則領閣事以下各任之，於內閣翰詹衙門內兼用。閣中鑰匙由提學閣事一員，以內務府大臣兼充掌管之。以上皆為定額，仍仿宋代館職結銜例。一切章奏文移，令其繫銜於本銜之上。如遇缺員，領閣事直閣事，由翰林院具疏請簡。校理，由領閣事大學士，會同掌院學士遴員引進。如遇出差，照日講官例請署。提舉閣事如遇缺員，即由內務府具疏請簡。

〔註130〕見施廷鏞〈故宮圖書記〉，頁 55 所云。(《圖書館學季刊》一卷一期，頁 53～59，民國 15 年 3 月）。

又郭伯恭《四庫全書纂修考》章九，頁 176，楊家駱《四庫全書概述》〈文獻篇〉，頁 99 所云亦同。

〔註131〕見施廷鏞〈故宮圖書記〉，頁 56 所云。

〔註132〕見郭伯恭《四庫全書纂修考》章八，頁 170 所云。

再排次清釐，似非內府員役所能，亦宜參仿宋制，置文淵閣檢閱人員，以由科甲出身之內閣中書兼充。如遇缺員由領閣事大學士遴員奏補。如遇有疑誤，須對正本者，令其識明某書某卷某頁，彙書一單，告之領閣事，酌派校理一員，同詣閣中，請書檢對〔註133〕。

茲將七閣位置及《四庫全書》書藏之數量，製表如下〔註134〕：

閣名	位　置	書　藏	數　量			備　註
			架數	函數	冊數	
文淵閣	北平紫禁城內主敬殿後。主敬殿爲文華殿後殿。	四庫全書第一分書	103	6144	36078	
文溯閣	遼寧瀋陽故宮清寧宮之西。	四庫全書第二分書	103	6182	36192	一九二五年存於北平時僅六一四四函
文源閣	北平別宮圓明園內，水木明瑟之北，稍西處。	四庫全書第三分書				

〔註133〕見《大清高宗純皇帝實錄》冊二一，卷一〇一〇，頁14877乾隆四十一年丙申六月庚子朔置文淵閣官制諭云。

〔註134〕本表數量係據楊家駱《四庫全書通論》章三節十四，頁37所云而記之。
若依張崟七閣四庫成書之次第及其異同，頁49表所載（《國立北平圖書館刊》第七卷第五號，頁35～49，民國22年9月）

閣名		文淵	文源	文溯	文津	文宗	文匯	文瀾
竣工時期	閣	始工於乾隆四十年成於四十一年（1775～1776）	乾隆三十九至四十年（1774～1775）	乾隆四十七年正月乙卯（？）（1782）	與文源閣同	乾隆四十五年竣工	成於乾隆四十五年	成於乾隆四十七年
	書	乾隆三十八年至四十七年正月（1773～1782）	成於乾隆四十八年冬（？）	成於四十七年11月辛酉（1783）	成於四十九年多(1785)	成於五十二年	同左	同左
頒書時期		乾隆四十七年春始裝潢儲閣	四十九年裝潢陳設	四十八年春陸續賫送藏庋	五十年春庋架	五十二年	同左	同左
書之裝潢	書面顏色	原來經青史赤子白集灰黑今經綠史紅子藍集灰	當同左	同左	同左	當與文瀾閣同	當與文瀾閣同	經綠　史紅子藍　集灰
	冊數	原36000冊今36078冊	原當同左	原當同左今36275冊	原當同左今36300冊	當與文瀾閣同	當與文瀾閣同	原35990冊今36279冊

其數量又不符。案《四庫全書》卷帙浩繁。後世搬運或新裝，實難測其精確數目。

文津閣	熱河行宮避暑山莊	四庫全書 第四分書	103	6168	36403	函數包括四庫全書總目提要及分架圖但冊數不包括此二部書
文宗閣	江蘇鎮江金山寺	續鈔四庫全書 三部中之一部		6221	36482	
文匯閣	江蘇揚州大觀堂	續鈔四庫全書 三部中之一部				
文瀾閣	浙江杭州聖因寺行 宮後之玉蘭堂	續鈔四庫全書 三部中之一部		6231	36219	丁申丁丙補殘。至一九二六年時共三七二六八冊

　　道光二十一年中英鴉片戰爭，文宗閣遭英軍破壞一部分；至咸豐三年太平軍爲亂，是閣與書俱遭燬亡。四年太平軍又攻入揚州，文匯閣亦燬。十年英法聯軍進入北平，除掠劫圓明園內之無數珍寶外，並縱火燒燬圓明園，文源閣與書因此俱亡。同年太平軍又陷杭州，文瀾閣倒壞，書藏散失，幸有丁申、丁丙昆仲冒險蒐集得八千一百四十冊，光緒六年由地方官將閣重建，丁氏將書送還閣中，並又陸續蒐集及補抄殘缺，杭州官吏學者亦派人赴北平補抄，力求復原。

二、翰林院

　　楊靜亭《都門紀略》記云：「翰林院署在西長安街西，三座門之南，北向，即元之鴻臚寺署也。第三重門爲登瀛門，堂五楹，西爲讀講廳，東爲編檢廳，左廊圍門內爲狀元廳，右廊圍門內南向者爲昌黎祠，北向者爲土穀祠。堂之後爲穿堂，左爲待詔廳，右爲典簿廳。後爲後堂，南向中設上臨幸時所御寶座。御屏後，堂東西爲藏書書庫。院內東偏有升覆亭，亭曰劉井，西偏爲柯亭。自後堂而南，門內爲敬一亭。自劉井而東，爲清秘堂。前爲瀛洲亭，亭下方池爲鳳凰池；南爲寶善亭，堂後爲欣樂軒。自柯亭而西爲先師祠，祠爲西齋房，又南爲原心亭，有聖祖御書堂額曰：『道德仁義』。乾隆八年上，翰林院傾圮，命加修葺，九月十月工竣，御書『稽古論思』『集賢清秘』二額顏其堂，又賜《古今圖書集成》一部，貯寶善亭〔註135〕。

〔註135〕見郭伯恭《四庫全書纂修考》章一，頁14楊靜亭《都門紀略》所記云。
　　　　又《大清高宗純皇帝實錄》冊五，卷二二七，頁3320乾隆九年甲子十月所云：「庚午幸翰林院，先是上以翰林院署，歲久傾圮發帑重修，至是訖工。御書翰林院扁額，賜掌院大學士鄂爾泰曰稽古論思，張廷玉曰集賢清秘。敕所司諏吉日送掌院大學士

明之《永樂大典》於雍正年間，移貯翰林院。

翰林院亦為四庫全書館所在地，即編修《四庫全書》之處。故存有所有之底本，包括蒐集來之原刻本和新編輯書的寫本。乾隆四十二年八月上命於《四庫全書》鈔錄四分完竣後，照式再鈔一份貯翰林院，以備耽書之人入院就閱，購進之書交武英殿陳設收藏〔註 136〕。是以翰林院亦藏有《四庫全書》副本。

咸豐十年英法聯軍攻入京城，所藏曾散失若干。光緒二十六年八國聯軍進入京都，翰林院散失圖書四萬七千五百零六冊。

三、摛藻堂

堂在紫禁城坤寧宮後御花園內。園左曰瓊苑東門，右曰瓊苑西門，園中奇石羅列，佳木鬱蔥，有古柏藤蘿，皆數百年物。其東稍北，疊石為崇山，山正中有石洞，洞門顏曰「堆秀」，左側鐫高宗御筆「雲根」二字。山巔有亭，曰御景亭。山之東為摛藻堂，亦即在乾清宮北。前有池，池上為浮碧亭；左有一亭曰凝香，右為古柏一株。

是堂原為貯書之所，《四庫全書薈要》繕竣，特於堂內東西增置書架弆置一部，仍依《四庫》之序排貯。首列總目一函，次列經部一百七十三種，三百八十四函，列架六；史部七十種，六百四十函，列架十，陳於左；子部八十二種，三百八十四函，列架六；集部一百三十九種，五百九十二函，列架十，陳於右。總二千函，凡一萬一千二百六十六冊，四百六十七部。

堂正中設嵌玉花屏，上懸乾隆御筆，額曰「摛藻抒華」故名。

所藏《薈要》，書內首葉，蓋有「摛藻堂」橢圓朱文印。冊末蓋有「乾隆御寶」及「四庫全書薈要寶」，封面上葉有詳校官姓名；下有校對官及謄錄者姓名。書皮亦以色別：經綠色、春也；史紅色，夏也；子月白色，秋也；集灰黑色，冬也，總目以香色，則用寓中央之義也。亦函以木櫝，其形式一如《四庫全書》。若其二三種同函者，中用格別之。

摛藻堂地在宮禁，除掌管該處之極少宮監外，他人不獲涉足。民國十三年（1924）十二月政府組織清室善後委員會從事點查故宮物品，發現《薈要》尚塵封堂內，惟內部陳設則爐鼎雜置，加以石印《圖書集成》及字畫十餘箱，充塞其

進院，親臨賜宴。（中略）御製詩題曰：乾隆九年十月，重葺翰林院落成。」
〔註 136〕見《大清高宗純皇帝實錄》冊二一，卷一〇三九，頁 15263 乾隆四十二年丁酉八月壬子諭云。

間，零亂不堪，已無復舊觀矣〔註 137〕。

四、味腴書屋

位北平圓明園東面之長春園中。長春園舊名水磨村，高宗時始添殿宇。其園「雲容水態西北，循山徑入，建琉璃房楔三，其北宮門五楹，南嚮：內為含經堂七楹，後為淳化軒，又後為蘊眞齋。含經堂東為霞翥樓，為淵映齋室；西為梵香樓，為涵光室。蘊眞齋內額曰『禮園書圃』，霞翥樓內額曰『味腴書屋』」〔註 138〕。

蓋此地為高宗幾暇遊憩之所，故《薈要》繕就，貯此一部，以備乙覽也。咸豐十年，英法聯軍一役，味腴書屋與圓明園同付一炬。

五、昭仁殿

原名弘德殿。在明萬曆十四年四月改雝肅殿為弘德殿，遂改弘德殿為昭仁殿。殿在乾清宮東，跨院內為宮之東暖殿。其西跨院為弘德殿，制同昭仁，是為西暖殿。一宮兩殿，並列同行。簷宇相望，無牆垣之隔，特由宮之東西兩暖閣，由內部不能通過，昭仁弘德兩殿而已。

乾清宮廣九楹，深五楹，而昭仁殿廣三楹，為庋藏《天祿琳琅》秘笈之所。殿內中設寶座，座後列乾隆臨草，書千字文玉字幃屏，三面環以書架兩層。前層東西各三架，北面九架，計十五架，寬三尺六寸五分，深一尺三寸。後層東西各五架，北面正中為一門曰如意門，門上懸「天祿琳琅」紙額。門東西書架各五，共為二十架，寬三尺三寸五分，深一尺五寸。每架五層，通高六尺八寸五分。

所謂「天祿琳琅」，乃是乾隆九年甲子，敕檢內府宋金元明等善本圖書，進呈覽定，列架庋藏昭仁殿，御題「天祿琳琅」而得名。越乾隆四十年乙未于敏中等奉勅，又將昭仁殿秘笈重加整比，刪除贋刻，補輯編定著《天祿琳琅書目》十卷，是為前編。「總計原貯宋版書七十一部，金板書一部，影宋抄書二十部，元板書八十五部，明板書二百五十二部。其中最善本如《前漢書》、《資治通鑑》、《九家注杜詩》三種，皆特邀宸賞」〔註 139〕凡四百二十九部。其中一小部分殆宋金元明累代中秘舊藏，一大部分則康雍乾三朝次第蒐集之本也。

〔註 137〕見施廷鏞〈故宮圖書記〉，頁 57 所云。
又《國朝宮史續編》冊五，卷八二書籍八欽定一，頁 2365〈摛藻堂〉所云。
〔註 138〕見朱彝尊《欽定日下舊聞考》冊二二卷八二所云。（廣文書局，民國 57 年）。
〔註 139〕見清高宗《國朝宮史正編》三十六卷清仁宗《國朝宮史續編》一百卷冊五續編卷七十九，頁 2307 書藏五鑒藏一昭仁殿天祿琳瑯前編所云。（台灣學生書局，民國 54 年，據國立台灣大學藏本影印）。

　　嘉慶二年丁巳十月彭元瑞等奉勅又編《天祿琳琅書目後編》二十卷。「體例記載，一依前帙，而規撫拓而愈大，析而彌精。前編書四百部，後編則六百六十三部，萬有二千二百五十八冊，視《四庫全書》踰三之一；前編宋元明外僅金刻一種，後編則宋遼金元明五朝俱全」〔註140〕，可謂《後編》著錄各書，皆天壤間珍秘，流傳有緒，無俟贊揚，然究其實際，考訂其版本，亦不少名實欠眞。

　　嘉慶二年十月二十一日乾清宮交泰殿失愼遭火〔註141〕，昭仁殿亦遭殃及。《前編》書籍是否隨之俱燼，抑被搶救而倖免，眾論紛紜，然其始終不得再現。遂後嘉慶又重建之〔註142〕。

　　新建昭仁殿所藏，皆《後編》書目所載，《前編》所著錄者已不與焉。前層第一架一槅爲御題宋版書十五函；以下至第三架一槅，爲宋版經部書一百十五函；以下至第六架一槅，爲宋版史部書一百七十八函；以下至第七架五槅，爲宋版子部書九十五函；以下至第十一架四槅，爲宋版集部書一百七十五函；以下至五槅，爲影宋鈔書十四函；自第十二架一槅起至二槅止，爲遼金版書六函；以下至五槅，爲元版經部書五十函；自第十三架一槅至第十四架五槅爲元版史部書一百零八函；自第十五架一槅至四槅，爲元版子部書六十函，以下至後層第二架二槅，爲元版集部書；八十五函以下至第四架三槅，爲明版經部書一百二十一函；以下至第十四架五槅，爲明版子部書二百十一函；自第十五架一槅至第二十架四槅，爲明版集部書二百七十四函；以下至末槅，爲明鈔書十一函；總計一千八百十二函，一萬二千二百五十八冊。

　　是書均裝以錦函，每冊除首葉末葉均蓋有「乾隆御覽」之寶，及上下書面蓋有「五福五代堂古稀天子寶」「八澂耄念之寶」「太上皇帝之寶」外，又首葉有「天祿繼鑑」白文方印，末葉有「天祿琳琅」朱文方印。

　　至光緒朝，德宗親政，時値陸潤庠値南齋。帝語之曰：「天祿琳琅初集之書，向儲圓明園，燬於兵火。二集各書，聞在宮中，汝詣可宮中藏書處試檢之。」陸往檢，書雖多，俱與二集目錄不合。覆命，德宗沈吟良久曰：「昭德殿尚有書數屋，恐是矣。」昭德殿爲宮中最後殿，適翁同龢在側，請與陸同往。殿扃鐍久凝，塵

〔註140〕見齊念衡〈嘉慶二年乾清宮失愼與天祿琳瑯〉，頁398引彭元瑞《天祿琳瑯續編》識語所云（《圖書館學季刊》一卷三期，頁397～403，民國15年9月）。

〔註141〕見《大清仁宗睿皇帝實錄》冊一，卷二三，頁241有云：「（嘉慶二年丁巳冬十月丙辰）是日乾清宮交泰殿災。」
　　　　又《十二朝東華錄》嘉慶朝冊一，卷一，頁23亦云。

〔註142〕見《十二朝東華錄》嘉慶朝冊一，卷二，頁32亦云：「（嘉慶三年冬十月）戊戌重建乾清宮交泰殿成。」

數寸，無從措手足。翁陸共出銀十兩，給守殿太監爲掃除費。次日復往，則宋元明鐫本頗多，且有精鈔本。然以二集目錄證之，亦非也。有舊閹知其事者，謂聞諸前輩，此蓋嘉慶初欲編《天祿琳琅》三集，而未行者。翁陸乃擇最精數種上呈，置玉案備一覽焉。

六、五經萃室

此爲庋藏宋岳琦校刻五經之所。依乾隆癸卯御製〈五經萃室記〉有云：「蓋自乾隆甲子時，薈萃宋元明三代舊板，藏之昭仁殿，名曰天祿琳琅，其時即有岳氏所刻之《春秋》，未詳其所由來，亦不過與別部《春秋》一例載之《天祿琳琅》之書而已。茲復得岳氏所刻《易》、《書》、《詩》、《禮記》四種，而獨闕《春秋》。因思《天祿琳琅》中，或有其書，命細檢之，則岳氏之《春秋》故在。其板之延袤分寸，無不脗合。而每卷之後，皆有木刻亞形「相臺岳氏刻梓荊溪家塾印」，大小篆隸文楷書不等。且每頁之末，傍刻篇識，如《易》之〈乾坤卦〉，《書》之〈堯舜典〉之類。其用心精而紀類審，即宋板之最佳者亦不多見也。至於收藏家則《易》、《書》、《詩》蓋同經七八家，而略有異。藏《禮記》者四家，藏《春秋》者三家。夫岳氏之書既分而合，幸合則不使復分，但《天祿琳琅》之書久成，所錄諸書，皆以《四庫》分類，架貯昭仁殿。其丙申以後所獲之書，則弄於御花園之養性齋，以待續入。茲撤出昭仁殿之《春秋》，以還岳氏《五經》之舊，仍即殿之後廡，所謂愼儉德室者，分其一楹，名之曰五經萃室，都置一几。是舊者固不出昭仁殿，勿新者亦弗闌入舊書中，似此位置，可謂得宜〔註143〕。」

是以於昭仁殿後廡，愼儉德三楹，分右一楹，彙貯宋岳琦校刊《五經》全編，凡九十卷，御題「五經萃室」爲額，然今書已無存矣。

七、養心殿

本乾隆寢殿名，位月華門之西。儲《四庫》未收之書，亦即宛委別藏之謂之。凡一百函，又目錄二函。每函均裝以木匣，與《四庫全書》相似，惟尺寸大小不一致。書之首葉有「嘉慶御覽之寶」陽文方印，亦有無此印者，各書均據舊本影寫精鈔，間有元明刻本，及佚存叢書殘本。

八、皇史宬

建於明嘉靖十三年（1534），爲藏實錄聖訓之所，位重華殿西，門額以史爲宬，

〔註143〕《國朝宮史續編》冊五，卷八一書籍七鑒藏三，頁 23595 經萃室所附聖製五經萃室記云。

以或爲戒，左右小門曰諲歷，以龍爲譱。皆嘉靖自製之字而手書也。中貯列朝實錄及寶訓，每一帝入陵，則開局纂修，告成，焚稿椒園，正本貯此。戒中四周上下，俱用石甃，中具二十臺，永陵定陵各占二臺。嘉靖四十一年重錄《永樂大典》，貯之於皇史宬。

清仍襲明制，凡列朝實錄玉牒聖訓皆藏其中，由旗員年老者八人守之，其地在南池子迤南，太廟之東南。雖屬明內府地，然建築始於何時，則不可考。外院長方形，入其三座門，則爲內院。有北殿廡七楹，東西殿廡各五楹。楹前有高臺，惟均無廊。而房簷至短，與其他宮殿式之建築迥異。扉牖楹楣，均以石代之。此殿之扉牖在其左右兩墻，而位置高，以致殿中光線極弱。殿有五門，其在中間之三門，距離較近，左右二門則較遠。入門則見五尺餘之高臺，臺前有階，由階上臺，則金漆櫃也。櫃極美觀，以銅覆而雕以龍。每行南北七櫃，東西二十三行，計得一百六十一櫃。東北西北二角，各有石碑。惟每櫃中則藏有中文滿文及蒙文之聖訓或實錄，均以紅綾包裹之。故能免潮濕或蟲嗅之患。東北角有碑亭。其東西兩殿廡各有三門，而扉牖俱爲小四方形，凡二十有一，緊接於房簷之下。

雍正年間，《永樂大典》由此移置翰林院。

九、武英殿

位北京紫禁城內太和殿西。殿宇前後二重皆藏書板。時稱武英殿本。或曰殿本。乾隆之時既以疊命諸臣編纂群籍，復自即位以來屢頒殿版及欽定諸書，儲之學官，俾士子就近觀摩，其雕板精妙邁前代，板片悉紅棗木，經久不裂，塊數甚多。實錄館與之相近。惜館中供事或劈板圍爐，或去字出售。光緒初年即已非完物矣。

十、內閣大庫

《茶餘客話》謂此即明代之文淵閣。在午門內東南隅，大門西嚮。其內廣廈三楹，內閣大堂也。後門遙對文華殿。東爲紅本庫，又東爲實錄及書籍表章庫，俱北嚮。庫中藏明清檔案及清之實錄起居注之屬。依《天咫儒聞》云：「光緒戊戌己亥年間，內閣大庫因雨而牆傾，夙昔以幽暗無人過問，至是始見其中尚有藏書是也。」可知亦有藏書。案明代文淵閣所藏宋金元歷朝之遺書，也是元翰林國史院之舊藏，是以從大庫散出之書，亦嘗有「翰林國史院官書」楷模書長方印。這些書除入宮禁外，皆歸諸清代的內閣大庫。

其他如紫禁城內皇極殿、乾清宮有《古今圖書集成》，景陽宮、懋勤殿亦有殿本書籍，景福宮多聚珍版書籍與佛經，清史館中有很齊備的方志。他如南書房、

上書房、位育齋、毓慶宮、緞庫、古董房亦有少數善本及書籍。至於鐘粹宮、齋宮、端凝殿小庫、景祺閣、寧壽宮、頤和軒、三友軒、三希堂藏有書畫、瓷銅胎琺瑯彩器、瓷器、新玉等古物，及各官府藏有檔案，均非本章主要範圍，均略去不贅述焉。

以上爲清保守時期傳統觀念下之圖書館，仍不離藏書樓式經營，其建築向建立於山清水秀之園傍而乏人問津。建築書閣力求孤立，不與他者毗連，爲防火更以石等建材爲主。然而在乾隆時亦有非常進步之措施，已隱寓圖書館之效用。乾隆四十一年六月初一日上諭云：

> 至於《四庫》所集，多人間未見之書。朕勤加探訪，非徒廣金匱石室之藏，將以嘉惠藝林，啓牖後學，公天下之好也。惟是鐫刻流傳，僅什之一，而鈔錄儲藏者，外間仍無由窺覩，豈朕右文本意乎？翰林原許讀中秘書，即大臣官員中，有嗜古勤學者，並許告之所司，赴閣觀覽，第不得攜取出外，致有損失，其如何酌定章程，其著具奏以聞〔註144〕。

此爲文淵閣本許大臣、官員、翰林觀看。再四十二年八月十九日上諭云：

> 若爲翰林院藏副計，則各處所進書函，長短寬狹不等，分籤插架，不能整齊，莫若俟《四庫全書》抄錄四分完竣，令照式再鈔一分，貯之翰苑，即可備耽書之人入署就閱，而傳布詞林，亦爲玉堂增一佳話〔註145〕。

可知翰林院《四庫全書》副本繕寫的原因之一，即爲供人就閱。又乾隆四十七年七月初八日諭云：

> 朕稽古右文，究心典籍，近年命儒臣編輯《四庫全書》，特建文淵、文溯、文源、文津四閣，以資藏度。（中略）因思江浙爲人文淵藪，朕翠華臨蒞，士子涵濡教澤，樂有漸摩，已非一日，其間力學好古之士，願讀中秘書者，自不乏人；茲《四庫全書》，允宜廣布流傳以光文治。如揚州大觀堂之文匯閣、鎮江金山寺之文宗閣、杭州聖因寺行宮之文瀾閣，皆有藏書之所；著交四庫館再繕寫全書三分，安置各該處，俾江浙士子得以就近觀摩謄錄，用昭我國家藏書美富，教思無窮之盛軌〔註146〕。

亦可知南三閣書，原以該地爲人文淵藪，其間好古力學之士願讀中秘書者，自不

〔註144〕見《大清高宗純皇帝實錄》冊二一，卷一○一○，頁14877乾隆四十一年丙申六月庚子朔置文淵閣官制諭云。
〔註145〕見《大清高宗純皇帝實錄》冊二一，卷一○三九，頁15263乾隆四十二年丁酉八月壬子諭云。
〔註146〕見《大清高宗純皇帝實錄》冊二三，卷一一六○，頁16989乾隆四十七年壬寅秋七月甲辰諭云。

乏人而繕。乾隆爲恐地方大吏過於珍護，讀書嗜古之士無由得窺美富，廣布流傳，是千緗萬帙，徒爲插架之供，無裨觀摩之實，而致失其崇文典學傳示無窮之意。遂於四十九年二月二十一日諭示：

> 將來《全書》繕竣，分貯三閣後，如有願讀中秘書者，許其陸續領出，廣爲傳寫。《全書》本有《總目》，易於檢查，祇須派委妥員，董司其事，設立收發檔案，登註明晰。並曉諭借鈔士子，加意珍惜，毋致遺失污損，俾藝林多士，均得殫見洽聞，以副朕樂育人才稽古右文之至意！

〔註147〕

《四庫全書》全部告藏之後，復於乾隆五十五年六月初一日諭云：

> 《四庫全書》薈萃古今載籍，至爲美備；不特內府珍藏，藉資乙覽，亦欲以流傳廣播，沾漑藝林。（中略）所有江浙兩省文宗文匯文瀾三閣應貯全書，現在陸續頒發藏庋。該處爲人文淵藪，嗜古好學之士，自必群思博覽，藉廣見聞。從前曾經降旨，准其赴閣檢視鈔錄，俾資蒐討。但地方有司，恐士子等翻閱污損，或至過爲珍秘，以阻其爭先快睹之忱，則所頒三分全書，亦僅束之高閣，轉非朕搜輯群書津逮髦髦之意。（中略）著該督撫等諄飭所屬，俟貯閣全書，排架齊集後，諭令該省士子有願讀中秘書者，許其呈明到閣鈔閱，但不得任其私自攜歸以致稍有遺失。至文淵閣等禁地森嚴，士子等固不便進內鈔閱，但翰林院現有存貯底本，如有情殷誦習者，亦許其就近鈔錄，掌院不得勒阻留難，如此廣爲傳播，俾茹古者得睹生平未見之書，互爲鈔錄，傳之日久，使石渠天祿之藏，無不家絃戶誦，益昭右文稽古，加惠士子盛事，不亦善乎〔註148〕。

綜觀上述，乾隆許士子入閣鈔閱之舉，實爲有清圖書館史上所應稱道，與近世圖書館觀念頗爲接近，是以乾嘉以還人材蔚起矣。此外文津、文溯閣地在行宮，文源亦居上苑，其他殿閣亦然，即大臣官員若非特許隨駕不得入內，可謂專供御覽者也。

〔註147〕見《大清高宗純皇帝實錄》冊二四，卷一一九六，頁17499乾隆四十九年甲辰二月丁丑諭云。

〔註148〕見《大清高宗純皇帝實錄》冊二八，卷一三五五，頁20126乾隆五十五年庚戌五月癸卯諭云。
又《十二朝東華錄》乾隆朝冊五，卷四四，頁1600乾隆五十五年庚戌五月癸卯諭亦云。

第三章　啓發時期的清代圖書館事業

第一節　新式圖書館的發動

自光緒二十年甲午中日戰爭後，國人對於富強的觀念為之一變。蓋以前認為富強之本在乎工藝製造及強兵。自甲午戰後，對於外國政教之知識之介紹，視為當務之急。國人更由是役，始知教育之重要。識深見遠的政治家均感到立國基本教育——民眾教育的重要性。是以新式學堂紛紛建立，而新式圖書館亦附焉。其所以稱圖書館，蓋與昔藏書樓不同，其開放對象不再限帝王、官吏、學者，而為一般民眾，重點在啓發民智。

光緒二十二年（1896）五月，刑部左侍郎李端棻奏上：「推廣學校以勵人才」一摺，主張應行推廣者，約有五點：一曰設藏書樓。二曰創儀器院。三曰開譯書局。四曰廣立報館。五曰選派游歷。其論設藏書樓事云：

> 一曰設藏書樓。好學之士，半屬寒酸，購書既苦無力，借書又難其人，坐此固陋寡聞，無所成就者，不知凡幾。高宗純皇帝知其然也，於江南設文宗、文匯、文瀾三閣，備庋秘籍，恣人借觀。嘉慶間大學士阮元，推廣此意，在焦山、靈隱起立書藏，津逮後學。自此以往，江浙文風，甲於天下，作人之盛，成效可睹也。泰西諸國，頗得此道，都會之地，皆有藏書，其尤富者至千萬卷，許人入觀，成學之眾，亦由於此。今請依乾隆故事，更加推廣，自京師及十八省省會，咸設大書樓，調殿版及各官書局所刻書籍，暨同文館製造局所譯西書，按部分送各省以實之。其後有切用之書，或為民間刻本，官局所無者，開列清單，訪明價值，徐行購補，其西學陸續譯出者，譯局隨時咨送。妥定章程，許人入

樓看讀，由地方公擇好學解事之人，經理其事。如此，則向之無書可讀者，皆得以自勉於學，無爲棄才矣。古今中外有用之書，官書局有刻本者，居十之七八。每局酌提部數，分送各省，其費至省，其事至順，一奉明詔，事即立辦，而錮遺學者，增益人才，其益蓋非淺鮮也〔註1〕。

　　李端棻字苾園，貴州貴筑人。喜獎拔士類，典試廣東，賞梁啓超才，以從妹妻之。自是頗納啓超議，娓娓道東西邦制度。是奏摺可知之已有圖書館之構想，雖此時仍沿用藏書樓名詞，已含有新的意義。

　　然而圖書館設立之呼聲，並非由李氏首先發難，其來也有自。二千餘年來士人重要活動之一爲集會結社。清末，有一種新式現代性集會興起，彼襲西洋體制，尤仿英美教士在華之廣學會。其異於往古者，蓋爲客觀化之社團組織，循一定規章以爲會員行爲之約指，有固定宗旨及專門性之旨趣，入會會友須負擔一定量之會費及年費，爲宣揚某種理想，有機關發行之報章書刊，并由選舉以組織執行中樞。是以與昔曾子會友輔仁之義，詩文酬對，讌遊遣興，雖是馳騁才學，猶是耽溺逸樂，間有辯說義理，俱不外渙散攸漫之型態，大異其趣。這種新型之集會，謂之爲學會，爲一種有積極性之組織。甲午戊戌之間，學會之盛，猶如雨後春筍。此亦爲晚清新思潮之具體表現，鼓吹理想，講論新知，反映了當時之潮流，這些學會與近代圖書館之剏立實有密切關係。

　　光緒二十一年七月，康有爲、梁啓超、麥孟華、楊銳等於北京創立強學會。由康氏草擬序文及章程。三日一會。刊行《中外紀聞報》（又名《中外公報》），每日出刊一冊，木刻本於強學會成立前兩個月已發行，分送朝士大夫，蓋在先作宣傳，繼行立會。報由梁啓超負責，以開通風氣。擬譯東西之書籍。並於琉璃廠開書藏，以麥孟華赴滬購書，亦有英美公使捐助西書圖器，該書藏並開放予民眾。

　　他如光緒二十一年十月於上海成立強學會、光緒二十三年冬於長沙成立南學會，亦擬設大書藏。他如質學會（武昌）、群萌學會（瀏陽）、戰學會（長沙）、任學會（衡陽）、蘇學會（蘇州）、南學會（長沙）、公法學會（長沙）等等亦有開闢藏書室之舉，可惜戊戌政變，隨黨禁而汩沒，曇花一現。

　　此時，東西洋圖書館之觀念亦常被介紹進來。如光緒二十四年五月《時務日報》有：「東京上野公園，設有圖書館。庋藏各種圖書典籍，供人入內觀覽。自去秋七月以來，復於晚間亦開館縱觀。刻查每日閱書之客，不下五百人，而晚間亦

〔註 1〕見朱壽朋纂修《十二朝東華錄》光緒朝冊七，頁 3773 光緒二十二年五月丙申李端棻奏云。（文海出版社，民國 52 年 9 月）。

有百五六十人。是以學覺屋中客滿云」〔註2〕又十月《知新報》譯紐約《格致報》
有云:「美國創設書藏學堂,教人管理書藏之法,將來管理書藏之人又將一變矣。
昔時當此職時無異僮僕,取以供奔走,存放書籍。今此新法則不然,當此職者,
屬之極有學問之人,書籍之來歷,無不詳悉在心。凡觀書人不知門徑,掌書者能
引導之,觀書人有疑難,掌書者能剖示之。得此等人管理之,貯書一萬卷,已勝
於別貯書三萬卷也。單路委路鈞義君,昔日曾充科侖比亞大書院之總掌書藏人,
乃於千八百八十七年正月五號創一書藏書堂,取名紐約,與該書院相輔而行。此
是天下書藏學堂之鼻祖,其所收學徒教以掌管書藏之法。凡受業於此門,即能知
古今書籍之源流,並時務要書之旨趣,並知檢點書之善法。學成之後即可往充各
公家書藏管理人,而各家延請管理人,亦知從此等擇取。(中略)凡學生一入該學
堂,未久即能料理椅席、點燈、開關窗戶、買辦書籍、開列書目之類。又幾,有
人問取書籍,即能隨便檢出;又託人訂裝書卷亦知訂議廉價;又能令書藏中鋪陳
井井有條。該學堂自開設十年後,其經考取之生徒,又分往別埠開設。(中略)其
初年所學即列書單、識書目檢點書籍、訂議釘裝工價等事,此為淺學課程。其次
年所學,即討論創設書藏事,並其章程規條治理之法,有博知古今將來書藏之沿
革,亦講究各門書藏之源流,此為深學課程。學堂內設一講堂,每日令淺學生二
人深學生二人,到堂演說一次,所演說係時賢所著論書藏等書。學成考取分別三
等名目,一等最優,須精通各學,出類拔萃,為眾所欽仰始克副之〔註3〕。」此類
之報導,亦有助於近代圖書館之創立。

　　更有進者,斯時新學堂之建立,均注意附設圖書館。如〈湘省時務學堂章程〉
內有「學堂議立藏書樓一所。購備各種書籍,多置看書棹几,凡外課附課生欲觀
者,准其入內流覽,然須向堂管領一憑單,有堂管人驗過,指書送閱,惟不得污
損,並攜帶出外〔註4〕。」另〈京師大學堂章程〉凡八章,亦有涉及圖書館。其第
一章總綱第六節有云:「學者應讀之書甚多,一人之力必不能盡購,乾隆間高宗純
皇帝於江浙等省設三閣,書藏四庫所有之書,俾士子借讀,嘉惠士林,法良意美。
泰西各國於都城省會,設有藏書樓,亦是此意。近張之洞在廣東設廣雅書院、陳

〔註2〕見倚劍生《光緒二十四年中外大事彙記》冊一學術彙第一之二,頁 548「日本圖書閱
　　　覽館」所云。(台灣華文書局,中華文史叢書之四十一,民國 57 年 6 月,據台灣大學
　　　圖書館藏清光緒二十四年刊本影印)。
〔註3〕見倚劍生《光緒二十四年中外大事彙記》冊一學術彙第一之三,頁 687「設學堂教人
　　　管理書藏」。
〔註4〕見倚劍生《光緒二十四年中外大事彙記》冊一學術彙第一之一,頁 499「湘省時務學
　　　堂章程」。

寶箴在湖南所設時務學堂，亦皆有藏書。京師大學堂為各省表率，體制尤當崇閎，今擬設一大藏書樓，廣集中西之要籍，以供士林流覽，而廣天下風氣〔註5〕。」其開辦藏書樓之經費，需索如下〔註6〕：

一、建築藏書樓費約二萬兩。

二、購中國書費約五萬兩。

三、購西文書費約四萬兩。

四、購東文書費約一萬兩。

一切工程及購書等費，皆由總辦提調經理，皆當實支實銷，不得染一毫官場積習。其應購各書目錄及藏書樓收藏借閱詳細章程，歸藏書樓提調續擬〔註7〕。藏書樓所設專官即藏書樓提調，凡一人，月薪五十兩，一年合計六百兩〔註8〕。

京師大學堂對藏書樓之規劃，可謂周到矣。無論人員、建築、經費均開列，實堪稱為各省學堂表率。

拳匪之亂，更使有識之士體會教育民眾的重要性。光緒二十八年羅振玉提出實施新教育制度的建議。竭力主張在全國普設公共圖書館與博物館。除在京師及各省省會設立圖書館外，應在每一府、廳、州、縣亦得設立。每一所圖書館應收藏中日西文書，並開放供民眾閱覽。這種圖書館普遍設立的呼籲，惜未被立即採納。

由上可知，圖書館建立之要求已是流風所及，蔚為潮流。光緒三十二年學部亦有咨民政部准予江紹銓於上海租領空地開設博物圖書館〔註9〕可知官方亦贊助圖書館之設矣。

吾人更由光緒三十三年貴州學務公所〈附設圖書縱覽室簡明章程〉〔註10〕，

〔註5〕見倚劍生《光緒二十四年中外大事彙記》冊一學術彙第一之二，頁 551「京師大學堂章程」第一章總綱第六節所云。

〔註6〕見倚劍生《光緒二十四年中外大事彙記》冊一學術彙第一之二，頁 551「京師大學堂章程」第七章經費第三節開辦經費所云。

〔註7〕見倚劍生《光緒二十四年中外大事彙記》冊一學術彙第一之二，頁 551「京師大學堂章程」第七章經費第四節及第八章新章第五節所云。

〔註8〕見倚劍生《光緒二十四年中外大事彙記》冊一學術彙第一之二，頁 551「京師大學堂章程」第七章經費第二節教習及其餘辦事人薪水豫算表所云。

〔註9〕見《學部官報》第十四期，頁87「咨民政部准予江紹銓租領空地開設博物圖書館」有云：「學部為咨行事據法部主事江紹銓呈稱，擬照章租領東安市場南隅空地一段，自行建造房屋開設教育博物圖書館，附設教育品製造場圖書館，懇咨行民政部准予租領地基隨時保護等情。到部相應鈔錄，原稟咨行查照可也須至咨者。」（中央研究院近代史研究史珍藏 Micorfilm，光緒三十三年二月一日出版）

〔註10〕見《學部官報》第二十六期，頁 182「貴州學務公所附設圖書縱覽室簡明章程」有云

可見斯時，對圖書館設立觀念之一斑。

一、定名：本室搜羅古今中外圖書報紙標本模型，藏儲室內，分別部居，供眾閱覽，定名曰圖書縱覽室。

二、宗旨：輸入世界正當學術，擴充學人普通知識。

三、辦法：先就撫憲岑帶來之圖書標本模型，陳設本室，以資開辦，隨時廣購新籍，務臻豐富，將來並籌多辦數處。

四、經費：開辦經費與常年經費，均由學務公所開支。

五、接待：凡來室閱覽圖籍者，誠意接待不取分文。來客當注意之事例如下：

（甲）本室為開通風氣起見，所列圖書報紙標本模型，無論本省外省人士，皆可入室縱覽，不分畛域，惟不得污染損壞及借帶出室。

（乙）來客須講公德，加意護惜，不得損失散壞，室中各件如有損失，敗壞室中各件情事，務令以相當之價值賠償，藉資維持。

（丙）本室每日定於早九點鐘起四點鐘止，早遲敬謝。

（丁）入室縱覽者，先書姓名住址於牌，下注願閱何種書籍，以便彙存，藉覘風會之所趨。

（戊）注明願閱何種書目後，請司書人檢授，不得自取，閱畢即繳；如原書未繳，不得另易他書。

（己）閱者如有心賞，欲鈔錄者，須自備筆墨紙張，室中無暇代辦。

（庚）來客不得偶坐閒談，擾亂他人意緒，閱畢及不願閱者均即請退，恕不迎送。

（辛）室中不備茶煙。

此為學務公堂所附設圖書閱覽室之閱覽章程，貴州雖地處偏僻，其對圖書館之認識，亦甚明晰，益加可佐證圖書館重要性，已為大多數人所接受。此種「無論外省本省人士皆可入室縱覽」「誠意接待不取分文」已是公共圖書館之構想矣。

而此之時，更因甲午戰敗，瞭解國家富強之根本，不在工藝製造，而思認識外國政教制度為亟務。對昔江南製造局之編譯方針，詳於術藝而略政事，深致不滿。先有留法文科學生馬建忠，蒿自時艱，爰草設繙譯書院（光緒二十年）。繼有李端棻上奏開譯書局及陳次亮之建議翻譯西書（光緒二十三年，1896），但迄未能見諸實施。後又有總理各國事務衙門奉軍機處鈔交御史楊深秀、李盛鐸分別奏請開館譯書，並經上採納；且命梁啟超辦理編譯書局事宜以為新政之一。旋太常寺

少卿盛宣懷奏請於南洋公學內設立譯書院，亦奉旨照准。管理大學堂事務孫家鼎請編譯書籍；奉諭將原有官書局及新設譯書局由大學堂辦理。梁啓超請求設立繙譯學堂，亦得旨允行（光緒二十四年，1898）。另山東巡撫袁世凱復奏請翻譯書籍，安徽巡撫王之春奏請設立譯書處（光緒二十六年，1900）以及學部諮議張謇主張各省設立譯書局；湖廣總督張之洞奏請多譯東西各國書籍；張百熙奏請設立譯局（光緒二十七年，1901），凡此可謂繙譯洋溢盈耳。

彼等亦是反映當時輿論，對於世界新知識之吸收，不再以工藝製造之學爲滿足，更欲進而求諸政教制度之學也。然而因新學堂設立之結果，教科書之需要甚亟，否則無以爲教，亦無從收變法之效。是以，由一般政教之書，而側重於各種教科書之編譯。

光緒三十一年（1950）八月下詔停止科舉以廣學校，並著學務大臣迅速頒發各種教科書，以宏旨歸而宏造就，成立學部。三十二年（1906）四月，學部奏擬官制職守清單，擬設編譯圖書局。六月，於學部西偏四譯館舊址後院成立之。制定〈編譯章程〉九條。

編譯圖書局以袁嘉穀爲局長，楊兆麟、夏壽山、王壽彭、劉福姚、虞銘新、高毓泌、陳雲誥、劉焜、史寶安、胡大勛、汪昇遠、邵章、水組培、徐潞、林忠植、顧澄、陳寶泉、高步瀛、王國維等爲編纂。

編譯圖書局之編纂及審定教科書，成就頗大，惜所譯之書甚少。官設譯局之影響，似尚不如私人譯書對西學之輸入，貢獻爲大。其中私譯最著者，厥爲侯官嚴復及閩縣林紓。凡此西學之輸入亦充實館藏，而打破傳統之四部分類。最主要是西方新學的大量輸入，使國人渴得新知，而加速了公共圖書館籾立。

第二節　公共圖書館的建立

圖書館新運動醞釀已久，至此而發端焉，光緒三十一年（1905）再度推行新政，湖南省（長沙）成立了第一所公共圖書館。時湖南巡撫龐鴻書奏建圖書館，略謂：

> 查東西各國都會，莫不設有圖書館，所以庋藏群籍，輸進文明，於勸學育才，大有裨益。湘省各屬學堂，惟已次第建設；然科學未備，教員所編講義，又皆各以意取；亟應詳加校訂，參酌通行教科書，乃東西洋已譯各科學善本，薈萃成帙，頒行通用，以收一道同風之效。其各省新編新譯，與夫從前官私著述，苟可裨益教育，皆宜旁搜博引，以備調

查編輯之需，建設圖書館萬不可緩。前撫臣趙爾巽在省垣漢長沙定王臺籾設，由各紳捐置圖籍，款項無多，規模尚隘。上年撫臣端方始委員赴日本調查，並購求書籍，延訂素有名望，學識兼長者分任纂修各事，飭善後釐金局籌開辦費銀一萬兩，再撥常年款一千二百兩。辦理甫有端倪，適值交卸。臣接任後，疊與學務處司道籌商，以定王臺原址狹隘，非購民房另造，不足以壯觀瞻。添撥開辦費五千兩，造就藏書樓一所，計三層，縱橫面積四十丈，閱覽四所，縱橫二十四丈。外更有買卷繳卷處，領書處等屋，現已一律告竣。所購日本圖書，亦經運到。當飭編明書目，擬定章程，遴委監督，以董其成。添派分校繕校收掌提調各紳員，薪水銀均由善後局核實開支。刊發木質關防，文曰《湖南圖書館之關防》，俾昭信用。湘省始基初肇，仍寬籌長款，以圖擴充〔註11〕。

此即官辦新式圖書館之首聲，爲「輸進文明勸學育才」而創設。

　　三十二年設立郵傳部。三十三年軍機大臣等議，准是部專掌船路電郵四政，鑑因該四政均係專門之學，應有專科之書，逐擬設圖書館一區。分咨各國出使大臣，購寄各種圖書庋焉。並設講習所，俾各部人員得於暇時研究練習。是以〈郵傳部官制〉，有設議員圖書館之舉〔註12〕。此亦堪稱專門圖書館，亦爲機關圖書館之設立。

　　三十三年十月河北提學使盧靖，委學務公所職員張峻明等籌備圖書館，翌年五月成立，附設於天津直隸學務公所。先由郡紳嚴修捐書一千二百餘部，兩江總督端方，兩廣總督張鳴歧，雲貴總督錫良，浙江巡撫增韞，山東巡撫袁樹勛，吉林巡撫陳昭常各送書若干，直隸督署又飭發存書一萬餘卷，提學使傅增湘復籌款購書十二萬卷有奇。宣統元年，傅提學使派譚新嘉爲提調，編有書目焉。

　　三十四年又允東三省總督徐世昌，黑龍江巡撫周樹模奏，於黑龍江省建設圖書館。其奏略稱：

　　　　竊維時局日新，政學遞變，非博通古今之故，則用有所窮；非並讀東西之書，則才難應變。近日歐美各邦競尚文化，一國之內藏書樓多至百數十所，卷帙宏富，建築精良，於以盡圖籍之大觀，資學人之參考，洵盛事也。江省僻處邊隅，罕沾文教，城市之間，書坊絕少。（中略）江省原有之圖書館，向僅租屋數椽，市廛湫隘，冊籍不全，非擇地另修，

〔註11〕見劉錦藻《清朝續文獻通考》冊四，卷一百一學校考八圖書，頁考 8600 所云。
〔註12〕見劉錦藻《清朝續文獻通考》冊五，卷一百二十六職官考十二京文職，頁考 8863 所云。
　　　　（新興書局，國學基本叢書，民國 48 年 2 月）。

無以廣儲藏而資披覽。現以省城西關外，勘得原有古廟基址，擬改建圖書館一區。形式略求寬敞，並添修藏書樓，檢發室，閱覽室，以期完備。一面派員廣購經史子集各種，並東西各國圖書，暨譯印各精本。其在京各衙門及各省官書局刻印各書，擬咨由各處寄送，以餉邊區，並由臣等派委專員管轄，分別收儲，詳定規則，聽人入館觀覽，所冀稽軸填委，學理昌明，國粹藉之保存，人才因而輩出，似於補助教育，啟發民智，不無俾益。現已派員鳩工庀材，所有建屋購書各款，一俟事竣，應請作正開銷。除分咨外，所有江省擬建圖書館緣由，謹恭摺具〔註13〕。

由於黑龍江省地理位置偏遠，文化水準較落後，旋徐世昌又奏：

本省圖書缺乏，運載維艱，臣等於去年建築圖書館一所，特派專員採辦南省新舊書籍，備都人士之閱覽〔註14〕。

到了宣統元年十月，圖書館遂告落成，各省官私書籍亦多於是年五六月間先後運到，並妥擬檢發閱覽各章程請核辦〔註15〕。

光緒三十四年四月兩江總督端方奏於江寧省城籾立圖書館。其摺曰：

竊維強國利民，莫先於教育，而圖書實為教育之母。近百年來歐美大邦，興學稱盛，凡名都巨埠，皆有官建圖書館。閎博輝麗，觀書者日千百人，所以開益神智，增進文明，意至善也。奴才奉使所至，覽其藏書之盛，歎為巨觀。回華後敬陳各國導民善法四端，奏懇次第舉辦，而以建築圖書館為善法之首。仰荷聖明采擇飭議施行。（中略）我高宗純皇帝宏規大起，特敕於江浙地方建立文宗文匯文瀾三閣，盡出四庫之藏，以惠東南人士，而揚州鎮江得其二，由是江左學風冠冕全國，右文之化謳詠至今。奴才謬膺重寄，日夜以興學育才為急。遠稽聖朝之家法，旁摭列國之良規，夙所敷陳，敢不力求實踐。江寧為省會重地，自經粵匪之亂，官府以逮縉紳之家，藏書蕩然，承學之士，將欲研求國粹，揚扢古今，輒苦無所藉手，爰建議於城內創立圖書館。舊時揚鎮兩閣，恩錫秘籍，久罹兵燹，擬即設法傳鈔；次則《四庫》未收之書，以及舊槧精鈔之本，兼羅並蓄，不厭求詳。至於各國圖書義資參考，舉凡專門之藝

〔註13〕見《政治官報》冊十光緒三十四年七月十五日第二八四號，頁251東三省總督徐世昌署黑龍江巡撫周樹模奏江省擬建圖書館摺所云。（文海出版社，民國54年12月）。又見劉錦藻《清朝續文獻通考》冊四，卷一百一學校考八圖書，頁考8601所云。

〔註14〕見劉錦藻《清朝續文獻通考》冊四，卷一百三學校考十，頁考8624所云。

〔註15〕見《政治官報》冊二六宣統元年十月十七日第七五二號，頁346黑龍江巡撫周樹模再奏所云。

術，哲學之微言，將求轉益多師，宜廣徵書之路。惟是購書經費所需較
鉅，亟應先立基礎，徐議擴充。適有浙中舊家藏書六十萬卷出售，已籌
款七萬三千餘元，悉數購致。此外仍當陸續采購，務臻美備。並由奴才
延聘四品卿銜翰林院編修繆荃孫為圖書館總辦，檄委前江浦縣教諭陳慶
年為坐辦，候補知府琦珊為提調，其司書編校各員均經分別委派。購到
書籍先行借地儲藏，一面於城北清曠地方相度建築，但求規制合宜，工
程堅實，無取華侈。藏書及觀書章程已飭妥為商訂。其購書建館經費，
員司薪水雜支，均由奴才飭財政局籌發的款，核實動用，事關輔助教育，
應請作正開銷〔註16〕。

端方於蘇撫任內，自歐考察歸國，謂圖書館為傳播文化、牖啓民智之大業。比督
兩江，適錢塘丁氏欲售其藏書，繆荃孫言於端方，以事關國粹，不忍其繼皕宋樓
藏書後，再淪於東瀛，遂籌款七萬三千餘元，購其書至金陵，就前惜陰書院添築
後樓二幢儲之。宣統元年九月工竣，定名為江南圖書館，制定規章，布置就緒，
十一月開始閱覽。其組織為總辦制，總理館務，下設坐辦、提調、參議暨幫辦、
典守、編纂、探訪、司書等職，其系統未詳。其建築支銀三萬四千七百餘兩，工
程堅實，外觀亦樸雅，總計書庫三十三間，有書櫥八百九十四架，每櫥容書二五
〇至四〇〇冊不等，約共可容二十五萬冊，浩支費每次五百兩，其員薪各向財政
局直接領取。

　　宣統元年是為清代圖書館史上，也是中國圖書館史上最重要的一年，新式圖
書館運動之發動，到此而有顯著成果，眾多的公共圖書館設立。又圖書館章程亦
頒行之，頓使圖書館事業有欣欣向榮之勢。茲將先後所設圖書館列述於后：
　　一、東三省總督徐世昌奏設陸海軍圖書館。奏稱：

　　　　考之各國，咸有陸海軍圖書館之設。凡關於軍事學術，國內外之圖
籍，無不搜羅購置，藉供軍人研究之需。意美法良，顯收成效。東省亟
應仿辦，情以經營伊始，需款浩繁，擬暫借用前陸軍小學堂東偏房屋，
先行開辦，以立基礎。其開辦及常年各經費，均由軍界人等提倡捐集，
嗣後如果建築房舍，添購圖書，需費過多，不敷支給，自應酌撥官款，
以資補助而圖擴充〔註17〕。

〔註16〕見《政治官報》冊十二光緒三十四年九月二十五日第三五三號，頁 467 兩江總督端方
　　　　奏江寧省城創建圖書館摺所云。
〔註17〕見《大清宣統政紀實錄》冊一，卷八，頁 154 有云：「(宣統元年己酉二月庚辰) 東三
　　　　省總督徐世昌等又奏，籌設陸海軍圖書館，以供人研究」(華聯出版社，民國 53 年 1

此爲軍界中人自資捐款創辦之有關軍事之圖書館。其目的在供軍人學術研究。

二、陝西巡撫恩壽奏建置圖書館，並附設教育品陳列所，略稱：

> 竊維開通風氣，非考今證古，無以識其通，尤非博採旁搜，無以徵諸實在。昔周藏柱史，漢重遺經，唐志藝文，隋編經籍，自古右文之朝，特重藏書之典。我朝策府，宏開四庫，儲藏之富，冠美環球。溯自先年於江浙等省，分建三閣，頒發秘籍，嘉惠士林，江表文風，於茲稱盛。近今輪軌交通，驛輵四達，歐美各邦，罔不於名都巨埠，廣建書棧，徵求典冊。所以開濬神智，增進文明，法至善也。陝省山河重阻，兵燹履經，文獻凋零，士風固塞，將欲交換智識，自宜廣事搜羅（中略）。仿照東南各省建置圖書館，收藏板籍，並採購教育品及各國圖書，藉資考證。（中略）藏書宗旨約分爲四類：一曰收藏書籍，如經史子集之類；二曰廣徵群籍，如近時名人著述之類；三曰列邦新籍，如東西譯本之類；四曰吉金樂石，如鼎彝碑版之類。另附設教育器械標本，分訂規條，遴員管理〔註18〕。

此奏不啻斯時圖書館蒐藏圖書四個重要方向，新舊學及金石之類兼容之。

三、山西巡撫寶棻奏創設圖書館，其奏摺略謂：

> 竊維自古文治之昌，靡不網羅載籍；囊括藝文，前史所稱，指不勝屈。我朝稽古右文，四庫儲藏之富，爲歷代所未有；又存其副於江浙之文宗文匯文瀾，俾東南之士瀏覽其中，是以文學彬彬，遠邁前古。近日東西各邦於都會所在，莫不有博物圖書之館，爲士人觀覽之場。廣廈萬千，琅函委疊，非獨考獻徵文之助，實爲育才興學之資。（中略）近年直隸、山東、湖南、湖北等省，亦皆先後報立，漸啓規模。晉省雖僻處山陬（中略）今當振起士風，必先旁羅典籍。茲勘得省城學務公所之西偏隙地，於光緒三十四年創建圖書館，計楹樓五座，廊屋四十七間，閱覽室五間，經營累月，始克落成。館內所藏經史子集一萬八千卷，東西各國科學書七百餘種，九流七略，共識淵源，斜上旁行，咸歸甄錄。又本省土產，亦搜爲標本，分所列陳。凡茲草創之規，尚屬椎輪之制。此外，

月）。

又見劉錦藻《清朝續文獻通考》冊四，卷一百一學校考八圖書，頁考 8601 所云。

〔註18〕見《政治官報》冊二三宣統元年七月初七日第六五三號，頁 102 陝西巡撫恩壽奏建圖書館並附設教育品陳列所摺所云。

又見劉錦藻《清朝續文獻通考》冊四，卷一百一學校考八圖書，頁考 8601 所云。

東南各省，凡有專家著作以及新譯圖書，均擬次第調取，以廣庋藏。擬
訂管理閱覽章程，派員專司典守〔註19〕。

山西省亦效直隸、山東、兩湖努力於圖書館之創辦，其就原學務公所之西設立焉。
其藏亦新舊並蓄，於保存國粹與輸進文明兩者均無偏廢。

　　四、署歸化城副都統三多奏創歸化圖書館，略謂：

　　　　文教之昌明，以圖書館為津導。神州奧區，藝文淵藪，奎章策府，
代有珍儲。我朝稽古右文超唐邁漢，綈裳縹囊之富，四庫三閣之藏，聖
澤涵濡，通才輩出。海通而後，歐化東漸，非洞達中西，則才難應變，
非博通今古，則用有所窮。歸化城僻在西陲，睽隔文教。近雖推廣小學，
蒙智漸開，然年格所拘，向隅不免。於光緒三十四年將城東文昌廟餘屋
修葺完整，籌辦圖書館一所附設閱報社。擬定章程，派員專管。計房屋
十間，藏書掛圖閱覽等室，勉能敷用。將舊有官藏書籍五千八百餘卷，
悉數陳列。並調取浙江官書局書籍二千六百餘卷，發交該館收儲。另提
前辦煤窰委員等充公罰款銀一千二百餘兩，添購各種切要圖書，分別庋
藏。除科學圖書不計外，共計經史子集一萬四千四百餘卷。常年經費約
五百餘兩，由奴才裁撤署前每年酬神演劇之外銷等款，樽節而出，大輅
椎輪，規模粗具，逐漸推廣，俾成巨觀。似與保存國粹，補助教育，兩
有裨益〔註20〕。

案歸化城即今綏遠。其副都統能樽節款項，建設圖書館，並有藏書一萬四千卷以
上，亦堪稱崇尚文化矣。

　　五、山東巡撫袁樹勛奏東省籌設圖書館，儲藏四庫善本，兼收刊國寶書，並
附設金石保存所，凡該省新出土之品與舊榻精本，一律收存〔註21〕。案山東圖書
館位於濟南大明湖畔，時湘潭羅順循任山東提學使，就舊貢院東北一隅而籌立之。
築樓房平房十所，藏圖書貯金石，餘為閱覽辦公之用。其貯金石者，即所附設之
金石保存所也，將以山東省出土石刻及公家舊存古器物移置館內，薈萃保藏。當
時任蒐訪問者為太倉姚古鳳，濟寧孫宿來，二君皆精鑒別者也。羅氏以提學使兼
充圖書館提調，關於房舍之建築，圖書之購藏，金石之蒐集，悉由羅氏主持；其

〔註19〕見《政治官報》冊二一宣統元年五月初二日第五八九號，頁 60 山西巡撫寶棻奏創設
　　　　圖書館摺所云。
〔註20〕見《政治官報》冊二六宣統元年十月二十八日第七六三號，頁 505 署歸化城副都統三
　　　　多奏創辦歸化圖書館片所云。
　　　　又見劉錦藻《清朝續文獻通考》冊四，卷一百一學校考八圖書，頁考 8601 所云。
〔註21〕見劉錦藻《清朝續文獻通考》冊四，卷一百一學校考八圖書，頁考 8601 所云。

幕客太倉姚柳屏日夜襄理其事，為功尤偉。館中所藏乃續有增益。

至宣統二年，昆明陳榮昌掌山東學務，於館原有房舍外，益求擴充。復於館之西偏，商割舊濟南中學堂毗連一地，別闢為院，建築博物館，共成樓房平房三所，隸屬圖書館。是以可分圖書、金石、博物三部。仍由省提學使兼館總提調。

此兩次建築，均為中式樓房，館內佈置，略如各地名園，亭台水榭，中疊假山。斯時歐美圖書館之建造技術猶未入中土，清末各省圖書館，以建築而論，固首屈一指者也。原建書樓，分上下二層，共四大間，署名海嶽樓，對面為宏雅閣，內貯金石，上下亦為四間，南北峙立，懸空通以橋廊，由東南引湖水入館，曲折北來，橫亙樓前，過橋轉而東北行，蓋仿四明范氏天一閣舊制也。其設計既佳，建築亦極堅固。

六、浙江巡撫增韞奏浙省創建圖書館，將官書局藏書樓歸併擴充，並妥訂藏書及觀書章程，以便多士觀摩。其奏云：

> 竊惟古今中外文化之遞嬗，學識之交通，必藉圖書為之津導。邇來江鄂諸省，先後創置圖書館，文物燦然，足資揚搉。（中略）奴才查歐美諸邦通都巨埠，皆有圖書館之設，建築精美，卷帙盈閫，縱人覽鈔，月無虛日，故舉國無不向學之人，國家自無乏才之憾。（中略）奴才身任地方，日求教育之發達，自以蒐集圖書為先務。查省城舊有官書局，刊布經史子集百數十種，近來專事刷印版籍，未能擴充。前學臣張亨嘉所設藏書樓，規模粗具，收藏亦憾無多，均未足以饜承學之士，茲議一併歸入圖書館以為基礎。廣購中西載籍，凡政治法律之殊，工商藝術之屬，有關實用，俱擬搜羅。檄委提學司支恆榮為圖書館督辦，候補知府許鄧起樞為坐辦，延聘在籍翰林院編修孫智鳴、中書科中書楊復為會辦，一面就城內外適宜之地，相度基址，豫備建築，並飭參酌江鄂等省成法，妥訂藏書及觀書章程，以便多士之觀摩，用助文明之進步。此項購書建館經費暨員司薪水雜支，擬先就官書局暨藏書樓常年額支各款，撥充應用，倘有不敷再行飭司籌撥的款，樽節動用，事關補助教育，應請作正開銷〔註22〕。

案浙江圖書館濫觴於乾隆之文瀾閣。光緒二十八年浙江之郡紳邵章、胡煥等因故

〔註22〕見《政治官報》冊十九宣統元年三月初五日第五三三號，頁125浙江巡撫增韞奏創建圖書館摺所云。
又見《大清宣統政紀實錄》冊一，卷十一，頁211宣統元年己酉三月壬子浙江巡撫增韞奏云。

有東城講舍，略有藏書，然其為官師課士地，遂請改講舍為藏書樓。旋又請款另建。二十九年，提督學政張亨嘉從其議，乃相地於杭州大方伯里，購入劉氏房屋，計值八千元。移東城之書，並增購以實之，名曰浙江藏書樓。次年布置就緒，聘楊復主其事，計藏書七萬卷，訂有藏書閱書借書章程，且編定甲乙，詳編書目，士子蔚然來集觀覽，頗具圖書館規模。至增韞乃奏請改藏書樓，歸併官書局，擴為浙江圖書館。

宣統二年，以圖書館撥歸學司管理，委支恆榮、鄧廷樞為督辦、坐辦。更援京師建館之例，請准於文瀾閣旁建館儲書，俾使兩者毗連一氣〔註23〕。

三年，興工建築西式樓房，工將竣，而辛亥革命起。

七、東三省總督錫良署吉林巡撫陳昭常亦奏仿辦圖書館附設教育品陳列所，其摺云：

> （上略）上溯列聖嘉惠儒林之盛，仰承國家豫備立憲之休，近仿直鄂各行省之成規，遠采東西洋列邦之制度，擬於省城創設圖書館一所。首儲四庫之書，兼收五洲之本，編列以序，管理有條，冀以利導齊民，敢云潤色鴻業。查有垣東北有初等小學堂兩所，院宇麟比，閒曠實多，暫就該校略加修葺，以資開辦，亦足敷藏書及閱覽室之用。並附設教育品陳列所，如校具器械標本模型各物，或自行仿製，或略加採購，分類羅列，俾學者於鈔誦之餘，藉收博覽之益。至於改建館舍，擬安簡陋不求完美。現值財政奇絀，即就學司衙門歲入款內，極力樽節求底於成。凡應用圖書一時未能求備，自應分年採辦，以紓財力，為先捐廉選購為之提倡，其世祿之家嗜古之士，苟有諸藏，亦擬勸令捐置，援案詳請獎勵〔註24〕。

案吉林圖書館首於閏三月經吉林提學使曹廣楨奏准成立，附設於學務公所內，並附設教育品陳列所。當時規模甚小，僅委有正副管理員暨採訪員。嗣後總辦由曹自兼，另委陳繼鵬為會辦。所有書籍除中官書局附設書報展覽所移交，並由各學校撥款歸陳列外，率由各省及私人捐贈。旋以第五、第六初等小學堂為館

〔註23〕見《政治官報》冊三四宣統二年六月初五日第九六九號，頁93，浙江巡撫增韞奏籌建浙省圖書館請嘗給文瀾閣旁隙地摺所云。

又見《內閣官報》冊四九宣統三年八月初四日第三三號，頁300，浙江巡撫增韞奏勘定圖書館地址及修葺行宮遺址請立案摺所云。

〔註24〕見《政治官報》冊二一宣統元年五月二十五日第六一二號，頁411，東三省總督錫良署吉林巡撫陳昭常奏仿辦圖書館附設教育品陳列所摺所云。

又見《大清宣統政紀實錄》冊一，卷一四，頁1172，宣統元年己酉五月己巳東三省總督錫良等奏云。

址，是年十月改委陳祺時爲提調，十一月特撥庫銀一萬六千兩設立圖書發行所，書籍概由上海圖書公司購辦。二年三月改委馮澤涵爲管理員，朱子源爲經理員，未幾省城大火，殃及該館，一切圖籍蕩然無存。三年重行組織，附設於教育司樓上，以裁減滿蒙中學堂及博物標本實驗所經費辦理之，書籍則以奉天圖書館藏書副本移充，略復舊觀。七月復以五官屯押金五萬吊提作圖書發行基金，設發行所於小東門裏前國學專館舊址。

八、署直隸總督那桐奏：「直隸圖書館業已籌設，天津地便交通，中外人士，游覽日繁，請頒給《圖書集成》一部〔註25〕。」

九、學部奏：籌建京師圖書館，請賞給熱河文津閣《四庫全書》，暨避暑山莊各殿座陳設書籍，並飭撥淨業湖匯通祠各地址，以便剋期興築。又奏：請飭內閣將宋元明舊刻，翰林院將永樂大典無論完闕破碎，一併送交圖書館儲藏。又奏請飭禮部鑄造圖書館印信。均從之〔註26〕。

又兩江總督端方奏：「京師圖書館爲中外觀瞻所繫，惟善本秘籍，至爲難得。東南文物薈萃之區，當經購定浙紳姚氏藏書一千零十一種，皖紳徐氏藏書六百四十一種，共計十二萬九百餘卷，齎送學部驗收。書價共銀二萬兩，由財政局籌給〔註27〕。」

案學部奏請設立京師圖書館，並奏准撥熱河文津閣《四庫全書》等書，暨德勝門內淨業湖及匯通祠等地，嗣以款絀，迄未興築，暫就什剎海北岸廣化寺爲館址，以翰林院國子監南學及內閣大庫殘本爲基礎。又先後調直隸、奉天、吉林、黑龍江、河南、山西、雲南等省官書，並由江督端方采進南陵徐氏及歸安姚氏咫進齋書籍，又甘肅何彥昇采進《敦煌寫經》（又稱唐人寫經）八千六百餘卷，並交館庋藏。宣統二年該館成立，設監督副監督各一人，提調一人，分事務爲四科：一曰典藏科二曰檢察科三曰文牘科四曰庶務科。各設科長副科長一人，科員寫官若干人。另設纂修處，總校一人，纂修寫官若干人。自正副監督以下，凡提調、總纂、纂修，各正副科長、科員皆以其他公署人員調充，仍留本缺。又該館未有經費預算，所有費用，均由學部請領，月不過千餘兩。該館組織與管理仿日本而書目仍沿舊法略依《四庫》而稍加變通。此亦爲本期新建圖書館之特色。

〔註25〕見《大清宣統政紀實錄》冊一，卷一五，頁258宣統元年己酉六月癸未署直隸總督那桐奏云。

〔註26〕見《大清宣統政紀實錄》冊一，卷一八，頁338宣統元年己酉七月壬申學部奏云。

〔註27〕見《大清宣統政紀實錄》冊一，卷一三，頁245宣統元年己酉五月庚戌兩江總督端方奏云。
又《政治官報》冊二一宣統元年五月初八日第五九五號，頁158兩江總督端方又奏圖書館購買書價片所云。

　　宣統二年，圖書館事業依舊推動。無論公共圖書館，專門圖書館，甚至私人圖書館，均續有剏立。

一、法部右侍郎沈家本等奏，浙江湖州故紳郎中沈耀勳獨捐巨資，擬建工藝學堂圖書館，懇飭學部咨行浙江巡撫，先行立業〔註28〕。

　　此為私人興創之圖書館，與舊私人藏書家擁有藏書樓不同，蓋此時藏書公開化、教育化。然最早從事私人之力以冀建圖書館者，厥為美國韋棣華女士在武昌創辦文華公書林（Beoone Library），實早於沈郎中之建工藝學堂圖書館。

二、廣西巡撫張鳴歧奏建設圖書館，懇賞《圖書集成》，准之。隨後又賞《大清會典》一部〔註29〕。

三、郵傳部右侍郎盛宣懷捐資籌建上海圖書館，賞御題扁額曰「惠周多士」〔註30〕

　　宣統三年，欽定頒行，改訂資政院院章兩章暨續訂八章。其第九章秘書廳官制第五十七條有云：資政院秘書廳附設圖書室一所，掌收藏一切書籍之事。圖書室設管理員一人，即以秘書兼充〔註31〕。

　　案資政院即所謂豫備立憲期間之議事機關，其附設圖書室亦饒有模仿歐美國會圖書館之意趣。

　　自光緒三十一年湖南省成立了第一所公共圖書館至宣統三年公私設立之圖書館，計有湖南、天津、黑龍江、郵傳部、奉天、江蘇、東三省陸海軍、陝西、山西、歸化、山東、浙江、吉林、直隸、京師、湖州、廣西、上海及資政院等十九所新式圖書館。他如宣統元年昆明翠湖公園，就經正、五華、育才三書院創設雲南圖書博物館，廣東提學使就廣雅書局故地設廣東圖書館，河南提學使孔祥霖創辦河南圖書館，河北省在保定古蓮池書院內成立保定直隸圖書館。二年提學使陳曾佑於省城創建圖書館一所。亦可謂紛紛建立矣。往「各省一律開辦圖書館」〔註

〔註28〕見劉錦藻《清朝續文獻通考》冊四，卷一百一學校考八圖書，頁考8602所云。

〔註29〕見《政治官報》冊三十宣統二年二月十三日第八五九號廣西巡撫張鳴歧奏建設圖書館懇賞圖書集成等招所云。
　　　　又劉錦藻《清朝續文獻通考》，冊四，卷一百一學校考八圖書，頁考8604。

〔註30〕見劉錦藻《清朝續文獻通考》冊四，卷一百一學校考八圖書，頁考8602所云。

〔註31〕見劉錦藻《清朝續文獻通考》冊五，卷一一七職官考三京文職，頁考8769所云。

〔註32〕見《大清宣統政紀實錄》冊一，卷十，頁198所云：「（宣統元年己酉閏二月戊申）學部奏，應行籌備事宜，按年開具簡明清單呈覽。（中略）第三年行各省一律開辦圖書館。」

32）之目標邁進。

經由上述各督撫大臣之奏設圖書館之摺所視，其促使原因不外採取東西洋諸邦列國之制，以爲文化之遞嬗及學識之交流必賴圖書爲之津導；並感及乾隆創設江南三閣嘉惠儒林之雅意；及國家豫備立憲之期日近，而以啓發民智爲圖書館成立之鵠的。

由此鵠的，得知宣統年前後所設立之圖書館已與清康雍乾等朝所設書藏迴異，其已從保藏典籍之傳統圖書館觀念進化至縱人覽鈔使用，遂爲近代圖書館奠下了雛型之基礎。

圖書館亦有其考核視導單位，在光緒三十二年奏定〈學部官制職守清單〉》裡，其擬設五司，曰總務司、曰專門司、曰普通司、曰實業司、曰會計司。各省專管。而專門司其職責之一爲「專門庶務科員外郎一員，主事一員，凡關於圖書館、博物館、天文台、氣象台等事，均歸辦理。」又會計司其職責之一爲「建築科員外郎一員，主事一員，掌本部直轄各學堂、圖書館、博物館之建造營繕，並考核全國學堂、圖書館等之經營建造，是否合度。可暫聘精通建築之技師爲顧問〔註33〕。」圖書館業務及建築，在第一級之學部有專官管轄。

鑒於光緒三十一年停止科舉，專辦學堂，變更官制，裁撤各省學政，改設提學使司，提學使一員，統轄全省學務，歸督撫節制，次年遂有學部〈奏定各省學務官制〉之頒發。其裁撤之學務處改爲學務公所，由議長一人，議紳四人組之，以佐提學使參畫學務並備督撫諮詢。而學務公所分爲總務、專門、普通、實業、圖書、會計等六科。而圖書科即掌理編譯教科書參考書等圖籍，審查省內各學堂教課，集錄本署往來公文書牘，印刷講義，並「管理圖書館博物館等事務」〔註34〕可知在第二級的省亦有專官管理。

又視學官除視察學堂外，並及圖書館，依宣統元年奏定〈視學官章程〉第二十三條：「視學官視察各學堂，爲考驗學問程度起見，得隨時考試學生，並調取講義稿本或圖書目錄查閱〔註35〕。」

由於公共圖書館普遍籀立，以求劃一，以及學部所奏爲預備立憲應行籌備事宜所定進度〔註36〕，宣統元年十二月學部奏擬定〈京師及各省圖書館通行章程〉。

〔註33〕見劉錦藻《清朝續文獻通考》冊五，卷一二二職官八京文職，頁考 8828 所云。
〔註34〕見劉錦藻《清朝續文獻通考》冊五，卷一三三職官十九各司，頁考 8926 所云。
〔註35〕見劉錦藻《清朝續文獻通考》冊五，卷一二二職官八京文職，頁考 8830 所云。
〔註36〕見《大清宣統政紀實錄》冊一，卷十，頁 198 有云「(宣統元年己酉閏二月戊申）學部奏，應行籌備事宜，按年開具簡明清單呈覽。宣統元年，豫備立憲第二年（中略）頒布圖書館章程。（中略）京師開辦圖書館」。

摺略謂：

　　　　奏爲擬定京師及各省圖書館通行章程另繕清單，公摺具陳仰祈聖
鑒。事竊本年閏二月二十八日，臣部奏陳分年籌備事宜單開本年應行籌
備者，有頒布圖書館章程一條。奏蒙允准，欽遵在案。京師圖書館業經
臣部奏明開辦，各省圖書館亦須依限於宣統二年一律設立。臣等伏查圖
書館之設，所以保存國粹造就通才，創辦伊始，頭緒紛繁，非有整齊劃
一之規，未由植初基而裨文治。臣等悉心斟酌，擬訂章程二十條謹繕具
清單恭呈御覽，如蒙俞允，即由臣部欽遵通行辦理，所有擬定圖書館章
程，開單奏陳緣由，謹恭摺具陳，伏乞皇上聖鑒，謹奏。宣統元年十二
月十七日奉旨依議欽此。謹擬圖書館通行章程恭呈御覽：

第一條　圖書館之設，所以保存國粹，造就通才，以備碩學專家研究學
　　　　藝，學生士人檢閱考證之用，以廣徵博採，供人瀏覽爲宗旨。
第二條　京師及各直省省治，應先設圖書館一所，各府廳州縣治，應各
　　　　依籌備年限以次設立。
第三條　京師所設圖書館，定名爲京師圖書館。各省治所設者名曰某省
　　　　圖書館。各府廳州縣治所設者，曰某府廳州縣圖書館。
第四條　圖書館地址，以遠市避囂爲合宜，建築則取樸實謹嚴，不得務
　　　　爲美觀。室內受光通氣尤當考究合度，預防潮濕霉蝕之弊。
第五條　圖書館應設藏書室、閱書室、辦事室。
第六條　圖書館應設監督一員，提調一員，（京師圖籍浩繁得酌量添設以
　　　　資助理）其餘各員量事之繁簡，酌量設置。京師圖書館呈由學
　　　　部核定。各省圖書館呈由提學使司轉詳督撫核定。各府廳州縣
　　　　治圖書館呈由提學使司核定。（各省治暨各府廳州縣治圖書館事
　　　　務較簡，圖籍較少，祇設管理一人，或由勸學所總董、學堂監
　　　　督、堂長兼充。）
第七條　圖書館收藏圖籍，分爲二類：一爲保存之類；一爲觀覽之類。
第八條　凡內府秘笈，海內孤本，宋元舊槧，精鈔之本，皆在廳保存之
　　　　類。保存圖書，別藏一室，由館每月擇定時期，另備券據，以
　　　　便學人展視。如有發明學術堪資考訂者，由圖書館影寫刊印鈔
　　　　錄編入觀覽之類，供人隨意瀏覽。
第九條　凡中國官私通行圖書，海外各國圖書，皆爲觀覽之類。觀覽圖
　　　　書，任人領取繙閱，惟不得污損翦裁，及攜出館外。

第十條　中國圖書凡四庫已經著錄，及四庫未經采入者，及乾隆以後所出官私圖籍，均應隨時采集收藏，其有私家收藏舊槧精鈔，亦應隨時借鈔，以期完備。惟近時私家著述，有奉旨禁行，及宗旨悖謬者，一概不得采入。

第十一條　海外各國圖籍，凡關係政治學藝者，均應同時搜采，漸期完備。惟宗旨學說偏駁不純者，不得采入。

第十二條　京師暨各省圖書館，得附設排印所、刊印所，如有收極秘笈孤本，應隨時仿刊印行或排印發行，以廣流傳。

第十三條　京師圖書館書籍，鈐用學部圖書之印。各省圖書館書籍，由提學使鈐印。各府廳州縣圖書館，由各府廳州縣鈐印。無論為保存之類觀賞之類，概不得以公文調取，致有損壞遺失之弊。

第十四條　圖書館每年開館閉館時刻，收發書籍，接待人士，各項細則，應由館隨時詳擬。京師圖書館呈請學部核定，各省暨各府廳州縣圖書館呈請提學使司核定。

第十五條　圖書館管理員均應訪求遺書及版本，由館員隨時購買，以廣搜羅。惟須公平給價，不得籍端強索。其私家世守不願出售者，亦應妥為借出，分別刷印影鈔過錄，以廣流傳。原書應發還，不得污損勒索。

第十六條　海內藏書之家，願將所藏秘籍暫附館中擴人聞見者，由館發給印照，將卷冊數目抄刻款式收藏印記一一備載，領回之日，憑照發書，管理各員，尤當加意保護，以免損失，其借私家書籍版片鈔印者，亦照此辦理。

第十七條　私家藏書繁富，欲自行籌款隨在設立圖書館以惠士林者聽。其書籍目錄，辦理章程，應詳細開載，呈由地方官報明學部立案。善本較多者，由學部查核酌量奏請頒給御書匾額，或頒賞書籍，以示獎勵。

第十八條　京師圖書館經費由學部核定籌撥，樽節開支。各省由提學使司核定籌撥，樽節開支。各府廳州縣由地方公款內樽節開支。

第十九條　京師及各外省圖書館均須刊刻觀書卷，以便稽察，凡入館觀書非持有卷據，不得闌入。

第二十條　圖書館辦理章程，如有未盡事宜，應隨時增訂，在京呈由學

部核定施行，在外呈提學使轉詳督撫核定施行〔註37〕。

此乃依預備立憲分年籌備事宜摺并單內開第二年頒布圖書館章程並宣統二年行各省一律開辦圖書館之進度施行之措施。又在第三年上屆籌備事宜摺稱「其各省圖書館上年奏准章程，業經通行在案，現報部開辦者已有多省，其未經設定省分，當再咨行各該督撫一律開辦。」有清屬行新政，主動興建圖書館，一時圖書館事業進步神速，然該因辛亥革命而暫告中斷。

依章程，有清將大力籌建圖書館，除京師外，各省暨各府廳州縣治，亦將各依備年限，以次設立（第二條），普遍推行至全國各角落。而圖書館地址以遠市避囂為原則（第四條），此亦為藏書樓之傳統觀念，仍未臻於使讀者方便為原則之理想。其書藏關於舊槧精鈔，至善本書，別貯一室保存之，每月僅擇數日開放（第八條），此亦防遺失損壞之舉；關於一般書不得攜出館外（第九條）僅為在館閱讀，未免視圖書如財產，仍不能將圖書發揮最大用途，以供流通。至於圖書館附設刊印所（第十二條），及私人藏書寄存圖書館供人閱覽之辦法（第十六、七條），實為非常進步之措施。

綜觀我國第一次圖書館立法，可謂優劣各居，然而當時有如斯觀念，亦可證圖書館推動已深入人心，國人已從藏書樓觀念進化至圖書館焉。

第三節　韋棣華女士與中國新圖書館事業的發軔

清末與我國圖書館事業發展最有關連之人，厥為韋棣華女士（Mary Elizabeth Wood，1861-1931）。彼係美國人，雖為一外人，然而是我國圖書館學的先驅，把美國現代化圖書館學的新觀念帶到中國，其對我國之貢獻至深且鉅。

女士誕生於紐約州的巴達維亞（Batavia），姐弟三人，她居長。曾肄業紐約市布魯克林（Brooklyn）區的普萊特學院（Pratt Institution），復畢業於波士頓市的西蒙斯學院（Simmons College）專攻圖書館學。光緒二十五年（1899）五月來華探視其在武昌傳教之弟。其時美國教會所辦文華大學（Boone College）教員缺乏，女士遂接受該校之請，於該校任職。文華大學圖書館規模甚小，極少使用。女士

〔註37〕見《學部官報》第一一三期，頁15～18「奉擬定京師及各省圖書館通行章程摺書單」所云（中央研究院近代史研究所珍藏 Microfilm 宣統二年二月一日出版）
「（宣統元年己酉十二月壬辰）學部奏：京師及各省圖書館通行章程，依議行。」
又見《政治官報》冊二八宣統元年十二月十九日第八一三號，頁357學部奏擬定京師及各省圖書館通行章程摺併單所云。

遂單槍匹馬,極力爭取房舍,並充實書籍。新館址終於 1901 年落成,女士稱之爲
Ebenezer。

女士以爲圖書館功用在學校則爲學校心神,在社會則爲社會之骨髓,又鑑於
中國民眾教育缺乏,生活艱苦,課餘乃從事社會教育,提倡公共圖書館,以供學
生及一般民眾之所需。故不惜磨頂放踵艱難以締造之。在當時武昌既少現代化的
水電設備,女士亦不諳華語,學校金額亦不足,經費非常困難。她並不氣餒,認
同一切問題務必自謀解決,遂開始不斷地與美國之教會團體通訊,冀求得到若干
財力補助。最後並請假訪美,親自遊說,以勸募足夠買地建屋之款項。在光緒二
九年(1903)她終於創辦了文華公書林。將大學之中西文圖書公開陳列。凡武漢
三鎮各機關、各學校人士皆可應用,自由閱覽。並採用開架式,以便利讀者。其
目的在於打破傳統之藏書樓觀念,介紹美國現代化圖書館之觀念與制度,以充分
發揮圖書館對於民眾教育之功能。女士這種大膽嘗試,曾受到文華大學校長翟雅
各博士之反對,然她堅持不爲所動,卒獲成功。又創辦巡迴文庫,選擇圖書,寄
存於武漢公私學校,使各校學生與文華學生獲得同等圖書的享受。文華公書林係
一種美國式公共圖書館在中國之創設,非因宣統元年圖書館通行章程而設立。另
則,嚴格言之,僅爲一個學校圖書館的推廣服務,而非是一個公共圖書館的產生。
但其可謂中國最早私人興辦之新式圖書館。

韋女士的意義及影響之大,並非局隅於圖書館,而在圖書館學校的創立。女
士認爲中國需以提倡教育發展文化爲先務;於文化教育均能致最大之貢獻者厥爲
圖書館。顧未有圖書館之前,須有圖書館之人才以開創之;既有圖書館以後,須
有圖書館之人才以辦理之。故自文華公書林創立後,女士之心意即在創辦圖書館
學校以應此項需要。

女士任教文華大學時,曾開有圖書館學課程,並遣其門人沈祖榮、胡慶生兩
先生赴美研究圖書館。兩位學成歸國,襄助她訓練專門人才,並聯合全國基督教
青年會,攜帶各種儀器到處宣傳。凡湖北、湖南、江西、江蘇、浙江、河南、山
西、直隸足跡殆遍。中國圖書館事業,遂稍振興矣。

女士一則創立一座美國式公共圖書館,另則創辦圖書館學校,並遣人赴美研
究,遂將美國圖書館之經營法流入中國,遂使一種綮新的圖書館事業在中國發軔
爲,更使日後中國圖書館之管理及服務,一是以美國爲準。女士對我國圖書館事
業之影響可謂深且鉅矣。

第四章　清代私人圖書館事業

第一節　私藏總論

　　圖書館事業，可分爲公家圖書館與私人圖書館。在光緒二十年（1894）之前，我國公家圖書館，概屬官家私藏，其狀況不外承平之世則聚集圖籍藏於官府而囤積之。書藏不能公之於民衆，即使貴族及大臣亦僅最少數得以閱讀之，實不啻爲當時帝王所私有而御用。昏庸之主，本無學問可言，其略有賢明好學者，則臨民聽政之餘，觀覽之暇亦無多，是以深局秘藏，徒供朽蠹而已。有清一朝，乾隆於江浙建南三閣，諭令士子願讀中秘書者，就閣中傳鈔；翰林院亦允之。此爲極少數特出卓越之例，然亦僅對士子公開珍藏。其錮藏如是，然及其亂世也散佚。兩朝陵替，或盜賊橫行，兵燹之間，閭閻邱墟，何況書籍，典籍淪亡，大都靡有孑遺。迨至新王朝代興，又必承兵燹之後，爲粉飾昇平計，又廣徵民間進獻書籍。蒐其典籍之不利於己者摧毀之，擇其於彼有利或無關者，則且託爲好古右文之美名蒐羅之，發爲聚書之事業矣。由此觀之，官藏與學術之關係如何，可以周知矣。我國私人圖書館之剙設實以清宣統年間韋棣華女士之文華公書林爲首創，在此之前亦概屬私人藏書，較今之圖書館，誠遠不相及。然亦爲圖書館事業演進所必需的一個階段。歷代藏書家之裨助學術，貢獻社會者，略舉其要，有以下數端：

一、保存圖籍

　　清袁枚曾云：「李穆堂侍郎云：凡拾人遺編斷句，而代爲存之，比葬暴露之白骨，哺路棄之嬰兒，功德尤大〔註1〕。」藏書家之存古，即以是項精神造成者。以

〔註1〕見袁枚《隨園詩話》卷一三，頁192所云。（萬國圖書公司影印，民國49年2月）。

錢謙益之宋本《漢書》爲例舉之。《古學彙刊》第一集收有無名氏《牧齋遺事》云：

> 初，牧翁得此書，僅出價三百餘金。以《後漢書》缺二本，售之者
> 因減價也，牧翁寶之如拱璧。偏囑書賈，欲補其缺。一書賈，停舟於烏
> 鎮，買麵爲飯食。見舖主人放敗麓中，取書兩本，作包裹；諦視，則宋
> 版《後漢書》也。賈心動，竊喜，因以數枚錢買之。而前頁已缺，賈向
> 主人求之，主人曰：頃爲對鄰裹麵去，索之可也，乃並獲其首頁。星夜
> 來常，錢喜欲狂，款以盛饌，予之二十金，其書遂爲完璧。紙色墨汁，
> 炯然奪目，真藏書家不世寶也。入本朝，爲居要津者取去〔註2〕。

這一段書籍獲得經過頗爲曲折及離奇，終保存圖籍，居功甚偉。各藏書家之經營
網羅，節衣食之費，勤於購訪，傳鈔，得之艱而好之篤，專心維護珍籍，雖聚散
無常，大抵轉相售購，仍多歸於好之而有力者之手中，其愛護一如前也。楚弓楚
得，於邦國似無大創，故今日之珍藏善本實賴往昔藏書家輾轉相傳保留，以迄於
今也。

二、訂正圖書

版刻未行之時，藏書必由輾轉相借，親自繕寫，而喜藏書者多勤懇好學之士，
鈔寫大都甚精工。迨至版刻既行，而焉烏亥豕，舛誤訛謬不一而足。篤好書籍者，
深爲慊然，於是而讎校之功至爲重要。是以書籍之傳鈔（手抄本）仍爲諸藏書家
所崇尙，其得書也，亦以親自繕寫爲善。此輩爲藏書而鈔書，專重版本，影宋影
元，朱絲烏絲，斠校爲譌，裝池精整。《夢溪筆談》卷二十五有云：「宋宣獻博學，
喜藏異書，皆手自校讎。常謂校書如掃塵，一面掃，一面生。固有書每三四校，
猶有脫謬〔註3〕。」清孫從添《藏書紀要》亦云：

> 古人每校一書，先須細心紬繹，自始至終，改正謬字錯誤，校讎三
> 四次，乃爲盡善。（中略）若古書有不可考校，無從改正者，亦當多方請
> 求博學君子，善於講求古帖之士，又須覓舊碑板文字。訪求藏書家秘本，
> 自能改正。（中略）至於字畫之誤，必需請教明於字學音韻者，辨別字畫
> 音釋，方能無誤〔註4〕。

〔註2〕見陳登原《中國文化史》冊下，卷四章四，頁239引無名氏〈牧齋遺事〉(《古學彙刊》
第一集）所云。（世界書局，中國史學名著之一，民國55年3月）。

〔註3〕見沈括撰楊家駱編《夢溪筆談校證》冊下，卷二五雜誌二，頁824所云。（世界書局，
讀書箚記叢刊第一集，民國50年2月）。

〔註4〕見孫從添《藏書紀要》第四則校讎，頁21所云。（廣文書局，《書目續編》，民國57
年3月）。

在此種精神之下，別白魚魯，訂明亥豕，圖籍類此而正之。古書之中，往往一字之歧，累及全義，苟有校勘之力，能辨正古譌，乃能立去陳說，而不可卒讀之書，一旦文從字順，使人共曉，亦有功學術。

三、造就學問

　　擁書百城，可資研討，濡染既深，腹儲自富，故宏通之學問家實多縹緗之貯，如宋劉恕、鄭樵，金元好問，元趙孟頫，清之黃宗羲等。曩昔私人藏書雖不如今之圖書館，然當時既無所謂圖書館，而官家藏書又非普通人士可得而閱之。好學者于鄉里間實幸有一二藏書家可供借閱，此大多限制綦嚴，不肯輕易借人，然苟有因緣以求之，亦有閱讀之希望。而慷慨不稍吝者亦有人焉。如宋之曹誠建書院，延明師（南都戚氏），買田市書，以待來者。九江陳氏建家塾聚書，延四方學者，江南名士皆肄業於其家。宋宣獻多藏書，居春明坊，當時春明宅子，比他處僦值嘗高一倍。士大夫喜讀書者，因便於借閱，多居其側故也〔註5〕。皆能造就學問廣開見聞。

　　歸有光嘗云：「書之所聚，當有如金寶之氣，卿雲輪囷，覆護其上〔註6〕。」藏書家之聚書甚為艱苦，收藏乃為個人嗜尚之癖，緣此而蒐書聚書，書誠聚矣。然因聚書之艱難，遂得之則寶之，念今日之秘籍，尚在吾手，不可流落他人。既得之又想獨據，重獨擁之可矜，遂鮮流通矣。祁承㸁《購書訓》有云：

　　　　鄭漁仲論求書之道有八，一即類以求，二旁類以求，三因地以求，

　　四因家以求，五曰求之公，六曰求之私，七因人以求，八因代以求，可

　　謂典籍中之經濟矣〔註7〕。

此「八求」亦即聚書之範圍，若是如斯廣大，實難窮一人之力一生之日以儲之。又孫從添《藏書紀要》亦云：

　　　　購求書籍，是最難事，亦最美事，最韻事，最樂事（中略）。知有

　　此書而無力購求一難也；力足以求之矣，而所好不在是二難也。知好而

　　求之矣，而必較其值之多寡大小焉，遂致坐失於一時，不能求之於舊家

〔註5〕見葉昌熾《藏書紀事詩》卷一，頁9詩云：「匹夫立號毆適戍，學官報講謝諸生，一元貞下循環起，廣廈千間絃誦聲」該詩下注所云。又卷一，頁12詩云：「誰説長安不易居，春明宅子卜鄰餘，踏穿户限門如市，亦似鴻都碑下車」該詩下注所云。（世界書局，目錄學名著第一集第六冊，民國50年3月）。

〔註6〕見黃宗羲《南雷文定前集》卷二，頁19〈天一閣藏書記〉所引云。（世界書局，中國學術名著第六輯第十六冊，民國53年2月）。

〔註7〕見祁承㸁《澹生堂藏書約》聚書訓，頁38所云。（廣文書局，《書目續編》，民國57年3月）。

四難也。但知近求而不能遠購五難也。不知鑒識眞僞，檢點卷數，辨論字紙，貿貿購求，每多闕佚，終無善本六難也。有此六難，雖有愛書之人，而能藏書者鮮矣〔註8〕。

由上知購求之條件，乃爲具識鑒，通校讎，有貲力，多留心，順私意，掌機遇，缺一不可。

書籍之浩如淵海，訪書至於市場負販，甚至徧搜於國中，冥求乎海外，亦可謂事極艱辛。孫峻嘗謂錢塘丁丙之聚書云：

棄章服之榮，樂娜嬛之業，惡衣惡食，朝訪夕求，凡齊楚燕趙吳越秦晉之間，聞有善本，輒郵筒往復，期必得而後已〔註9〕。

藏家羅致於海外，楊守敬《日本訪書志》尤爲膾炙人口。其隨何日璋去日，在東邦四年，蒐購我國隋唐書蹟甚多。而得書之道，除購訪之外，尚有傳鈔。論傳鈔之勞，則未鈔之前，講求筆畫，既鈔之後，研磨訛漏，此種鈔書生涯，非有深嗜篤好，鮮有不感難耐之苦。

一書既購得，或既鈔就，必先之以校讎，繼之以裝訂，而兩者均各有其難也。案校書之難，自不待言。而裝訂亦必有方。孫從添亦云：

裝訂書籍，不在華美飾觀，而要護帙有道，款式古雅，厚薄得宜，精緻端正，方爲第一。古時有宋本蝴蝶本冊本，各種訂式。書面用古色紙，細絹包角，裱書用小粉糊入椒礬細末於內，太史連三層裱好，貼於板，上挺足，候乾揭下，壓平用。須夏天做，秋天用。摺書頁，要摺得直，壓得久，捉得齊，乃爲高手。訂書眼要細，打的正而小，草訂眼，亦然；又須少，多得傷書腦，日後再訂，即眼多易破，接眼煩難。天地頭要空得上下相趁，副頁用太史連，前後一樣，兩張。截要快刀，截方平而光，再用細砂石打過，用力須輕而勻，則書根光而平，否則不妥。訂線用清水白絹，雙根訂結，要釘得牢，嵌得深，方能不脫而緊。如此訂書，方爲善也〔註10〕。

他如襯紙、書籤、書套、錦匣、補裱之如何，藏弄者均視爲專門之學也。既以成冊，又須加以編目方得收藏；既收藏又須偶加曝書，以免徒餵蟲蠹。

由上綜觀之，收藏家之聚書，訪求艱辛，鈔錄煩苦，重之以裝訂之勞，申之以校讎之勤，繼又守藏之力，非癖好在心，難能樂此不疲。得之如此其難，於是

〔註8〕見孫從添《藏書紀要》第一則購求，頁2所云。
〔註9〕見丁仁《八千卷樓書目》冊一孫峻敍一所云。（廣文書局，書目四編，民國59年6月）。
〔註10〕見孫從添《藏書紀要》第五則裝訂，頁25所云。

藏弆者視其藏珍秘，深閉禁錮，鮮有流通，致書入藏家，正如鳥入籠中，主人以外，無以得鑒賞，書之流傳既難，則書之絕迹自易。如范欽天一閣，「凡各廚鎖鑰，分房掌之，禁以書下閣梯，非各房子孫齊至，不開鑰。子孫無故開門入閣者，罰不與祭三次，私領親友入閣，即擅開廚者，罰不與祭一年，擅將書借出者，罰不與祭三年，因而典鬻者，永擯逐不與祭〔註11〕。」其例嚴密如此，可謂視如珍寶囤之。更有將書借人為不孝，以訓示子孫〔註12〕。其珍祕如是，使人有不如蟲鼠之嘆，苟遇兵火或子孫不能永守，則所珍祕者亦絕跡於人間。

　　私人藏書家其為功最鉅者，厥為保存書籍，即使聚散無常，亦輾轉易手，其保存文化一也。其過於珍祕，亦圖存之心繫之，而其流弊也亦緣此，而致圖書不得大量流通，其結果亦如官藏，其始也囤積，其終也散佚。然其私人藏書事業不啻私人圖書館之胚基，其私藏至清末亦有演變為公共圖書館之公藏，而造益人群。

第二節　清代私人藏書事業概說

　　有清之興，雖承流賊紛擾之後，典籍零落，然其時藏書家之抱殘守缺，補苴罅漏，洵有足以令人興羨者。藏書之風，清為極盛。由微而著，由簡而繁，此乃進化之公例，然而非漫然而如是，事出必有因焉。清藏書之盛所以遠邁前代，有下列諸因：

一、明末藏書家之影響

　　金元以來，屢經兵燹，藏書之家甚少，兵燹雖厄及典冊，而其善後者——明人私人藏書，未嘗不是此風氣所使然。迨明中葉，此風彌盛，文人類多藏書。如匪載、懸磬、七檜、脈望、世學、天一、澹生、得月、仁雨、小宛、千頃、汲古、絳雲等諸家，有至清猶存者。而清代私人藏書，以江浙為盛，吳越為藏書中心，此亦晚明啓其端緒。

〔註11〕見阮元《揅經室集》冊中二集，卷七，頁514〈甯波范氏天一閣書目序〉所云。（世界書局，中國學術名著第六輯第二十七冊，民國53年2月）。

〔註12〕見鄭元慶錄范鍇輯《吳興藏書錄》，頁12唐堯臣〈萬卷樓書目〉有云：「湖錄，堯臣（中略）有別業萬竹山房，構樓五間，藏書萬卷，書上有印曰：借書不孝。」（世界書局，目錄學名著第一集，民國50年3月）。

　　又葉昌熾《藏書紀事詩》卷二，頁79詩云：「涌出飛泉映佩刀，霜寒絕徼憶麾旄，百餘年後方星散，畢竟書廚鎖尚牢」其下引《東齋脞語》，〈文莊書櫥銘〉云：「讀必謹，鎖必牢，收必審，閣必高，子孫子，惟學斆，借非其人亦不孝。」（世界書局，《目錄學名著》第一集第六冊，民國50年3月）。

二、滿人思慕漢族文化及顯宦之倡導

清本無文，入關之後，一則深懼被漢化，另則亦仰慕漢族文化，大力提倡。帝王開日講之習，並科舉特科之頻繁，好學之士乃聞風而起。當時顯宦如徐乾學昆仲、朱筠、紀昀、阮元諸人，相與領袖群倫，獎提後進，彼輩亦皆復藏書家，學術昌明，藏書自盛矣。

三、政治昇平

文化事業興於昇平之季，康雍乾嘉諸朝，海內晏然，政治納入軌道，人民安居樂業，得有餘力從事學文。

四、學術之影響

藏書之業深受清世學術之影響。清初學者既痛苦明亡又受厄於清興；另則宋明理學，日趨萎沈，言性言道，無裨實際，遂對晚明理學產生反動矣。明末學術界虛僞，「所刻之書，或沿襲舊訛，或竄改原文，昔人謂明人刻書而亡書，蓋有由矣。嘉靖以前，風尙近古，時有佳本，萬曆以後，風氣漸變，流弊極於晚季。流弊既多，故有反動，反動之動機，一言蔽之，曰恢復古書之舊而已。有清學者，以實事求是爲學鵠，力矯頹風，或廣蒐善本，親手校勘，或繙刻孤本，以廣流傳。故校讎簿錄之學，絕勝前代，而叢書之盛，卓越千古，儼然與類書對抗焉。反動之初期，雖斷斷於求眞，而循是以往，流澤益衍，直接影響於藏書者甚鉅。」〔註13〕清學既崇尙樸學，儉腹空疏，見鄙儒林。此訓詁考訂之樸學，學者治學，尤需博覽載籍，腹富五車，而後可以揚榷是非，參稽同異，有樸學之提倡，而藏書之需要亟；有藏書供其需要，而樸學乃益發揚光大。當時吳皖兩派領袖惠棟、戴震亦皆藏書家，是以有清學術與藏書二者互爲因果。

有此四因，清藏書之風遂盛。清之藏書家大抵可記述者四事，一曰藏書，二曰讀書，三曰刻書，四曰著書。藏書而不能研讀，猶如不藏等；讀書而不能流通，但供一己之受用，與人群何豫；刻書而無學識以濟之，則讎校不精，鑒別不明。故善藏書，必能讀書；善讀書者，必能刻書；善刻書者，必能著書。以自身求書之不易，推己及人，故能藏者必能刻；以自身探討之心得，野人獻曝，啓示他人，故能讀者必能著，清之藏書家亦大多四者兼備。

緣此，由於藏書連帶刻書之風盛行，目錄校勘家輩出。張之洞嘗曰：「刻書者傳先哲之精蘊，啓後學之困蒙，亦利濟之先務，積善之雅談也〔註14〕。」清代藏

〔註13〕見袁同禮〈清代私家藏書概略〉，頁 31 所云（《圖書館學季刊》第一期，頁 31～38，民國 15 年 3 月）。

〔註14〕見張之洞《書目問答補正》卷五，頁 217〈勸刻書記〉所云。（新興書局，國學基本叢

書家尤喜刻書，試舉其大者有通志堂、玉函山房、藝海珠塵、雅雨堂、抱經堂、知不足齋、平津館、經訓堂、守山閣、士禮居、宜稼堂、微波榭、貨園、文選樓、聚學軒、適園、雲自在龕、誦芬室、嘉業堂、觀古堂等叢書。學者欲多讀古書，不可不取資焉。明人刻書多訛誤，惟清代藏書家所刻之書多，校刊精良，尤爲可貴。目錄校勘之學，惟清超越前代矣。當時盧文弨、何焯、鮑廷博、黃丕烈、紀昀、翁方綱、章學誠、莫友芝、繆荃孫諸藏書家，皆能勤於校讎，丹黃不倦，辨析義類，考訂板本，卓然名家，成專門之學〔註15〕。蓋訓詁、考訂乃清代特著之學風。欲知我國目錄學校勘學者，即不可不知清代私人藏書家事業，蓋諸藏書家，率皆目錄校勘之專家也，其所著錄藏書目，所考訂之藏書提跋，以及其齋館名號印記，所校刊之書籍，所著作之文字，皆爲吾人研究目錄學者，所必需參考而研究者。

有清一朝，私人藏書家可謂眾多矣，難以一一序列，此僅列舉犖犖大者，茲分三個時期敘說。一曰順康雍之私人藏書家，二曰乾嘉之私人藏書家，亦即《四庫全書》修書前後時之藏書家，三曰道光以降之私人藏書家，亦即歷道咸同光宣五朝之私人收藏。

除上述私人藏書家之外，另有若干私人團體亦勤於藏書之業，其最著者厥爲教會與書院，此亦有助於圖書館事業之發展。

明清之際有耶穌會（Society of Jesus）教士來華，隨其俱來爲西洋科學。當時傳教士著名者有利瑪竇（Matthoeus Ricci）、湯若望（J. Adam Schall Von Bell）、南懷仁（Ferdinandus Verbiest）、艾儒略（Julius Aleni）等，彼等力爲華風，自附儒家，略爲變通，優容尊孔與祖先崇拜，更以與伊等同來之學術以自重。我國學者徐光啓、李之藻、馮應京、楊廷鈞、瞿式耜、韓霖、王徵、朱宗元等欽羨其學而崇之。西方科學如天文、曆算、地輿、礮銃、水利及格物致知之學遂告輸入〔註16〕，我國學術上頓呈一異彩焉。西士所施於吾國學術之影響，不在某種學問而在其治學精神；以科學的方法研究學問，一反明儒致力於空疏之論，而皆爲切實有用裨益國計民生之學，是以在明末學界上興起一反動之勢力。西教士除翻譯書籍之外，自不忘記興建教堂，溯明清間教士在北京有東南北三堂，而三堂均有庋藏豐富之

書，民國51年7月）。

〔註15〕見陳登原《中國文化史》冊下，卷四章十二，頁207引姚元之《竹葉亭雜記》卷三所云。（世界書局，中國學術名著，中國史學名著之一，民國55年3月二版）。

〔註16〕陳登原《中國文化史》冊下，卷四章二，頁205引楊家駱《勝國文徵》卷二天主堂云「京都順承門外天主堂萬曆年間建。（中略）所製有簡平儀、龍尾車、沙漏、遠鏡、候鐘、天琴之屬。」又，頁207引黃鈞宰《金壺浪墨》卷七所云同。

－101－

圖書館〔註17〕，茲將各堂簡述如后：

一、南　堂

　　設立最早，位於宣武門內，歷史甚爲悠久，早在明萬曆三十九年（1601）即由神宗賜地予利瑪竇。清順治帝又將其地附近賜給湯若望，而南堂即由湯氏就該地而建之。順治十四年（1657）帝曾御筆題賜「通玄佳境」匾額一幅（康熙時因避諱易玄字爲微）及御製天主堂碑一塊。康熙亦曾御題天主堂律詩，頒賜御筆匾額「無始無終先作形聲眞主宰，宣仁宣義聿昭拯濟大權衡」一塊。其後教士徐日昇（Thomes Pereira）將教堂改建爲西洋式。然於康熙五十九年（1720）、雍正八年（1730）連遭二次大地震而破爛不堪。乾隆八年（1743）重建完成，可惜又至乾隆四十年（1775）二月十三日因火災而付諸一炬。後又再蒙乾隆撥賜經費修復並重賜御題匾額「萬有眞原」。此教堂本名西堂，待外方傳教會建西堂後，才改稱南堂。南堂圖書館藏有利瑪竇攜帶之科學與宗教等書及金尼閣（P. Nicolaus Trigault）於萬曆四十六年（1618）自羅馬返華攜歸教皇保祿五世所贈之七千部西書〔註18〕。

二、東　堂

　　供奉聖若瑟（St. Joseph），附屬於南堂。早在順治七年（1650）曾恩賜利類恩（Ludovicus Buglio）、安文思（Gabriel de Magalhaeus）房子和金錢，這二位傳教士就用這筆現款把房子改建成西洋式教堂，此即東堂最初之由來。其後當費（Frideli）來到北京任東堂本堂時，乃在康熙五十九年（1720），葡王符立德三世（Fredrich III）之贈款將東堂擴建，由毛吉（Moggi）擔任外部工程設計，而由郎世寧擔任內部裝飾設計，郎氏以幾章油畫點綴其間。東堂嘗爲教士著作家之居住所，利類恩、安文思，自四川隨肅親王豪格抵京後，亦寓是堂，曾譯印聖多瑪斯之《超性學要》（*Somme theologique* by de St. Thomas），又譯印《彌撒經典》、《司鐸日課》、《七聖事禮典要》等書。湯若望、南懷仁任職欽天監時，有二百多欽天監之職員，寓東堂編譯曆法書籍，祇湯氏於順治八年（1651）時，其個人所藏書就有三千餘卷，其東堂圖書館之富有可知。

三、北　堂

　　位於北京西安門。初法國的耶穌會傳教士，本與葡萄牙傳教士一同住在南堂。由於兩者國家觀念都很重，以致兩國傳教士之間的感情漸漸疏遠了。適康熙三十

〔註17〕陳登原《中國文化史》冊下，卷四章二，頁207有云「自明季至清季，天主堂幾附帶有自然科學博覽館之作用矣」。

〔註18〕見方豪《六十自定稿》冊上，頁39～53〈明季西書七千部流入中國考〉所云。（方豪，民國58年）。

二年（1693）五月，帝患瘧疾，由法國耶穌會士張誠（Gerbillon）、白晉（Bouret）、洪若翰（Jean de Fontaney）等獻上奎寧丸，帝服之而癒，爲嘉勉彼等之忠誠，於六月九日把西安門內的一所大房子賞給了法國耶穌會，並下聖旨諭命由內大臣監督改建工程，內部裝飾由意大利畫家吉拉爾吉尼（Cherardini）負責，經過四年，北堂落成，堂內對掛康熙及法王路易十四之畫像，之後中法兩國之間禮書頻傳，並蒙兩國君王賞賜許多金銀財寶和其他裝飾品。此外更另設客堂，堂內懸掛有羅馬教皇、英吉利王、西班牙王等諸王之畫像，以象徵萬邦協和天下一家的理想。北堂圖書館有法皇所贈珍貴書籍。法籍教士來華之始，頗潛心於中國文化，極爲表揚之，與歐洲各國學術機關多有連絡，彼此交換知識，互贈書籍，北堂圖書館乃學術之府庫也。

北京三堂圖書館所藏如是之豐富，然於乾隆三十八年（1773）受十八世紀中葉歐洲各國政府仇視耶穌會之流風所及，教宗詔諭解散耶穌會，四十年（1775）九月二十二日高愼思到北堂正式宣布該令。四十七年（1782）遣使會（Lazartist 或 Lazastite，英文全名 Congregation of the Priests of the Mission，明熹宗天啓四年即 1624 由聖味增爵教士 St. Vincent de Paul 所創）教士受命接管耶穌會在中國所辦之傳教事業，北京三堂遂爲該會教士管轄。自接管後，一切蕭規曹隨，無有變更。

嘉慶十七年（1812 年）教士福文高（Teryeira）、高守謙（Serra）見教難日劇，官廳屢來抄查，欲將東堂貴重物件及圖書等，夜間裝箱藏匿，不戒於火，圖書等盡行焚燬〔註19〕。北堂自道光四年（1824）福文高逝世，二年之後，高守謙回歐，道光七年（1827）遂被清廷廢賣。國人一薛姓司鐸，乃將圖書等遷至教士墓地正福寺，繼遷一部於關外西灣子，惟大部份仍留該寺，托一杜姓教友看管。杜氏之子又恐官廳搜查，故將書籍及西洋物品掘土埋藏，六年後發掘，物品尚存，而書籍已化泥土矣〔註20〕。

南堂圖書館於道光十三年（1833）北京畢學源主教逝世之前，將南堂、西堂（羅馬傳信部教士之堂）之圖書付托於俄國東方正教魏教士保管，因當時北京無天主教教士之故也。咸豐十年（1860）英法聯軍入北京議和後，南堂重還天主教，北堂又重行建造，俄國所保管之圖書又璧還原主，遣使會教士乃將書籍移置北堂，當時剩餘者，僅五千四百冊中西書籍而已，至藏於西灣子之北堂圖書，自孟振升

〔註19〕徐宗澤《明清間耶穌會士譯著提要》，頁 408 引 Bulletion Cathroligue or Pekin，1940 pp.82 ～92 所云（中華書局，民國 47 年 3 月台一版）。
〔註20〕徐宗澤《明清間耶穌會士譯著提要》，頁 408 引天津工商學院出版《公教雜誌》卷四期二、三所云。

於咸豐六年（1856）升爲北京主教後，將圖書分派，惟留西灣子者爲多。孟主教所得之書於咸豐十年收歸北堂，西灣子之書又分散二教區，一部分嗣後又歸北堂，現存西灣子之書究有若干未明〔註21〕，而北堂所藏之書從未編目，至抗戰前，北平燕京大學校長司徒雷登（John Lighton Stuarl）及美大使館秘書 C. D. Lyon 之助，請得美洛克基金會特別補助費，以供繕寫編目之用〔註22〕。

道光年間，教士重來中國，其中心由北京移於上海。徐家匯之藏書樓遂於二十二年（1842）成立。該樓分上下二層。上層置西書，凡八萬冊，古本居多，大抵爲希臘、法、英、德文之書，其中尤以百科辭典一項所置最備。有著者目錄，兼用卡片書本二式。下層儲中書，凡十二萬冊，又方志一千七百七八種，居公藏方志第五位（民國二十一年一二八事變，東方圖書館被日燬後進第四位），分類依四庫全書增叢部，書本及卡片目錄均備，卡片目錄爲字典式排列，依康熙字典齊尾；方志另有目錄亦兼用卡片書本式。又藏有碑帖及中西古錢甚富〔註23〕。

這些屬於教會之圖書館，僅允教會中人閱讀，使所藏不能充分發揮效用，甚爲可惜。

有清之學校制度，大抵沿襲明制。於京師設國學，各直省曰府州縣學，特以詩賦策論時文，唯一時風尚，三載賓興，帝王命學臣一時按臨而甄錄，復爲之選派儒官，以資表率。其所謂學校，即科舉之初基。迨其既也，師與生終歲不相見，惟入學時之修脯則斷斷焉，學校名存實亡，已非一日。清季崇尚新學，方有學堂之興。在學堂興之前，乃有書院之代興。

清書院亦沿宋明之制。各省及府州縣次第建立，依《大清會典事例》所云：

> 京師設立金臺書院（中略）直省省城設立書院，直隸曰蓮池，山東曰濼源，山西曰晉陽，河南曰大梁，江蘇曰鍾山，山西曰豫章，浙江曰敷文，福建曰鼇峰，湖北曰江漢，湖南曰嶽麓，曰城南，陝西曰關中，甘肅曰蘭山，四川曰錦江，廣東曰端溪，曰粵秀，廣西曰秀峰，曰宣城，雲南曰五華，貴州曰貴山〔註24〕。

延聘明經行修足爲多士模範者爲之長，秀異多出其中。清初各地書院，猶尚講學，如李二曲之於關中，顏習齋之於漳南，張伯行、蔡世遠之於鼇峰，沈國模、史孝咸

〔註21〕徐宗澤《明清間耶穌會士譯著提要》，頁 481 引公教學誌 Bulletur Catholigue H Peki，1940 pp.82～92 所云。

〔註22〕徐宗澤《明清間耶穌會士譯著提要》，頁 481 所云。

〔註23〕見盧震京《圖書學大辭典》，頁 34〈天主堂藏書樓〉所云。

〔註24〕《欽定大清會典事例》冊一三，卷三五九，頁 10321 禮部學校各省書院所云。（啓文出版社，民國 52 年 1 月）。

之於姚江，皆明代講學之法也。雍正中，直省皆建書院，以屏去浮囂，杜絕流弊爲宗旨，故主之者不復講學，第以考試帖括，頒布膏火而已。其之初始，師生浸染研究道藝，頗有聲光；其之末終也戀棧不去，求名賒而謀食殷。故末葉書院雖廣設，如丹陽之鳳鳴，蘇州之紫陽正誼，湖南之城南求實，吉林之白山，湖北之經心，廣西之榕湖，奉天之莘德莘升，江寧之崇文，貴州之文廟，江西之鹿洞，衡陽之船山，河南之嵩陽明道等，而所造就之人才，僅廣東之廣雅，湖廣之兩湖，及江陰之南菁爲最著。此者亦皆以博習經史詞章爲主，與專試時文書院固不同，亦與講求理學之書院異趣焉。甲午戰後，議興新學，浙江巡撫廖壽豐因將舊有敷文崇文紫陽學海詁經東城六書院酌籌改併，是爲求是書院，以講求新學爲事。光緒末造，江蘇學政瞿鴻機奏改南菁書院爲南菁高等學堂，張之洞奏改經心書院爲存古學堂。蓋自庚子以後，政府雖諭令書院與學校相輔而行，然時會所趨，各省皆改書院爲學堂矣。

考書院創始於唐之麗正書院與集賢書院，其原爲藏書而設置，其之所以名之曰書院者，即以藏書故也〔註25〕。然而這種性質，後世漸變爲教士，生徒學習之學術研究機構矣。宋之四大書院，白鹿嶽麓應大嵩陽是也，皆有大量藏書。考書院之藏書，雖所在多有之，而爲主持書院之先哲，所以提倡不遺餘力，其必要蓋在書院所以教士者，而書籍爲教士之具，使有書院而無書，則士欲讀不能，是書院徒有教士之名，已失教士之實。凡教士之所，皆有廣蒐典籍之必要，以供學習之博覽，不獨書院而已也。

清書院所藏書籍之來源，大凡爲下列數端：

一、御　賜

凡御賜之書籍，而其所以賜者，有皇上主動頒發書院者。如康熙二十五年，頒發《御纂日講解義》，經史諸書，於白鹿嶽麓二書院〔註26〕。乾隆元年識准聖祖仁皇帝《律書淵源》應頒發直省書院〔註27〕。乾隆十六年江南鍾山書院、蘇州紫陽書院、杭州敷文書院各賜武英新刊《十三經》、《二十二史》一部〔註28〕。

〔註25〕見班書閣〈書院藏書考〉，頁 54 所云。(《國立北平圖書館館刊》第五卷第三號，民國 20 年 5、6 月，頁 53～72)。

〔註26〕見《清朝文獻通考》冊二，卷六九學校七，頁考 5940 有云：「(康熙)二十五年，頒發《御纂日講解義》，經史諸書，於直省學宮及白鹿嶽麓二書院。」(新興書局，國學基本叢書，民國 47 年 10 月)。

〔註27〕見《清朝文獻通考》冊三，卷七一學校九，頁考 5510 有云：「(乾隆元年)又欽頒聖祖仁皇帝御製《律書淵源》於直省學宮。」

〔註28〕見《清朝文獻通考》冊三，卷七一學校九，頁考 5515 有云：「(乾隆十六年)朕時巡幸所至，有若江南之鍾山書院，蘇州之紫陽書院，杭州之敷文書院，各賜武英殿新刊《十三經》《二十二史》一部，資髦士稽古之學。」

亦有由臣疏請頒發者。如丁思成請賜御書扁額及日講解義諸書，康熙二十三年，上遂頒之〔註29〕。

有用公銀購買者，然此即等於御賜也，蓋公銀爲專制君主之私產。如乾隆元年議准各督撫於省會書院，購買頒發《十三經》、《二十一史》諸書，其動用存公銀兩，報部查核。

二、官吏向各官書局之徵集

官書局爲公家設局刊書之所。以官刊之書籍，置諸國家養士之書院，而使書院可省購書之經費，士得優游於典籍。且官書局原非營利，而爲利士計，即不收資，亦屬公允。如光緒五年畢道遠周家楣合奏曰：

> 金臺書院（京師）夙無藏書，爲多士計，自宜廣儲典籍，以備研摩。（中略）京師爲天下文人所集，各該省士子，留京待試，肄業書院。其本省大吏所欲栽成，而獎進之者，既在遠而不遺；至於斯文氣脈之相關，首善地方之尤要，凡有心人所欲昌明而振勵之者，必用心之無異。可否由臣等分咨兩江兩湖兩廣四川閩浙總督，江蘇江西湖北浙江廣東巡撫，於各書局中，凡經刊印之書，每書檢備一部，開具目錄，裝箱就水程運送蘇松泰道彙收，再乘招商局輪船之便，運交天津關道彙收，由臣衙門派員往運來京師存金台書院。署籤列架，分別門類，用備肄業諸生，研精致用之具〔註30〕。

三、官吏之捐置

如康熙五十六年學使王思訓捐書江西豫章書院〔註31〕，雍正二年知府胡醇仁捐置書籍於廣西道鄉書院〔註32〕。他如乾隆五十一年黃錦之於廣東雷陽書院，五

〔註29〕見曾國荃等撰《湖南通志》冊四，卷六八學校七書院一，頁 1557 丁思孔請賜御書扁額日講經書第一疏所云。
又，頁1553 有云：「（康熙）二十三年巡撫丁思孔重修（嶽麓書院），置膏火田數百畝，並疏懇御書扁額及頒賜日講解義諸書。尋奉欽賜『學達性天』扁額暨日講經史十六種。思孔於院後恭建御書樓藏之。」（京華書局，《中國省志彙編》六，光緒十一年刊本，民國 56 年 12 月）。
〔註30〕見黃彭年等撰《畿輔通志》冊七卷一一四經政略學校一，頁 3687 所云。（京華書局，《中國省志彙編》之十一，宣統二年刊本，民國 57 年 12 月）。
〔註31〕見趙之謙等撰《江西通志》冊四，卷八一建置略六書院一，頁 1781 有云：「（康熙五十六年）學使王思訓捐俸給廩餼，復購十三經、二十一史、唐宋八大家文集、先儒語錄，儲之以餉學者。」（京華書局，《中國省志彙編》之一，光緒七年刊本，民國 56 年 12 月）。
〔註32〕見左宗棠等撰《廣西通志》冊九卷一三六建置十一，頁 6733 有云：「胡醇仁捐置書籍文略曰：（上略）但五嶺之外，書籍維艱。聖經賢傳，內而身心牲命，外而經濟謨猷

十八年縣署劉大鏞之於四川繡川書院〔註33〕，嘉慶七年知府宋鳴琦之於四川九峰書院〔註34〕，嘉慶二十三年知縣劉肇紳之於當湖書院〔註35〕，道光六年布政使司吳榮光之於福建鳳池書院〔註36〕，同治八年學政張之洞之於經心書院〔註37〕，光緒元年布政司孫衣言之於安徽敬敷書院〔註38〕，亦皆捐置書籍。

四、私家之捐置

官吏捐置而百姓亦起嚮應焉。如乾隆九年鍾峨捐置江西永清書院〔註39〕。

這些書籍之管理法，仿白鹿洞書院規章辦理，皆限於館內閱讀，而書院儲書，專以教迪士類，置書藏亦僅供師生使用。而書目註於冊，有專人管理，借讀有票據，損失得負責賠償。

書院爲作育菁莪棫樸之地，例有藏書，兼及刻書，藏有書板，亦有目錄。隨後學堂繼起，亦皆購置藏書樓。然書院書藏皆小，不邁二百種，僅供誦習之用。

之書，不特目有未見，抑且耳有所未聞。即歲科兩試，不作學庸文，固可見其一斑矣。今捐備經史子集共若干部藏貯道鄉書院（廣西平樂縣），許有志之士借讀以爲多識。」（文海出版社，《中國邊疆叢書》第二輯，嘉慶元年刊本，民國55年1月）。

〔註33〕見楊芳燦《四川通志》冊五，卷七九學校四學院，頁2624有云：「繡川書院，在四川金堂縣（中略）（乾隆）五十八年，署縣劉大鏞續置田二百八十畝，捐贈藏書若干部。」（京華書局，《中國省志彙編》之七，嘉慶二十一年重修本，民國56年12月）。

〔註34〕見楊芳燦《四川通志》冊五，卷七九學校四學院，頁2636有云：「九峰書院，在嘉定府（中略）嘉慶七年，知府宋鳴琦重建，今所因明舊名九峰書院，購貯書十七種藏書院，以禪學者。」

〔註35〕見吳仰賢《嘉興府志》冊一，卷九學校二，頁243有云：「當湖書院（中略）嘉慶二十三年知縣劉肇紳捐置《大學衍義》，《四書大全》，《四書匯參》，《十三經注疏》，《佩文韻府》，《通考》，《通典》，《通志》共八種。」（成文出版社，《中國方志叢書》華中地方第五三號，光緒五年刊本，民國59年8月）。

〔註36〕見陳壽祺《福建通志》冊三，卷六二學校，頁1270有云：「鳳池書院（中略）道光六年，布政使司吳榮光（中略）捐置書籍二千餘卷。」（京華書局，《中國省志彙編》之九，同治十年重刊本，民國57年10月）。

〔註37〕見張仲炘楊乘禧等《湖北通志》冊三志五九學校五，頁1373有云：「經心書院（中略）同治八年，湖北學政張之洞建，（中略）出俸銀購置書籍。」（京華書局，《中國省志彙編》之五，民國56年12月）。

〔註38〕見何治基《安徽通志》冊二，卷九二學校志，頁950云：「安慶府敬敷書院（中略）光緒元年，署布政司孫衣言（中略），倡捐書籍，存院以便講習。」（京華書局，《中國省志彙編》之三，光緒三年重修本，民國56年8月）。

〔註39〕見趙之謙等《江西通志》冊四，卷八二建置略七書院二，頁1839所云：「永濟書院（中略）乾隆九年，邑人鍾峨捐建，並捐田租六百餘石，書籍數千卷。」

第三節　順康雍的私人藏書事業

明之將亡，晉江則有黃居中千頃齋，吳中則有錢穀懸罄室，金陵則有焦竑澹園，長洲則劉鳳厞載閣，連江則有陳第世善堂，江陰則李如一落落齋，山陰則祁承㸁澹生堂，會稽則紐石溪世學樓，常熟則毛晉汲古閣、楊儀七檜山房、趙琦美之脈望館，寧波則范欽天一閣，此皆藏書之大家，於清之私人藏書事業，實有深切關係，清之私人藏書因以吳越爲中心矣。使書籍輾轉流播，終不出江南境外者幾達二百年。

有明一代，公家藏弆，集中北京，而私人收羅，別貯在東南。嘉靖間，倭寇之擾，不幸偏及江浙，典籍之損失，未能倖免。如顧炎武〔註40〕、黃標〔註41〕等即被禍及。崇禎元年（1628）流賊起後，李自成、張獻忠輩，慣於焚掠，毫無重視典籍之意也。甲申（崇禎十七年，順治元年，1644）之後思宗殉國，多爾袞率兵入關，亦不能愛護文物於亂離之時，文淵閣內府藏弆，付之一炬。至於私家藏書之散佚，亦有非常人所堪意想者〔註42〕，兵火焚掠，彌亘四方，奇書秘冊，灰

〔註40〕見顧炎武《亭林文集》卷二，頁87〈鈔書自序〉有云：「炎武之先家海上，世爲儒。（中略）寒家已有書六七千卷。嘉靖間家道中落，而其書尚無恙。先曾祖繼起，爲行人，使嶺表，而倭闌入江東都邑。所藏之書與其室廬，俱焚無子遺焉。」（商務印書館，《四部叢刊初編》集部，〇八六，民國25年）。

〔註41〕見宋如林等《松江府志》冊二，卷五二〈古今人傳〉四，頁1162有云：「黃標字良玉，上海人，藏書甚富，緗閱不倦，叩以奧義僻事，具即響答。舅陸文裕臨文有疑，必屬標考核。與人談經濟鑿鑿可行。輯《古今說海》一百四十二卷，選《文裕集》一百卷；所著《書學異同》二十二卷，《縣志稿》十卷，俱毀於倭，惟戊巳庚子二卷存。」（成文出版社，《中國方志叢書》華中地方第十號，嘉慶九年刊本，民國59年5月）。

〔註42〕見黃宗羲《南雷文定前集》卷二，頁20〈天一閣藏書記〉：「江右陳士業，頗好藏書，自言所積，不甚寂寞。乙巳（康熙四年，1665）寄弔其家，其子陳澎書來言，兵火之後，故書之存者，惟《熊勿軒》一集而已。」

案陳士業，名宏緒，號石莊。家集書萬卷，而燬於鐵騎。

又鄭元慶《吳興藏書錄》卷十三〈後林潘氏書目〉有云：「湖錄，中丞公曾綋（姓潘），有意汲古，廣儲縹緗，視學中州，羅致更夥。鼎革時遭劫，士兵至以書於溪中疊橋爲渡，以搬運什物，書之受厄至此，書目已不復存。」

案潘曾綋，字昭度，烏程人。其欲改宋史，網羅宋室野史甚富。

又全祖望《鮚埼亭集》外編十七，頁690〈雙韭山房藏書記〉有云：「予家自先侍郎公藏書，大半鈔之城西豐氏，其值永陵講筵，賜書亦多種阿育王山房藏本者也。侍郎身後，書卷法物玩器多歸於宗人公之手。（中略）而宗人子孫最無聊，再傳後，盡以遺書爲故紙，權其斤兩而賣之，雖先集亦與焉，遂蕩然無一存者。先宮詹公平淡齋亦多書，（中略）再傳爲先曾王父兄弟，日積月累，幾復阿育山房之舊。而國難作，盡室避之山中，藏書多，難挈以行，留貯里第，則爲營將所踞。方突入時，見有巨庫，以爲貨也，發視則皆古書，大怒，付之一炬；於是予家遂無書。」（商務印書館，縮本

飛煙滅。喪亂之後，藏書之家，多不能守。清代之收藏家，承此藝林大劫之後，收藏益難。

有清之興，固典籍凌亂，然其時藏書家之抱殘守缺，補苴罅漏，而所以善兵燹之後，則清初私人藏弆，其功不可沒也，

方滿州入關時，黃宗羲一代大師，講學東南，然其藏書之業，亦復可觀。明澹生堂之藏，於萬曆二十五年（1597）燬於火，後雖稍為裒集，然精華多歸之，餘歸趙氏小山堂。

黃宗羲（明萬曆三十八年至清康熙三十四年，1610～1695）字太沖，海內稱為梨洲先生，浙江紹興府餘姚縣黃竹浦人。藏書樓曰續鈔堂。

太沖年十四補諸生，隨學京邸。天啟間其父尊素官御史，為宦官魏忠賢所害，死詔獄，太沖乃具疏訟冤並袖長錐錐許顯純等，終得昭雪。

歸益肆力於學，「自《明十三朝實錄》上溯《二十一史》，靡不究心，而歸宿於諸經，既治經則旁求之九流百家，於書無所不窺者。憤科舉之學錮人生平，思所以變之。既盡發家藏書，讀之；不足，則鈔之同里世學樓鈕氏，澹生堂祁氏；南中則千頃齋黃氏，吳中則絳雲樓錢氏。窮年搜討，遊屐所至，遍歷通衢委巷，搜鬻故書，薄暮，一童肩負而返，乘夜丹鉛，次日復出，率以為常〔註43〕。」及至「晚年益好聚書，所鈔自鄞之天一閣范氏，歙之叢桂堂鄭氏，禾中倦圃曹氏，最後則吳之傳是樓徐氏。然嘗戒學者曰：當以書明心，無玩物喪志也〔註44〕。」雖然，太沖亦有因澹生堂貨書事與石門呂留良父子廢師弟之義，啟學派之爭〔註45〕。其愛書如是，「搜羅大江以南諸家殆徧，所得最多者，前則澹生堂，後則傳是樓，建續鈔堂於南雷，然未及編次為日也。垂老遭大水，卷軸盡壞，身後一火，失其泰半。其門人鄭丈南溪理而出之，其散亂者復整，其破損者復完，尚可得三萬卷」〔註46〕祁氏曠園之書，「其精者歸於南雷，其奇零歸於石門」〔註47〕南雷一火一水，其存者歸於鸛浦鄭性之二老閣。

《四部叢刊初編》集部三七二至三七六，民國25年12月）。

案此為全祖望之家藏，焚於兵之又一例。

〔註43〕見全祖望《鮚埼亭文集》冊一前編，卷十一碑銘六，頁125〈梨州先生神道碑〉所云。
〔註44〕同上。
〔註45〕見全祖望《鮚埼亭文集》冊四外編，卷十七記二，頁693〈小山堂祁氏遺書記〉所云。
〔註46〕見全祖望《鮚埼亭文集》冊四外編，卷十七記二，頁688〈二老閣藏書記〉所云。
〔註47〕見全祖望《鮚埼亭文集》冊四外編，卷十七〈小山堂藏書記〉所云。全氏按石門即指吳之振。然據〈小山堂祁氏遺書記〉所云：「用晦（呂留良）所藉以購書之金，又不出於自己，而出之同里吳君孟舉（吳之振）。及購至，取其精者，以其餘歸之孟舉。」呂吳皆石門人，可知祁氏之遺書，其奇零歸於呂吳兩氏。

太沖受業劉宗周，南中太學諸生作〈留都防亂揭〉瑎禍，諸家子弟，推彼爲首，乃江南奄黨糾宗周，遭波及，會清兵至得免。隨孫嘉續、熊汝霖諸軍於江上，魯王以爲左僉都御史，後海上傾覆，乃奉母返里，畢力著述。其學主先窮經，而求事實於史，以濂洛之統綜合諸家，從遊日眾，學者稱南雷先生。康熙中舉博學鴻儒，卒年八十有六，及門私諡文孝。其著作繁多，有《南雷文定》、《南雷文約》、《明夷待訪錄》、《宋元學案》、《明儒學案》等六十餘種。

明清之交藏書大家，除黃宗羲外，尚有常熟錢謙益、揚州季振宜、秀水朱彝尊、常熟錢曾、崑山徐乾學、寧波陳自舜、上元黃虞稷、秀水曹溶；滿人有怡親王，彼等皆著聞於一時。

錢謙益（明萬曆十年至清康熙三年，1582～1664）字受之，別號蒙叟、牧齋、東澗遺老、峨嵋老衲、石渠舊史。江蘇常熟人。有藏書樓曰絳雲樓。

萬曆進士，官至禮部侍郎，坐事削籍歸。福王建號南京，召爲禮部尙書。多鐸南下，牧齋迎降，授禮部右侍郎，坐是爲後人所不滿，旋歸鄉里，以文章標榜東南，後進奉爲壇坫。所著《初學集》百卷、《有學集》五十卷，乾隆時以其語涉誹謗，板被禁燬，清末始復有刊行者。

謙益爲人不無微疵，然藏書極富，頗令人緬想及之。早歲科名，交游滿天下，盡得明劉鳳屝載閣，錢穀懸磬室及楊儀七檜山房，趙琦美脈望館四家書。更不惜重貲購古本，書賈奔赴，捆載無虛日，用是所積充牣，幾埒內府，所藏冠於東南。中年構拂水山房，鑿壁爲架度其中，晚歲居紅豆山莊，出所藏書重加繕治，區分類聚，建絳雲樓以儲之。時大櫝七十有三，顧之自喜曰：「我晚而貧，書則可云富矣。」〔註48〕

絳雲樓建後十餘日，順治七年（1650）之冬，牧齋之幼女，中夜與乳婦嬉樓上，翦燭灺落紙堆中，遂燬。牧齋在樓下驚起，焰已漲天不及救，倉皇出走，俄頃樓與書俱燼矣〔註49〕。中有宋刻孤本，劫後不再可得者甚多。論者謂絳雲一炬，實爲江左書林之一大厄也〔註50〕，古書之不存矣。

曹溶《絳雲樓書目》題詞曾謂牧齋「每及一書，能言舊刻若何，新板若何，中間差別幾何，驗之纖悉不爽，蓋於書無不讀，去他人徒好書束高閣者遠甚。然

〔註48〕見錢謙益《絳雲樓書目》，頁一曹溶題詞所云。（廣文書局，《書目三編》，道光三十年伍崇曜刻《粵雅堂叢書》本，民國58年2月）。

〔註49〕見錢謙益《絳雲樓書目》，頁2曹溶題詞所云。

〔註50〕見于敏中等《天祿琳瑯書目續目》卷二宋版史部，頁89漢書錢謙益跋云：「嗚呼甲申之亂，古今書史圖籍一大劫也，吾家庚寅之火，江左書史圖籍一小劫也。」（廣文書局，《書目續編》，光緒長沙王氏合刻本，民國57年3月）。

大偏性，未爲深愛古人者有二端：一所收必宋元板，不取近人所刻及鈔本。雖蘇子美、葉石林《三沈集》等，以非舊刻，不入目錄中；一好自矜嗇，傲他氏以所不及，片楮不肯借出，儻有單行之本，燼後不復見於人間，余深以爲鑒戒〔註51〕。」牧齋誠愛書之人，嘗以一書之去，等於國殘家破，雖擬不與倫，然其收藏態度言，誠不愧爲以兩朝元老，開一代風氣之先矣。絳雲未燼之先，藏書至三千九百餘部〔註52〕。

　　牧齋編有《絳雲樓書目》四卷，及《補遺》一卷。浩劫餘存書籍，大半皆脈望館校藏舊本，盡以贈族孫錢曾。

　　其著書除《書目》，《初學》、《有學》二集外，有《列朝詩集》、《嚴楞蒙鈔》及燬於火之《明史》二百五十卷。

　　季振宜字詵兮，號滄葦，江蘇揚州泰興人。

　　順治四年（1647）進士，授蘭溪令，歷刑部兩曹，擢御史。

　　其家本豪富，江南故家之書多歸之。所藏之圖書，以精本爲最富。其編有《季滄葦藏書目》。黃丕烈爲該書目作序曾云：「《滄葦書目》，載宋元板刻以至鈔本，幾於無所漏略。余閱《述古堂藏書目》序有云：『舉家藏宋刻之重複者，折閱售之泰興季氏。』是季氏書，半出錢氏，而古書面目，較諸錢氏所記更詳。今滄葦之書已散失，每從他處得之，證諸此目，若合符節，方信藏書不可無目，且不可不載何代之刻，何時之鈔，俾後人有所徵信也〔註53〕。」可知虞山藏書，漸歸於泰興矣。

　　除《書目》外，另著《靜思堂詩集》。

　　朱彝尊（明崇禎二年至至清康熙四十八年，1629～1709）字錫鬯，號竹垞，又號鷗舫，晚號小長蘆釣師，一號金風亭長，浙江秀水人。有藏書樓曰曝書亭，潛采堂。

　　竹垞爲明太傅國祚曾孫。少肆力古學，博極群書，客遊南北，所至以搜剔金

〔註51〕見錢謙益《絳雲樓書目》，頁3曹溶題詞所云。
〔註52〕見于敏中等《天祿琳瑯書目續目》卷二宋版史部，頁87漢書錢謙益跋云：「趙文敏家藏前後漢書，爲宋槧本之冠，前有文敏公小像。太倉王司寇得之吳中陸太宰家。余以千金從徽人贖出，藏弆二十餘年，今年鬻之四明謝象三。床頭黃金盡，生平第一殺風景事也。此書去我之日，殊難爲懷。李後主去國，聽教坊雜曲，揮淚別宮娥一段，淒涼景色，約略相似。」
　　　又錢謙益《牧齋初學集》冊二，卷八五題跋二，頁892跋前後漢書所云亦同。
　　　章鈺《讀書敏求記校證》冊三，頁930吳焯校本題記一有云：「絳雲未燼之先，藏書至三千九百餘部。」（廣文書局，《書目叢編》，民國56年7月）。
〔註53〕見葉昌熾《藏書紀事詩》卷四，頁214引黃丕烈〈季滄葦書目序〉所云。

石爲事。康熙中以布衣舉鴻博，授檢討，與修《明史》，體例多從其議，充日講起居注官，後入直內廷，引疾罷歸。生平博通群籍，綜貫經史，長於考證，工詩古文辭，與王士禎稱南北兩大家；尤好爲詞，善畫山水，與陳維崧世稱朱陳。中年以後，學問愈博，風骨愈健，長篇險韻，往往出奇制勝。

「中年好鈔書，通籍以後，集史館所儲，京師學士大夫所藏弃者，必借錄之。有小史能識四體書，間能作小詩慢詞，日課其傳寫〔註 54〕。」每入史館，私以楷書手王綸自隨，錄四方經進書，掌院牛紐劾其漏洩，吏議鐫一級，時人謂之美貶。及歸田，家無恆產，聚書三十櫝，自謂老矣，不能徧讀也。而銘曰「奪儂七品官，寫我萬卷書，或默或語，孰智孰愚〔註 55〕。」且皆鈐印於卷之首葉。一面刻朱文戴笠小像，一面鑴白文十二字曰「購此書，頗不易，願子孫，勿輕棄。」殆即鐘鼎文之子孫寶意也〔註 56〕。

早年蒐藏有關明史，特重晚明，當時文字獄大起，告訐之風盛，諸多藏書家談虎色變，棄其所珍之秘籍而付之一炬，先生之藏亦有波及者，「凡涉明季事者，爭相焚棄〔註 57〕。」旅遊全國時，戮力於圖籍之蒐集，得萬卷樓殘帙，並與他藏書者互鈔，所藏益富，遠邁八萬卷〔註 58〕，囤積於曝書亭及潛采堂。後者乃貯宋元本之書，編有《潛采堂宋元人集書目》，蓋繼曹溶而作者也。文博通群籍，著《經義考》，最爲賅博。爲其藏書目錄，庋藏之富，足資與謙益族孫曾，抗衡東南。竹垞有子昆田，早卒，遺二孫，一桐孫，一稻孫。稻孫字稼翁，晚年貧不能支，曝書亭書藏，漸致散佚。

竹垞手定《曝書亭藏書目錄》，中有《竹垞竹笈書目》一卷。以「心事數莖白髮，生涯一片青山，空林有雪相待，古道無人獨遠」〔註 59〕，二十四字爲次編目，不分四部。此爲竹垞私藏所行之分類法。

〔註 54〕見朱彝尊《曝書亭集》卷三九，頁 327〈鵲華山人詩集序〉所云。（商務印書館，《四部叢刊初編》○九○，民國 25 年 12 月）。

〔註 55〕見朱彝尊《曝書亭集》卷六十一，頁 472〈書櫝銘〉所云。

〔註 56〕見楊立誠金步瀛《中國藏書家考略》，頁 25 所云。（浙江省立圖書館，民國 18 年）。

〔註 57〕見朱彝尊《曝書亭集》卷三五，頁 301〈曝書亭著錄序〉所云。

〔註 58〕見朱彝尊《曝書亭集》卷三五，頁 301〈曝書亭著錄序〉所云：「其後留江都一年，始稍稍收集，遇故人項氏子稱有萬卷樓殘帙，畀以二十金購之」
加之與曹潔躬、徐原、史館、宛平孫氏、無錫秦氏、崑山徐氏、晉江黃氏、錢唐龔氏鈔之。先後得三萬卷。
另「先人手澤或有存焉者。歸田以後續收四萬卷。又上海李君贈二千五百卷。於是擁書八萬卷。」

〔註 59〕見洪有豐《圖書館學論文集》，頁 114 所云。（洪餘慶印，民國 57 年 12 月）。

其著有《曝書亭全集》、《明詩綜》、《詞綜》、《日下舊聞》等書，又有《瀛洲道古錄》、《五代史注》、《禾錄》俱屬稿未成。

刻有《絕妙好詞》一書，此書竊自錢曾，書告成，錢始知為竹垞所得。且恐其流傳於外也，竹垞乃設誓以謝之。

錢曾（明崇禎二年至清康熙？，1629～？）字遵王，號也是翁，江蘇常熟人。有藏書樓曰述古堂、也是園。

曾少學於族祖謙益，謂能紹其緒。其父裔肅，字嗣美，萬曆舉人，好聚書，書賈多挾策潛往。牧齋心喜其同癖，又頗嫌其分己之好。有子四人，召名曾魯。曾好學，藏書益富。絳雲燼後，所餘大半皆脈望館校藏舊本，悉付藏弆；加以曾自積，所度遂益可觀。所居述古堂，多善本書。

曾《述古堂書目》自序：「竭予二十餘年之心，食不重味，衣不完采，摒擋家資，悉藏典籍中。如蟲之負版，鼠之搬薑，甲乙部居，粗有條理。憶年驅雀時，從先生長者游，得聞其緒論經經文緯，頗知讀書法，逮壯有志藏弆，始次第訪求，問津知塗，幸免於冥行摘埴。然生平所嗜者，宋槧本為最，友人馮定遠每戲予曰『昔人佞佛，子佞宋刻乎』相與一笑，而不能已於佞也〔註60〕。」酷嗜宋槧之風，此說實盡言之。

曾將其藏擇最佳本子，手自題跋，仿歐氏《集古錄》之意，撰《讀書敏求記》，識其原委，凡六百一種，皆記宋板元鈔，及書之次第完闕，或繕寫刊刻之工拙，精於鑒別，為一代賞鑒家。吳焯〈敏求記跋〉：「（錢遵王）書既成，局置枕中，出入每以自攜，露蹤微露，竹垞謀之甚力，終不可見。後典試江左，遵王會於白下，竹垞故令客置酒高讌，約遵王與偕，私以黃金翠裘予傳書小史啟鐍，預置楷書生數十於密室，半宵寫成而仍返之〔註61〕。」

康熙五、六年（1667、1668）之交，乃舉家藏宋刻之重複者，折閱售之季振宜〔註62〕。

除《讀書敏求記》外，又有《述古堂書目》、《交蘆判春》諸集。

徐乾學（明崇禎四年至清康熙三十三年，1631～1694）字原一，號健庵，江蘇崑山人。有藏書樓曰傳是樓。

乾學乃應聘曾孫，顧亭林外甥。康熙九年（1670）進士第三人及第，授編修，

〔註60〕見錢曾《述古堂藏書目》，頁1自序所云。（廣文書局，《書目三編》，道光三十年伍崇曜刻《粵雅堂叢書》本，民國58年2月）。

〔註61〕見章鈺《讀書敏求記校證》冊三，頁931〈吳焯校本題記一〉所云。

〔註62〕見錢曾《述古堂藏書目》，頁2自序所云：「舉家藏宋刻之重複者，折閱售之泰興季氏。」

累官刑部尙書，以文學受知遇。嘗命總裁《一統志》、《清會典》及《明史》。纂輯《古文淵鑑》、《鑑古輯覽》等書。凡著作之任無不領，在官侃侃，不爲調停之說，愛才若渴，風節自高。其弟秉義，字彥和，號果亭。崇禎六年（1633）生，康熙五十年（1711）卒。康熙十二年亦以進士第三人登第，官內閣學士兼禮部侍郎。秉義通籍後，以兄弟並在華省，深懷謙退，杜門卻掃，購求古書，或借稿本鈔錄。另一弟元文字公肅，號立齋，生崇禎七年（1634）卒於康熙三十年（1691）。順治十六年（1659）一甲第一名及第，授修撰，官至文華殿大學士，戶部尙書，無他嗜好，獨喜藏書，皆自整比精好〔註63〕。

健庵平喜藏書，築樓於所居後，凡七楹，斷木爲厨，貯書若干萬卷，部居類彙，各以其次，素標緗帙，啓鑰爛然，與其子（炯，字章仲，官直隸巡道）登斯樓而詔之曰：「吾何以傳汝曹哉？嘗慨爲人父祖者，每欲傳其土田貨財，而子孫未必能世富也；欲傳其金玉珍玩鼎彝尊罍之物，而又未必能世寶也，欲傳其園池台榭歌舞輿馬之具，而又未必能世享娛樂也。吾方鑒此，則吾何以傳汝曹哉？」因指書而欣然笑曰：「所傳者惟是矣。」〔註64〕遂名其樓爲傳是，有《傳是樓書目》行世。

黃宗羲〈傳是樓藏書記〉有云：「喪亂之後，藏書之家多不能守，異日之塵封未觸，數百年之沈於瑤臺牛篋者，一時俱出，於是南北大家之藏書，盡歸先生。先生之門生故吏遍於天下，隨其所至，莫不惘羅墮簡，搜抉緹帙，而先生爲之海若」〔註65〕。

健庵富於資財，網羅墮簡，用是江浙數百里之間，簡籍不脛而走，盡歸傳是樓。著有《讀禮通考》、《詞館集》、《文集》、《外集》、《碧山集》、《虞浦集》、《澹園集》、《歷代宗朝考》、《輿地備要》、《輿地紀要》、《輿地志餘》等。《通志堂經解》嫁名納蘭容若，實亦出健庵手。彥和有《培林堂書目》、《耘圃培林堂代言集》；公肅有《含經堂書目》、《含經堂集》，又有《明史稿》未成。

陳自舜（明崇禎七年七月十一日至清康熙五十年，1634～1711）字同亮，一字小同，別號堯山，浙江寧波人。有藏書樓曰雲在樓。

雲在樓爲其父朝輔所建，以爲游息之所也。所蓄圖書玩好頗富，手口之澤亦

〔註63〕見馮桂芳等《蘇州府志》冊四，卷九五人物二二，頁2293徐乾學，頁2294徐秉義，頁2295徐元文所云。（成文出版社，《中國方志叢書》華中地方第五號，民國59年5月）。

〔註64〕見葉昌熾《藏書紀事詩》卷四，頁221引汪琬〈傳是樓記〉所云。

〔註65〕見黃宗羲《南雷文定三集》卷一，頁16〈傳是樓藏書記〉所云。

多，小同一一珍藏，每遇名流鑒賞，輒求題識。

黃宗羲講學甬上，小同從之，終日輯脊經學，兀兀不休，喜購書，其儲藏爲范氏天一閣之亞〔註66〕。

黃虞稷（明崇禎二年至清康熙三十年，1629～1691）字俞邰，一字楮園，福建晉江人，藏書樓曰千頃齋。

其父居中，字明立，萬曆十三年（1585）舉人，銳意藏書，手自鈔撮，曉夜孜孜，不廢讎勘。甚「好讀書，老而彌篤，自爲舉子以迄學官，修脯所入，衣食所餘，未嘗不以市書也。」「藏書千頃齋中，約六萬餘卷〔註67〕。」時承明季喪亂，大江南北，藏書家零落殆盡，獨氏之書安然無恙。

俞邰僑寓金陵，遂籍上元，預修《明史》，得入使館，乃益加裒集而附益之。嘗與龍潭丁雄飛訂〈古觀社約〉。「每月十三日，丁至黃，二十六日黃至丁，爲日已定，不先約；要務有妨，則預辭。不入他友，恐涉應酬，兼妨檢閱。到時，果盒六器，茶不計，午後飯，一葷一素，不及酒，喻額者，奪異書示罰。輿從每名給錢三十文，不過三人，借書不得逾半月，還書不得託人轉致〔註68〕。」兩人之間互相流通，又不下數千卷。將乃父《千頃齋書目》詳爲注釋，成《千頃堂書目》三十二卷，所著錄者，多存虛目，非眞有藏本。

曹溶（明萬曆四十一年至清康熙二十四年，1613～1685）字潔躬，又字秋岳，號倦圃，又號鉏菜翁，浙江秀水人。藏書樓名曰倦圃。

崇禎十年進士，仕至御史；入清遷太僕寺少卿，坐事落職，復起累官戶部右侍郎，出爲廣東布政司，遇京察，以浮躁降調山西陽和道，裁缺歸里。溶肆力於文章，尤工尺牘，長箋小幅，人共寶之，詩與合肥龔鼎孳齊名，人稱龔曹，嘗嘆「自宋以來書目十有餘種，粲然可觀。按實求之，其書十不存四五〔註69〕。」晚年築室范蠡湖濱，顏曰倦圃，多藏書，聚文史其中，勤於誦讀，暇則與客浮觴樂飲。

溶「好收宋元人文集，嘗見其《靜惕堂書目》，所載宋集，自柳開《河東集》已下，凡一百八十家。元集自耶律楚材《湛然集》已下，凡一百十有五家，可謂

〔註66〕見全祖望《鮚埼亭集外編》卷十二，頁645〈七賢傳〉所云。
〔註67〕見錢謙益《有學集》卷三十六，頁251〈千頃齋藏書記〉所云。（商務印書館，《四部叢書刊初編》集部○八八，民國25年12月）。
〔註68〕見陸心源《儀顧堂續跋一》，頁38〈宋槧婺州九經跋〉所云。（廣文書局，《書目續編》，民國57年3月）。
〔註69〕見曹溶《流通古書約》，頁1所云。（廣文書局，《書目續編》，知不足齋本，民國57年3月）。

富矣〔註70〕。」

　　著有《靜惕堂書目》、《靜惕堂宋元人集書目》、《靜惕堂集》、《流通古書約》。

　　鑒於書「入常人手猶有傳觀之望，一歸藏書家」，「舉世曾不得寓目。」溶乃酌一簡便互鈔書籍之法。「彼此藏書家各就觀目錄標出所缺者，先經註次史逸次文集次雜說，視所著門類同，時代先後同，卷帙多寡同，約定有無相易，則主人自命門下之役，精工繕寫，校對無誤，一兩月間，各齋所鈔互換。此法有數善：好書不出戶庭也，有功於古人也，己所藏日以富也〔註71〕。」此即《流通古書約》之大旨。

　　怡親王爲聖祖仁皇帝之子。有藏書樓曰樂善堂。王至性夙深，忠勤體國，平居積學好古，凡經史傳記以及諸子百家之編，靡不究其深頤，得其高朗，其藏書之所，「大樓九楹，積書皆滿，絳雲樓未火以前，其宋元精本，大半爲毛子晉錢遵王所得。毛錢兩家散出，半歸徐健庵、季滄葦。徐季之書，由何義門介紹，歸於怡府。乾隆中四庫館開，天下藏書家，皆進呈，惟怡府之書未進，其中爲世所罕見者甚多〔註72〕。」

　　清初東南藏書，浸之以政治勢力，故而北致。汲古絳雲傳是述古之書，相繼北去。怡府之書，藏之百餘年，至端華以狂悖誅，而其書始散落人間。聊城楊紹和、常熟翁叔平、吳縣潘文勤、錢塘朱修伯得之爲多。以楊氏海源閣爲北方藏書之鉅擘，不可不知樂善堂之承先啓後之功。

第四節　乾嘉的私人藏書事業

　　乾嘉之際，私人藏書之風較前期更盛。島田翰曾云：

> 夫物聚於所好，聚散之速，莫書卷甚焉。苟子孫之不悅學，舉先世之縮衣節食所購置者，以致蕩爲荒煙野草，而前哲撰著，未付棗梨，僅存於蠹車障壁者，鄙夫或爲襲取攘竊（中略）嗚呼，士窮年累歲，敦槧句稽，或饑寒之不虞，竭畢世於敗紙渝墨之間，以致編簡者，迨其後也，非論秤而盡，則不過供他人竊假，而其志之所存，世亦無有知之者，豈不可重爲歠歗痛歎耶〔註73〕。

〔註70〕見葉昌熾《藏書紀事詩》卷四，頁 201 引〈池北偶談〉所云。
〔註71〕見曹溶《流通古書約》，頁 3 所云。
〔註72〕見陸心源《儀顧堂續跋一》，頁 38〈宋槧婺州九經跋〉所云。（廣文書局，《書目續編》，民國 57 年 3 月）。
〔註73〕見《藏書記事詩等五種》島田翰〈皕宋樓藏書源流考〉，頁 8 所云。

藏家不能久聚其書，清初藏書大家亦大多數散出。其後嗣不克紹箕裘，子孫不克永保。是以昔日知所聚者，正以爲後日之散耳。乾嘉之時，諸藏書家，一則蒐尋前人所散，二則互鈔以增益之，蔚成大家者亦復不少。

　　此時藏書家之嗜好相尚，厥爲對宋元槧本甚爲寶愛。孫從添繼汲古述古後，居嘗有老蠹魚之號，嘗論宋刻之可貴云：

　　　　宋刻本書籍，傳留至今，已成稀世之寶。其未翻刻者，及不全者，
　　即翻刻過而又不全者，皆當珍重之。吉光片羽，無不奇珍，豈可輕放哉，
　　（中略）若果南北宋刻本，紙質羅紋不同，字畫刻手，古勁而雅，墨氣
　　香淡，紙色蒼潤，展卷便有驚人之處，所謂墨香紙潤，秀雅古勁，宋刻
　　之妙，盡入之矣〔註74〕。

而明人刻書多不講求，較宋槧差之甚遠，且錯訛亦多，不爲人所重。宋本可貴，惜明崇禎十四年（1644）李自成陷京都，焚掠無所不用其極，遂將當時中秘文淵閣，一炬燬之。閣中俱爲宋金元三朝所蓄，是以宋元板亦慘遭亡燬。而明末之兵燹（倭寇、流寇、滿州兵）亦波及私人藏書家，秘本流傳，終有佚時；歷時愈後者，其佚也愈是，其藏也愈珍秘，故黃丕烈自號佞宋主人；得宋刻百餘種，顏其室百宋一廛；得宋本《陶詩》二本，因名其室曰陶陶室。而吳騫聞之，謂已有元槧千部置十架，即自題其居曰千元十駕以敵之，可見一斑矣。

　　又清代刻書之盛，莫如乾嘉之藏家，其翻刊古書流通珍籍之盛德至大矣。繆荃孫以爲「單縑另帙，最易銷磨；有大力者，彙聚而傳刻之，昔人曾以拾家中之白骨，收路棄之嬰兒爲比，則叢書之功爲大矣。」〔註75〕是以當代藏家之刻印叢書，古籍流傳上居功甚大，如鮑廷博《知不足齋叢書》，黃丕烈《士禮居叢書》，張海鵬《學津討原》、《墨海金壺》等等，其刊布文獻之大業，至今不廢。

　　另則乾隆帝編纂《四庫全書》，其蒐書甚勤，當代藏書家亦甚贊助，有鮑士恭（廷博之子）、范懋柱、汪啓淑、吳玉墀（焯之子）、孫仰曾（宗濂之子）、汪汝溧等均進呈書。亦有因進呈書而受皇上恩賜，此對藏家鼓舞甚大，上有好之，下焉必甚，是以乾嘉藏書風盛。而四庫亦可謂官私通力合作之大製作，凡此皆有惠於學術之傳播。

　　當四庫館開之日，各藏書家出其珍秘，以點綴右文之治焉，其在浙東，則除天一閣爲故家喬木之外，更有鄭氏之二老閣，起於慈溪，蓋踵餘姚黃宗羲之收藏

〔註74〕見孫從添《藏書記要》，頁6第二則鑒別所云。
〔註75〕見陳登原《中國典籍史》卷三章七引繆荃孫《藝風堂文漫存》卷二〈適園叢書序〉所云。

而繼起者也。

鄭性（康熙四年至乾隆八年，1665～1743）字義門，號南溪，浙江慈溪縣鸛浦人，藏書樓曰二老閣。

其祖溱曾爲按察副使，世稱秦川先生。其父梁，字禹梅，康熙二十七年（1688）官至高州知府，世稱寒村先生。

昔黃宗羲藏書，垂老一水一火，失去大半，而性整理之，猶可得三萬卷，連同舊有家藏，於所居之傍，築二老閣以貯之。二老閣者：尊其府君高州之命，高州以平子先生爲父，以太沖先生爲師，因念當時二老交契之厚，而名之〔註76〕。

二老閣藏書在時間上則繼黃宗羲之緒，在空間則與寧波范氏天一閣，盧氏抱經樓鼎足而立。

南溪有子二人，曰大節，曰中節。中節號詘齋。余集嘗爲〈墓誌銘〉云：「學者渡孝女江，抵四明達鸛浦，四五里外，望見崇檐傑峙天際，巋然與紫蟾山若揖者，爲君家二老閣。百年以來，南雷之書，洊遭水火，甬上遺老，亦零落殆盡，而君家遺籍，獨完好如故，流風餘韻，髫髫猶能道之，益嘆鄭氏爲善繼也〔註77〕。」此乾隆間二老閣之盛況也。然《四庫》進呈以後，二老閣即有散佚，一火於嘉慶之初，傳才四世，竟爲煙灰。

《鄞縣志》云「天一閣進呈書六百二種，二老閣呈書九十六種〔註78〕。」此浙東藏弆者，宣揚文獻之大業也。此外盧氏抱經樓，所藏亦復可觀。

盧址字青崖，浙江寧波人，藏書樓曰抱經樓。

盧氏，諸生，博覽嗜古，又喜聚書，建抱經樓藏書數萬卷，幾出天一閣上。錢大昕赴甬日曾爲〈抱經樓記〉：

> 四明古稱文獻之邦，宋元之世，玫瑰樓氏，清容袁氏，藏書之富甲於海內。明代儲藏家，則有天一閣范氏，而四香居陳氏，南軒陸氏次之，然聚多易散，惟范氏之書，巋然獨存，浙東西故家莫能逮焉。盧君青崖，詩禮舊門，自少博學嗜古，尤善聚書，遇有善本，不惜重價購之，聞朋舊得異書，宛轉借鈔，晨夕讎校，搜羅三十年，得書數萬卷，爲樓以貯之，名之曰抱經，蓋取昌黎〈贈玉川子詩〉語也。（中略）茲樓之構，修廣閣架，皆摹天一閣，而子孫又多能讀書者，日積而月益之，罔俾范氏

〔註76〕見全祖望《鮚埼亭文集》冊四外編卷十七記二，頁688〈二老閣藏書記〉所云。
〔註77〕見葉昌熾《藏書紀事詩》卷四，頁233引〈鄭詘齋墓誌銘〉所云。
〔註78〕見陳登原《中國典籍史》卷三章六，頁331引《鄞縣志》卷之四古蹟門所云。

　　專美於前，是所望也〔註79〕。

蓋明代四明藏書，類為天一閣所掩，盧氏奮發興起，比擬天一；與杭州盧文弨之抱經堂，對樹兩浙，有浙中東西抱經之目，洵足稱也。

　　乾隆以降，海宇平定，學者得有餘裕以自屬於學。既矯晚明刻書之陋，乃博徵善本以校讎之，而校勘學又彪然成一專門之學。其以盧文弨堪稱此中佼佼者。

　　盧文弨（康熙五十六年至乾隆六十年，1717～1795）字紹弓，號磯漁，又號檠齋，晚更號弓父，浙江餘姚人，寄居仁和。藏書樓曰抱經堂。

　　父存心，恩貢生，召試博學鴻詞不第，有《白雲詩文集》。母馮景女。召弓生而穎異，濡染庭訓，又漸涵於外王父之餘論。長則為桑調之婿，師事之，故其學具有本原。乾隆三年（1738）舉順天鄉試。十七年（1752）以一甲第三名成進士，授編修。二十二年（1757）入直南書房，由中允薦升侍讀學士。三十年（1765）典廣東鄉試，旋提督湖南學政。三十三年（1768）以學政言州縣吏不應杖責生員左遷。明年以繼母年高乞養歸。六十年（1795）卒於常州龍城書院，年七十九。

　　紹弓「自通籍以至歸田，鉛槧未嘗一日去手，奉俸脯修所入，悉以購書〔註80〕」聞有秘笈精校本，必借鈔之。有善說，必謹錄之。一策之間，分別迻寫諸本之乖異。字細而必工，藏書數萬卷，手自校勘，精審無誤也，貯書之處曰抱經樓。

　　先生生平潛心漢學，歷主江浙各書院講席二十餘年，以經術導士，造就甚眾。善校書，「自經傳子史，下逮說部詩文集，凡經披覽，無不丹黃，即無別本可勘同異，必為之釐正字畫然後快，嗜之至老愈篤，自笑如猩猩之見酒也〔註81〕。」嘗合經史子集三十八種，摘字校注，名曰《群書拾補》。並著有《抱經堂文集》、《儀禮注疏詳校》、《廣雅注》、《鍾山札記》、《桑梓見聞錄》等書行世。刻有《韓詩外傳》、《呂氏春秋》、《抱經堂彙刻書》，尤以後書稱為精審。

　　在杭州則有趙昱昆仲及吳焯兩大家。

　　趙昱（康熙二十八年至乾隆十二年，1689～1747）字功千，原名殿昂，號谷林，浙江仁和人，與其弟信（字辰垣，號意林）齊名，世稱二林，有藏書樓曰小山堂。

　　谷林以三十年之力，爬梳書庫，其鑒別既精，而弟意林好事一如其兄，其子誠夫，好事甚於其父，每一聞異書，輒神色飛動，不致之不止。其所蓄之書，連

〔註79〕見錢大昕《潛研堂文集》卷二一記二，頁195〈抱經樓記〉所云。（上海商務印書館，《四部叢刊初編》集部○九七，民國25年）。
〔註80〕見錢大昕《潛研堂文集》卷二五序三，頁234〈盧氏群書拾補序〉有云。
〔註81〕見葉昌熾《藏書紀事詩》卷五，頁279引嚴元照書〈盧抱經先生札記後〉所云。

茵接屋，凡書賈自茗上至，聞小山堂來取書，相戒無得留書過夕〔註82〕。二林兄弟聚書，得之江南儲藏家多矣，以四明范氏，廣陵馬氏之借鈔，加以吳焯之傾助，窮搜博討，傾筐倒庋而不惜，因谷林太孺人朱氏為山陰祁氏之甥，故獨於澹生堂舊本別貯而弄之，蓋惓惓母氏先河之憂〔註83〕。

吳焯字尺鳧，號繡谷，浙江錢塘人，藏書樓曰瓶花齋。

焯喜藏書，所藏多宋雕元槧與舊家善本，瓶花齋之名稱於天下，所輯《薰習錄》八卷，則紀所藏秘冊也。家有古籐一本，構亭曰繡谷。花時柔條下垂如瓔珞，置酒高會，吟賞不倦〔註84〕。其子城，字敦復，號甌亭，承其先業，好聚書，儲藏所未備者，搜求校勘數十年，丹黃不去手，所居在杭州之九曲巷口，與振綺堂汪氏衡宇相對也。城弟玉墀，字蘭陵，號小谷，又號二雨，乾隆開四庫館，小谷恭進書一四三種，欽賜御題宸翰，并賜內府初印《佩文韻府》、《天祿琳瑯前編》，一時傳為盛事。焯與趙昱同時，每得一異書，彼此必鈔存，互為校勘，焯卒後悉歸廣陵馬氏矣。

除趙吳之外，杭州藏書，尚有汪憲、杭世駿、汪一之、吳騫、鮑廷博、汪啓淑、孫宗濂諸氏及海寧陳鱣；彼等皆藏書大家。

汪憲（康熙六十年至乾隆三十六年，1721～1771）字千陂，號魚亭，錢塘人。藏書樓曰振綺堂。

乾隆十年（1745）進士，官刑部陝西司員外郎。性耽蓄書，有求售者，不惜高價購之，點勘丹黃，終日不倦。家有振綺堂，是為藏書之所。與同郡諸藏書家，若小山堂趙氏、飛鴻堂汪氏、知不足齋鮑氏、瓶花齋吳氏、壽松堂孫氏、欣託山房汪氏皆相往來，彼此互易，借鈔借校，因得見宋槧元鈔不下數百十種。乾隆三十七年（1772）詔求遺書，其長君汪瑔，以秘籍經進，御題《曲洧舊聞》、《書苑精華》二種，恩賜《佩文韻府》一部，文綺二端，足為海內嗜學之儒勸〔註85〕。

憲孫誠，字孔皆，號十村，乾隆五十九年（1794）舉人，刑部主事，亦篤志縹緗，無他嗜好，鑒先世藏書最富，而未有書目，因取所藏書編分四部，部各有子目，詳考撰書人，並注明得自何本，閱歲而成，凡書三千三百餘種，計六萬五千卷〔註86〕。曾孫遠孫、迪孫及适孫、邁孫亦能守，可謂汪氏有四世藏書，甲於

〔註82〕見全祖望《鮚埼亭文集》冊四外編卷十七記二，頁699〈小山堂藏書記〉所云。
〔註83〕見全祖望《鮚埼亭文集》冊四外編卷十七記二，頁693〈小山堂祁氏遺書記〉所云。
〔註84〕見丁申《武林藏書錄》卷下，頁67〈繡谷瓶花齋〉所云。（世界書局，中國學術名著，民國50年3月）。
〔註85〕見葉昌熾《藏書紀事詩》卷五，頁275引《杭郡詩輯》所云。
〔註86〕同上。

浙右焉。至咸豐十一年（1861）燬於太平天國戰亂。

杭世駿（康熙三十五年至乾隆三十七年，1696～1772）字大宗，號堇浦，浙江仁和人。藏書樓曰道古堂。

雍正二年（1724）進士，由浙督程元章薦舉，授編修；乾隆八年（1743）以畛域不可太分之時務策，革職罷歸。自號秦亭老民，與里中耆舊及方外之侶結南屏詩社。

世駿「於學無所不貫，所藏書擁榻積几，不下十萬卷，而枕籍其中，目睇手纂，幾忘晷夕。閒過友人館舍，得異文秘冊，即端坐默識其要〔註87〕。」自「其疏證《北齊說》既畢，越明年，乃補《金史》，先人庀屋，積有餘材，營度後圃，規為小亭，窗櫺疏達，高明有融，乃徙先世所遺群籍，凡有關中州文獻者，悉置其處，廣榻長几，手目觸溫，間有開明，，輒下籤記〔註88〕。」

著有《續衛氏禮記集說》、《金史補》、《史漢北齊書疏證》、《續方言》、《詞科韋錄》、《榕城詩話》、《道古堂詩文集》等。

汪　之，浙江杭州人。藏書樓曰欣托齋。

汪氏「性無他嗜，壹意於群籍，補其遺脫，正其譌謬，儲蓄既多，鑒別尤審〔註89〕。」欣托齋有山池之勝，彼讀書其中，即藏書於其中，積卷至二十萬有奇，可謂富矣〔註90〕。嘗謂宋本亦有優劣，並非全皆善本。

吳騫（雍正十一年至嘉慶十八年，1733～1813）字槎客，又字葵里，號兔牀。祖籍安徽休寧，流寓尖山之陽曰新倉里。藏書樓曰拜經樓。

槎客精經學，工詩善畫，篤嗜典籍，勤於搜討，遇善本傾囊購之弗惜，所得不下五萬卷，築拜經樓藏之，晨夕坐樓中，展誦摩抄，非同志不得登也。得宋本咸淳《臨安志》九十一卷，《乾道志》三卷，《淳祐志》六卷。刻一印曰「臨安志百卷人家」其風致如此〔註91〕。

黃丕烈之藏書室，顏曰百宋一廛。騫聞之自題其居曰千元十駕，謂千部元板，遂及百部之宋板，如駑馬十駕耳。千元十駕通常作千元十架，言拜經樓有元槧千部置之十架也，其庋藏之富令人心折。

海寧藏書大家舊稱馬思贊道古樓及查愼行得樹樓。騫時值馬查兩家遺書散布

〔註87〕見丁申《武林藏書錄》卷下，頁64〈道古堂〉引王瞿《道古堂集》所云。

〔註88〕見葉昌熾《藏書紀事詩》卷五，頁267引《道古堂集‧補史亭記》所云。

〔註89〕見丁申《武林藏書錄》卷下，頁72〈欣託齋〉引《道古堂文集，欣託齋藏書記》云。

〔註90〕同上。

〔註91〕見葉昌熾《藏書紀事詩》卷五，頁289引《海昌備志》所云。

人間，彼偶得其殘帙，每繁跋語以寄慨慕。博綜好古，勤於搜討，與同邑周松靄、陳簡莊賞奇析疑，獲一祕冊，則共爲題識歌詠以紀其事，且於吳門、武林諸藏書家，互相鈔校，嘗以爲「寒可無衣，飢可無食，至於書，不可一日失」，爲拜經樓藏書之則。嘉慶間卒，年八十一。著有《愚谷文存正續》、《拜經樓詩集》、《詞話》、《海昌麗則》等數十種，刻有《拜經樓叢書》。

驚子壽照、壽陽，孫子淳皆能守遺籍，校讀不倦，遂使拜經樓完好無恙，賢子孫善守之效也。

鮑廷博（雍正六年至嘉慶十九年，1728～1814）字以文，號淥飲，晚號通介叟，本安徽歙人，以商籍生員寄居桐邑青鎮之楊樹灣〔註92〕。藏書樓曰知不足齋。

乾隆召開四庫館，采訪天下遺書，鮑氏集其家藏書六百餘種，命其子士恭，由浙江進呈，受恩賞《古今圖書集成》一部。先生拜受是書，闢堂三楹，分貯四大櫥，顏其堂之額曰賜書。既著錄矣，復奉詔還其原書《唐闕史》及《武經總要》，皆聖製詩題之〔註93〕。帝御題《唐闕史詩》云：「知不足齋悉不足，渴於書籍是賢乎，長編大部都庋閣，小說卮言亦入廚〔註94〕。」阮元亦嘗云：「歙鮑以文廷博，居杭州，博極群書，家藏萬卷，雖隱僻罕見著錄者，問之無不知其原委，嘗刻《知不足齋叢書》，及《四庫全書提要》。又嘗爲《夕陽詩》，人呼爲鮑夕陽」〔註95〕自乾隆進書後，除《圖書集成》外，復蒙御賜《伊犁得勝圖》、《金川圖》等，褒獎彌隆，先生以進書受主知，謂諸生無可報稱，乃多刻所藏古書善本，公諸海內。嘉慶十八年，方受疇巡撫浙江，奉上問，鮑氏叢書續刊何種，方撫以第二十六集進。六月上諭：「鮑廷博年踰八旬，好古積學，老而不倦，著加恩賞給舉人，俾其世衍書香，廣刊秘籍，亦藝林之勝事也」〔註96〕。朱文藻《知不足齋叢書序》云：

> 吾友鮑君以文，世居歙之長塘。尊丈敏菴先生，遷寓武林，性忱文史，築室儲書，取《戴記》學然後知不足之義以顏其齋（中略）三十年來，近自嘉禾吳興，遠而大江南北，客有異書來售武林者，必先過君之門。或遠不可致，則郵書求之。浙東西藏書家，若趙氏小山堂、盧氏抱經堂、汪氏振綺堂、吳氏瓶花齋、孫氏壽松堂、郁氏東嘯軒、吳氏拜經樓、鄭氏二老閣、金氏桐華館，參合有無，互爲借鈔。至先哲後人，家

〔註92〕見吳仰賢等《嘉興府志》冊四，卷六一，頁 1819〈桐鄉流寓傳〉所云。
〔註93〕見阮元《揅經室二集》卷五，頁 457〈知不足齋鮑君傳〉所云。
〔註94〕見鮑廷博《知不足齋叢書》第一函冊一〈御覽唐闕史〉所云。（藝文印書館，《百部叢書集成》之二九，民國 58 年）。
〔註95〕見阮元《揅經室二集》卷五，頁 457〈知不足齋鮑君傳〉所云。
〔註96〕見《十二朝東華錄》嘉慶朝冊二，卷十一，頁 369 所云。

藏手澤，亦多假錄。一編在手，廢寢忘時，丹鉛無已時，一字之疑，一行之缺，必博徵以證之，廣詢以求之。有得則狂喜，如獲珍貝，不得雖積思累歲亦不休。溪山薄遊，常攜簡策自隨〔註97〕。

阮元以爲先生世爲歙人，父思詒，攜家居杭州，先生以父性嗜讀書，乃力購前人書以爲歡，既久而所得書亦多且精，遂蔚然爲大藏家矣。

所刻《知不足齋叢書》，至二十七集未竣，先生卒，年八十有六，以《唐闕史》冠冊，用同興嗣千字文以次排編，每集八冊。著有《花韻軒詠物詩存》。

汪啓淑字秀峰，號訒庵，安徽歙縣人。藏書樓曰開萬樓。

官工部都水司郎中，寓杭州小粉場，顏其聽事曰飛鴻堂，嗜古有奇癖，有開萬樓藏書百櫥。乾隆三十七年（1772）詔訪遺書，啓淑進呈六百餘種，御題劉一清《錢塘遺事》，許山高《建康實錄》二種，並恩賞《古今圖書集成》一部，士林榮焉。

鮑廷博〈庶齋老學叢談跋〉云：「吾友郁君潛亭所貽也，間有誤書，思之不適，聞某公有善本，欣然偕潛亭往借，秘不肯宣，是爲乾隆甲午（三十九年，1774）。迨嘉慶甲子（九年，1804），始據錢功父本一掃烏焉之譌，往讀某公所著《清暇集》（即啓淑撰《水曹清暇集》），歷數近來藏書家，而自述其儲蓄之富，曾幾何時，已散爲雲煙矣〔註98〕。」

汪氏著有《焠掌錄》、《水曹清暇錄》、《小粉場雜識》、《飛鴻堂印譜》等。

孫宗濂字栗忱，號隱谷，仁和人。藏書樓曰壽松堂。

乾隆九年（1744）舉人，一試春宮，不見收，遂息轍鄉里。未嘗一日廢書，構堂曰壽松，廣儲群籍，藏書數萬卷，以枕葄爲樂。有友六七人，皆高岸無凡情，時來偃息。

宗濂子，仰曾，乾隆徵書時，亦獻書，受皇帝恩賜給初印之《佩文韻府》一部，以示嘉獎〔註99〕。

壽松之書，多小山藏本，小山堂之書又多澹生堂藏書，惜咸豐十一年（1861）燬於太平天國之亂，這一系統之書藏遂消失。

陳鱣（乾隆十八年至嘉慶二十二年，1753～1817）字仲魚，號簡莊，浙江海寧人。藏書樓曰向山閣。

陳氏強於記誦，喜聚書，州人吳騫藏書亦富，得書本互相鈔藏。嘉慶元年（1796）

〔註97〕見鮑廷博《知不足齋叢書》第一函冊一〈御覽唐闕史〉卷首〈李文藻序文〉所云。
〔註98〕見葉昌熾《藏書紀事詩》卷五，頁289引鮑廷博〈庶齋老學叢談跋〉所云。
〔註99〕見丁申《武林藏書錄》卷下，頁69〈孫氏壽松堂〉所云。

舉孝廉方正，三年（1798）舉人，生平專心訓詁之學，從錢大昕、翁方綱、段玉裁遊，晚客吳門，與黃丕烈定交，精校勘之學，故考訂經籍，有朱彝尊《經義考》所未及者，「營別業於硤川之果園，在紫薇山麓，購藏宋雕元槧及當世罕見本甚多。」〔註100〕嘗為藏書印鈐記：「得此書，費辛苦，後之人，其鑒我。」身後其藏大半歸馬瀛漢晉齋（以得宋本《漢書》、《晉書》之書林瓌寶而名之）。

暮年歸隱紫薇講舍，手自鈔撮成書，凡十有九篇，署曰《經籍跋文》，《十三經》除《公羊傳》外，俱有所論述。每書誌其刻印之時地，冊籍之板式，收藏之印記，鈎去索隱。凡古本之為後人竄亂改併者，莫不審其原次第，即字之更改混淆者，亦一一校正，復其本來面目，庶讀經者資之，不致為俗刻所誤。

自毛氏汲古閣，錢氏述古堂，兩家陵替，虞山（今常熟）藏書之風寖微，然亦未嘗絕也。時有席鑑、孫從添、魚元傅、王藻諸氏，皆斤斤雪鈔露校，衍其一脈。惟多留心於說部小集，以一二零編自喜而於經史轉略〔註101〕。

席鑑字玉照，有書樓掃葉山房，獨庋宋人槧本。其藏書極富，所刻古今書籍，板心均有掃葉山房字。

魚元傅（？至乾隆三十三年，？～1768）字虞巖，昭文人。「世篤孝友，君性剛，於世少所可，獨嗜書，雪鈔露纂，矻矻不少休，尤熟於里中掌故，凡寸縑片紙，為鄉先輩所遺者，寶護如拱璧，至一橱一石，並識為某家物，其變遷易主，曲折原委，數如家珍〔註102〕。」亦「好金石文，窮巖絕壁，手自摹搨〔註103〕。」

孫從添字石芝，號慶增。藏書樓曰上善堂。

生平「無他好，而中於書癖，家藏卷帙，不下數萬，雖極貧，不忍棄去，數年以來，或持橐以載所見，或攜篋以誌所聞，念茲在茲，幾成一老蠹魚矣〔註104〕。」

王藻（康熙三十三年至？，1693～？）字載揚，吳江人，好為詩，初業販米。乾隆元年（1736）舉博學鴻詞。罷歸，好蓄宋板書，及青田石印章，有友借觀，誤墜地碎，垂泣三日，其風趣如此〔註105〕。

其時，崑山自傳是樓銷歇以後，此風稍替。其在元和有顧之逵，吳縣有袁延檮、吳翊鳳，陽湖有孫星衍較著。

顧之逵（乾隆十八年至嘉慶二年，1753～1797）字抱沖。江蘇元和人，藏書

〔註100〕見葉昌熾《藏書紀事詩》卷六，頁322引《杭郡詩輯》所云。
〔註101〕見葉昌熾《藏書紀事詩》卷四，頁224引黃庭堅〈愛日精盧藏書志序〉所云。
〔註102〕見葉昌熾《藏書紀事詩》卷五，頁273引顧鎮〈虞嚴墓表〉所云。
〔註103〕見馮桂芳等《蘇州府志》冊五，卷一百一〈人物〉二八，頁2423所云。
〔註104〕見孫從添《藏書記要》，頁1所云。
〔註105〕見馮桂芳等《蘇州府志》冊五，卷一百零六〈人物〉二三，頁2515所云。

樓曰小讀書堆。

廩貢生，好讀書，所藏亦富。

袁廷檮（乾隆二十九年至嘉慶十五年，1764～1810）更名延壽，字又凱，號壽階，江蘇吳縣人，藏書樓曰五研樓。

「六歲而孤，生母韓氏，教之成立。」〔註106〕監生。居蘇州楓橋，五研樓蓄書萬卷，皆宋槧元刻，秘笈精鈔。暇日坐樓中，甲乙校讎。又得洞庭山徐乾學留植於金氏聽濤閣下之紅蕙，種之階前，名其室曰紅蕙山房。四方名流，莫不挐舟過訪〔註107〕。

袁氏性好讀書，嘗與錢大昕、王鳴盛輩以經學相質證，尤精小學，惟不治生產，坐是中落，奔走江浙間，身歿未久，子若孫弗克負荷，田廬斥賣殆盡。

吳翌鳳（乾隆七年至嘉慶二十四年，1742～1819）字伊仲，號枚庵，本休寧商山人，僑居吳郡，遂為吳縣人，藏書樓曰錢罄室。

諸生，博學工詩，「中歲應湖南巡撫姜晟之聘，繼主瀏陽南臺書院」〔註108〕，居家貧，卻酷嗜異書，無力購致，得佳本，輒互相傳錄，往往從人借得，露鈔雪纂，目為之眚。惜後應姜度香中丞之辟，挈家入楚，舊藏書籍，寄貯親友處，久而不歸，親友亦無忌憚，藏書遂散，〔註109〕。

孫星衍（乾隆十八年至嘉慶二十三年，1753～1818）字淵如，江蘇陽湖人。書藏於祠堂。

幼有異稟，過目成誦，袁枚奇其才與為忘年交，而雅不欲以詩名，深究經史之字音訓之學，旁及諸子百家，皆心通其義。錢大昕主鍾山書院深器之。畢沅撫陝西，招入幕府。畢撰《關中勝蹟志》、《山海經注》、校正《晏子春秋》、《墨子》，及校刻惠棟諸書，皆其手定。

乾隆五十二年（1787）一甲第二，賜進士及第，授編修，和坤知其名，欲一見，卒不往，「散館改刑部主事，歷官山東督糧道。勤於著述，性好聚書，聞人家藏有善本，借鈔無虛日，金石文字揭本古鼎彝書畫，靡不考其源委〔註110〕。」先後從翰林院存貯底本，及浙江文瀾閣錄難得之書，或友人遠致古籍，酬以重值，頗有善本及秘府未收之本，所蓄置之祠，公之族人，其樓藏書五楹，冊首各有手

〔註106〕見馮桂芳等《蘇州府志》冊四，卷八三〈人物〉十，頁2016所云。

〔註107〕見江藩《漢學師承記》卷四，頁60所云。

〔註108〕見馮桂芳等《蘇州府志》冊四，卷八三〈人物〉十，頁2015所云。

〔註109〕見葉昌熾《藏書紀事詩》卷五，頁297引〈拜經樓藏書題跋記〉及黃丕烈〈洞天清祿集跋〉所云。

〔註110〕見阮元《揅經室二集》卷三，頁402〈山東糧道淵如孫君傳〉所云。

書題記。工篆隸，尤精校勘，其刻書必訪宋本，輯刊《平津館叢書》、《岱南閣叢書》世稱善本。其文在六朝漢魏間，與同里洪亮吉齊名。勤於著述。

其有《孫氏祠堂書目內篇》四卷《外篇》三卷，其分類不依四部而以學術鳌次分十二屬，凡經學、小學、諸子、天文、地理、醫律、史學、金石、類書、詞賦、書畫、小說。實開目錄學之先例。

以上所言，皆限於東南，其他抱殘守缺之士，蓋實不可勝計。自永嘉喪亂，北方凋零，元帝都南，遂啓江浙文化。靖康喪亂，中原殘破，康王南渡，而江浙之文明再啓。觀夫東南文物之盛，令人體會藏弄與學術之關係矣。福建亦有藏書家，如陳徵芝。

陳徵芝字蘭鄰，福州府閩縣人。藏書樓曰帶經堂。

陳氏居在文儒坊，嘉慶七年進士二甲七十名，以名進士為令浙江。蒐求王惕甫宋本書（王氏得之於黃丕烈），藏書甚富，裒然為閩南大藏書家。所藏皆注明藏印及序人姓名。其後散出，為周星詒得之泰半。而星詒精目錄之學，絓誤遺戌，盡以所藏，歸吳中蔣鳳藻。至陸心源聞「陳氏藏書散出，多世間未有本，奉檄一行，及至閩，遍訪陳氏後人，僅得張清子《周易纂注》，金仁山《尚書注》，楊仲良《長編紀事本末》三書，餘皆不可得」〔註111〕。

然北方非無藏弄者也。御府收藏，典麗輝皇，固無論矣，而滿州世族亦不乏收藏者，其有傅昌齡、法式善。即以漢人而論，燕魯之間，有朱筠、周永年、翁方綱、李文藻等。

傅昌齡先世居長白山，滿州人。藏書樓曰謙益堂。

昌齡官編修，為傅鼐（官刑部尚書）之子，有父風，「性耽書史，築謙益堂，丹鉛萬卷，錦軸牙籤，極一時之盛，通志堂藏書雖多，其精粹蔑如也〔註112〕。」其後遺書均為禮親王所得〔註113〕。

法式善（乾隆十八年至嘉慶十八年，1755～1813）字開文，號時帆，蒙古正黃旗人。藏書樓曰梧門書屋。

乾隆四十五年（1780）進士，官侍讀，自登士版，即以研究文獻，宏獎風流為己任。在詞館著《清秘紀聞》、《槐廳載筆》，在成均著《備遺錄》，所居在厚載

〔註111〕見葉昌熾《藏書紀事詩》卷六，頁337引陸心源〈帶經堂陳氏書目後〉帶經堂書目五卷所云。

〔註112〕見禮親王《嘯亭雜錄》冊二，卷六，頁537〈昌齡藏書〉所云。（文海出版社，《近代中國史料叢刊》六三，九思堂藏本，民國55年）。

〔註113〕見禮親王《嘯亭雜錄》冊二，卷六，頁537〈昌齡藏書〉有云：「今其家世微，遺書多為余購見。」

門北，明西涯李文正公畏吾村舊址也〔註114〕。有詩龕及梧門書屋，藏書數萬卷，蒔竹數百本，寒聲疏影，脩然如在巖壑間。

朱筠（雍正七年至乾隆四十六年，1729～1781）字竹君，一字美叔，號笥河，順天大興人。

乾隆十九年（1754）進士，改庶吉士，散館授編修，以翰林院侍讀學士視學安徽。時上方詔求遺書，公奏言翰林院庫貯明《永樂大典》中逸書，宜加采錄。上奏覽，異之，下軍機大臣議行，《四庫全書》得之《大典》中者五百餘部，皆世所不傳，次第刊布海內，實公發之也〔註115〕。

筠聚書數萬卷，種花滿徑，來請謁者不拒，考古著錄，窮日夜不倦〔註116〕。

周永年（雍正八年至乾隆五十六年，1730～1791）字書昌，濟南歷城人，「結茅林汲泉側，因稱林汲山人」〔註117〕，藏書樓曰林汲山房。

先生於衣服飲食玩好一不問，但喜買書，「歷下書不易得，生故貧，見其脫衣典質，務必得，得則卒業乃已。」〔註118〕是以有賈客出入故家，得書輒歸先生，凡積經史子集二氏百家之書五萬卷，皆能言其義，見收藏家易散，又感於曹石倉及釋道藏，嘗作〈儒藏說〉。

其能奮發於寒微之中，得而能積，積而能讀，令人可稱。

翁方綱（雍正十一年至嘉慶二十三年，1733～1818）字止三，號覃溪，順天大興人。藏書樓曰寶蘇齋。

乾隆十七年（1753）進士，授編修，曾典試江西、湖北、江南，視學粵東、江西、山東，復由內閣學士左遷鴻臚卿。嘉慶十九年，重預瓊林宴，賜二品卿銜，時年八十二矣，又四年卒。

先生精心汲古，宏覽多聞，邃於義理，耽於金石譜錄書畫，詞章之學，皆能摘抉精審，書法尤名震一時，海內求書碑版者多歸之。其年十九時日誦《漢書》一千字，明海鹽陳文學輯本。文學號蘇庵，於是思以蘇齋名其書室，蓋竊附私淑前賢之意也。乾隆三十三年，嘗得《蘇詩施顧注》宋槧本，又得《蘇書嵩陽帖》，因以寶蘇名其室〔註119〕。

〔註114〕見李元度《國朝先生事略》冊四，卷四三文苑，頁 1838〈法時帆先生事略〉所云。（文海出版社，《近代中國史料叢刊》第一一一號，民國 55 年）。

〔註115〕見葉昌熾《藏書紀事詩》詳卷五，頁 282 引朱珪〈先叔兄墓誌銘〉所云。

〔註116〕同上。

〔註117〕見葉昌熾《藏書紀事詩》卷五，頁 286 引桂馥〈周先生傳〉所云。

〔註118〕見葉昌熾《藏書紀事詩》卷五，頁 286 引沈起元〈題水西書屋藏書目錄〉所云。

〔註119〕見李元度《國朝先正事略》冊四，卷四二文苑，頁 1811〈翁覃溪先生事略〉所云。

其〈自題三萬卷齋〉：「笑論架插鄴侯籤，已愧湖州目錄兼，秀水廚難八萬擬，黃甘字孰兩行添，漢碑草草傳洪適，宋槧寥寥拜子瞻。化度銘圖摹范老，賜書樓印敢輕鈐」〔註120〕，其風致亦可想也。

其著有《十三經注疏》、《兩漢金石記》、《小石帆亭著錄》、《蘇詩補註》、《石洲詩話》、《復初齋詩文集》。

李文藻（雍正八年至乾隆四十三年，1730～1778）字素伯，一字茝畹，號南澗，山東益都人。

乾隆二十六年（1761）進士，同知廣西桂林府事，為學無所不賅，齊魯間藏書家，自李少卿中麓，王司寇池北書庫，皆罕傳。南澗慨然以裒輯為己任。曰《所藏書目》，《所見書目》，《所聞書目》，皆詳其序例卷次，誌其刊鈔歲月〔註121〕。

李氏性好聚書，每入肆見異書，輒典衣取債致之，若不全亦購之，日日待之，而自至矣，又從朋友借鈔，藏書數萬卷，皆手自讎校。

第五節　道光以降的私人藏書事業

乾嘉間，聚書之盛，及清之季，稍稍減矣。道光仍擁乾嘉餘緒，斯時藏書大家，有與吳騫同好的黃丕烈、張金吾、顧廣圻等。丕烈治目錄學極為精審，賞鑑之名冠天下。其自號佞宋主人，歲終輒祭書以為常，而每得奇書，莫不繪圖徵詩。而金吾亦善收書，對金元兩代遺集，搜訪尤勤。廣圻乃校勘大家，其校《國語》、《戰國策》、《韓非子》尤為著稱。

黃丕烈（乾隆二十八年至道光五年，1763～1825）一字紹甫，又字蕘圃，又曰蕘夫、又曰老蕘、更號復翁、復初氏、宋廛一翁、求古居士、求古居主人、讀未見書齋主人、聽擬軒主人、秋清逸士、廿止醒人、見獨學人、陶陶軒主人、復見心翁、學山海主人、抱守老人、長梧子、知非子、半恕道人、民山山長、員嶠山人、佞宋主人，皆先生自號也。先生居閩之莆田，其十世祖秀陸遷至江寧，及曾祖琅始移居吳門。年十九補學官弟子。乾隆五十三年（1788）舉人，居注銓部主事，旋歸里林門著書，廿餘年未嘗作仕宦想。性孝友，博學贍聞。

平生寢饋於古，喜藏書，尤好宋槧本，購得宋刻百餘種，學士顧純顏其室曰

〔註120〕見葉昌熾《藏書紀事詩》卷五，頁 278 引翁方綱〈自題三萬卷齋〉所云。
〔註121〕見葉昌熾《藏書紀事詩》卷五，頁 285 引翁方綱〈李南澗墓表〉所云。
　　　　又錢大昕《潛研堂文集》卷四三〈墓誌銘二〉，頁 427〈李南澗墓誌銘〉所云。

百宋一廛〔註122〕。顧廣圻爲之賦。後得虞山毛氏藏北宋本《陶詩》，繼又得南宋本湯氏注《陶詩》，不勝喜，名其居曰陶陶室。王芑孫爲作〈陶陶室記〉謂：「黃氏非惟好之，實能讀之，於其板本之後先，篇第之多寡，音訓之異同，字畫之增損，及其授受源流，繙摹本末，下至行幅之疏密廣狹，裝綴之精粗敝好，莫不心營目識，條分縷析〔註123〕。」故嘗自號佞宋主人。

黃氏日夜校讎，研索訂正。嘗刻《周禮》、《國語》、《國策》、《焦氏易林》等書，一以宋元爲準。並刊《士禮居叢書》，爲收藏家所重。其搜求經籍，鳩集藝文，乾嘉之際，爲東南藏書家之巨擘。後其書爲汪士鐘捆載而去，未幾汪氏藏書亦漸散失，咸豐元、二年（1851、2）間爲楊以增所得，至十年（1860）而盡去矣。其治目錄學亦極精審，賞鑑之名冠天下，儼然目錄學之盟主也。

黃氏收藏既富，交遊亦富，於所見所藏諸書，皆手自校訂，輒有題跋。「於書目別開一派，既不同於《直齋》之解題，亦不同於《敏求》之骨董。文筆稍多蕪累，而溺古佞宋之趣，時流溢於行間〔註124〕。」然其於每書撰人名氏、籍貫、學術，撰述概乎無一字提及，多言收售情形，文字亦潛陋之至〔註125〕。」黃雖繼范毛錢季之後出，推勘益密，於學術不無小助，終於偏於書估，貿易上得益較大。其題跋除供目錄、版本上之參訂，而其又常記寒暑雨雪，友朋往來及飲食起居等瑣事，爲其個人生活之寫實，可作爲撰黃氏年譜取材之處，而其所託义旁及書之價目，書估裝工，亦考書林掌故之資料。

黃氏之題識，初輯於吳縣潘祖蔭，繆荃孫補輯之，共得三百二十五篇，釐爲六卷，名《士禮居藏書題跋記》。光緒十年（1884）刻之滂喜齋，後繆氏復輯得若干篇，錄爲二冊，光緒十二年（1896）六和江標取其一冊，編爲一卷，刻入《靈鶼閣叢書》，名《士禮居藏書題跋記續》，另一冊於民國元年（1912）順德鄧實排印之，分爲二卷，《名士禮居藏書題跋再續記》。八年（1919）繆荃孫共吳昌綬、章鈺二氏薈萃三本，並補輯若干，共得六百二十三篇，編爲十卷，付刻書題識，重刻之，名《蕘圃藏書題識》，是爲最備本。秀水王大隆續有所得，輯爲《續錄》四卷，民國二十二年（1933）刻之〔註126〕。

<hr>

〔註122〕見馮桂芳等《蘇州府志》冊四，卷八三〈人物〉十，頁2013所云。
〔註123〕見葉昌熾《藏書紀事詩》卷五，頁314引王芑孫〈黃蕘圃陶陶室記〉所云。
〔註124〕見國立中央圖書館選輯《書目舉要》第一集，頁22蕘圃藏書題識引葉德輝《郎園讀書志》所云。（中華叢書編審委員會，民國53年6月）
〔註125〕見國立中央圖書館選輯《書目舉要》第一集，頁22蕘圃藏書題識引劉生木《萇楚齋隨筆》所云。
〔註126〕見國立中央圖書館選輯《書目舉要》第一集，頁23〈蕘圃藏書題識〉所云。

　　張金吾（乾隆五十二年至道光九年，1787～1829）字慎旃，別字月霄，江蘇昭文（今常熟）人，藏書樓曰愛日精廬。

　　祖仁濟，父光基皆邑諸生。金吾年二十二，補博士弟子員，即棄去，篤志儲藏，與同里陳揆（字子準）善，兩人儲藏之名，並甲於吳中。四方之名士，書林之賈客，挾秘冊，訪異書望兩家之門而投止者，絡繹於虞山之麓，尚湖之濱。錢毛兩家舊物，淪落他方百餘年，而復歸故土，金吾以網羅散佚，存亡繼絕爲宗旨。「十年來小大彙收，今古並蓄，合之先人舊藏，已有八萬餘卷」〔註127〕其藏大多汲古閣、述古堂之古物，嘗以列朝文苑惟金源氏多散失，而其存中國百十餘年，著作之家，乘時蔚起，未有裒集其文者，遂矢志網羅，以補一朝之闕，故於金、元兩代遺集，更加意搜訪。

　　又以《通志堂經解》之刻已百餘年，遺編墮簡，尚不盡於此，乃發其家所藏，寫定爲《詒經堂續經解》，都千二百有餘卷。阮元稱其不但藏書至八萬餘卷，且撰書至二百餘卷，刻書至千數百卷〔註128〕。按金吾之從父張海鵬，亦年二十一補博士弟子員，絕意名場，篤志墳索，家有照曠閣，藏書甚多，多宋元舊刻，蓋海鵬父仁濟與金吾昆仲大鑑皆以藏書家稱。海鵬嘗謂「藏書不如讀書，讀書不如刻書，讀書祇以爲己，刻書可以澤人〔註129〕。」是以於治經之暇，以剞劂古書爲己任。其《學律討原》、《墨海金壺》、《借月山房叢抄》所刊較著。仁濟即金吾之祖，昭文張氏藏書，遠有端緒，固可知也。

　　著有《愛日精廬藏書志》三十六卷《續志》四卷。所錄以宋元舊槧及精帙爲主。經史所錄略備，子書則嚴其去取，《四庫》未收之書，仿宋晁公武、陳振孫例爲之解說，又仿《經義考》例錄書之序跋，惟以元以前罕見者爲限，至前修及時人題跋則備錄之，其例較錢曾《讀書敏求記》等爲善。而其後之書志，遂多師其法。

　　顧廣圻（乾隆三十五年至道光十五年，1770～1835）字千里，號澗蘋。自號思適居士，元和人。

　　年三十始補博士弟子員，喜校書，其校書皆有依據，絕無鑿空。其論古書訛舛，細若毛髮，棼如亂絲，一經剖析，劃然心開而目明，以校《國語》、《戰國策》、《韓非子》爲著。亦喜藏書，其藏書鈐記曰「一雲散人」，其人之書藏雖不逮百宋千元，然以藏書家兼校勘學者，故其人亦可稱也。

〔註127〕見葉昌熾《藏書紀事詩》卷六，頁341引〈愛日精廬藏書志序〉所云。

〔註128〕見阮元《揅經室續集》卷三，頁 626〈虞山張氏治經堂記〉所云。（商務印書館《四部叢刊初編》，民國 25 年）。

〔註129〕見陳登原《中國典籍史》卷三章七，頁349引黃庭堅〈張海鵬行狀〉所云。

　　道光以還，下訖同、光，國家內治腐敗又多故，此清代藏書史末期，在此時期內，國家紛亂已極。道光末年，各地土匪蜂起，擾東南者，則有洪楊；擾北部者，則有捻匪；又加之列強橫來，凡此兵燹蒞臨，圖書典藏遂受創傷，例如浙東范氏天一閣之藏，紹自前明，歷禩四百，此四庫以後稱道其巋然獨存者也，然洪楊之後，則歷時如此悠遠之大藏書，竟宣告散佚。其同遭太平天國之劫者，除天一閣外，更有文瀾閣、汪憲振綺堂、孫宗濂壽松堂等，尤其後二者全然散佚，其受厄之慘可知。汪士鐘藝芸書舍、瞿鏞鐵琴銅劍樓等亦受波及。太平天國定都東南，是以所受之兵燹，亦以江浙兩省為甚，而江浙又為私人收藏中心，典籍受損而不可傳可知也。故洪楊以後，同治中，江蘇學政鮑源琛疏云：

　　　　近年各省，因經兵燹，書多散佚，臣視學江蘇，按試所經，留心訪
　　察，如江蘇松常鎮楊諸府，向稱人文極盛之地。學校舊藏書籍，蕩然無
　　存，藩署舊有恭刻經史諸書板片，亦均毀失。民間藏書之家，卷帙悉成
　　灰燼。亂後雖偶有書肆所刻經書，但係刪節之本，簡陋不堪。士子有志
　　讀書，無從購覓。蘇省如此，皖、浙、江右諸省情形原亦相同〔註130〕。
而北方捻匪其起也遲於太平天國，其平也亦較後，而對典藏之摧殘一也。山東聊城楊氏之海源閣之宋元舊槧，所焚獨多，使其宋存書室之四經四史齋殘破，不克恢復舊觀。

　　清之季世，內亂以外，尚有外患。道光時有鴉片戰爭，咸豐時有英法聯軍，光緒時有八國聯軍，外人乘火打劫，藉兵亂取我典籍。如鴉片戰爭時，英人入甬，登天一閣周覽，取《一統志》及其他地志而去〔註131〕。英法聯軍火燒圓明園，《四庫全書》遂燬。八國聯軍佔北京，《永樂大典》遂告亡散。

　　典守之業受內憂及外患，雙重煎逼，遂告衰微。然其亦有可稱道者，而使斯文不墜。

　　三百年來，凡大江南北，以藏書名者，亡慮數十家，而既精且富，必以黃氏士禮居為巨擘。黃氏影宋鈔本歸於王惕甫。隨後陳徵芝為令浙江，又得之惕甫，以入帶經堂。然未幾又散出，大半歸於河南周星詒。「星詒少籍華腴，收藏甚富，精於目錄之學，四部甲乙，如別黑白。筮仕閩垣獲譴，虧公帑，無以償還，吳中

―――――――――――――――――
〔註130〕見陳登原《中國典籍史》卷二章九，頁246引陳弢《同治中興京外奏議約編》卷四〈請
　　　　購刊經書疏〉所云。（樂天出版社，民國60年4月）。
〔註131〕見陳登原《中國典籍史》卷二章十，頁249引繆荃孫《藝文堂文漫存》卷二〈天一閣
　　　　始末記〉所云。

蔣鳳藻出三千金資之，遂以藏書盡歸蔣氏心矩齋〔註132〕。」而士禮居書藏，晚年歸於長洲汪士鐘之藝芸書舍，周錫瓚水月亭，袁延檮紅蕙山房，顧之逵（廣圻從兄）小讀書堆之書亦歸之，藏弆益富，又得黃丕烈、顧廣圻諸人爲之評定，故所獲既精且博。咸豐元、二年（1851、2）之間，往往爲楊以增所得，以貯海源閣〔註133〕。咸豐十年（1860）以前，書漸散失，長編鉅冊，皆歸瞿鏞鐵琴銅劍樓以及郁松年宜稼堂。

道光末年，上海郁松年善蒐羅典籍，復饒於財，梯航所至，訪求不遺餘力，盡收藝芸書舍、水月亭、小讀書堆、紅蕙山房之藏，更以兼金購書儀徵鹽家，又稍討致錢謙益、曹溶舊弆，全國精華集於滬瀆，儼然乾嘉時之黃丕烈。同治初元，宜稼堂之書散出，所收藝芸書舍之藏歸於海源閣，其他宋元舊槧名抄精校，歸於持靜齋，其餘精帙，俱歸陸氏皕宋樓。洪楊之亂，江南圖書之厄，不減五季，其兵燹所殘剩者，北則歸於楊氏海源閣，南則歸於瞿氏鐵琴銅劍樓。而當時東南士大夫以藏書聞於海內者，有仁和朱學勤、豐順丁日昌、長沙袁芳瑛。

朱學勤字修伯，浙江仁和人，藏書樓曰結一廬。

咸豐三年（1853）進士，由庶常改戶部主事，入直軍機章京，歷官宗人府丞。生平學敏才贍，好書尤篤。當駕幸木蘭之後，怡邸散書之時，供職偶暇，日至廠肆搜獲古籍，尤以咸豐十年英法聯軍焚淀園，持朱提一笏至廠肆，即可載書兼兩，以此爲累贅其奔逃而割愛，聽其散出之故，而朱氏得之最多；又得自長洲顧氏藝海樓及仁和勞權丹鉛精舍，日益增益。「長子澂，字子清，亦好聚書，家藏既富，又裒益之，精本充牣，著《結一廬書目》，子清歿，遺書八十櫃盡歸其壻張幼樵〔註134〕。」

丁日昌字雨生，又字禹生，廣東豐順人，藏書樓曰持靜齋。

以牧令起家，同治間官江蘇巡撫，所歷皆有名績，嘗佐曾國藩仿造西洋火器船舶。同治三年（1864）署蘇松太道。藏書極富，校讎尤精，然爲吏才所掩。

當其爲上海道時，郁氏宜稼堂宋元舊本多歸之，其尤精者有景祐本《漢書》，世綵堂《昌黎集》，宋刊《禮記要義》、《禮記集說》、《兩漢會要》、《東都事略》等。

〔註132〕見葉昌熾《藏書紀事詩》卷七，頁382所云。

〔註133〕見葉昌熾《藏書紀事詩》卷六，頁339引潘文勤〈藝芸書舍宋元本書目跋〉有云：「吾郡嘉慶時，黃蕘圃、周香嚴、袁壽階、顧抱沖，所謂四藏書家也，後盡歸汪閬源觀察。（中略）咸豐庚申已前，其書已散佚，經史佳本，往往爲楊致堂丈所得。（中略）今從其家得宋元書目鈔本，富矣精矣，眞不減東澗、滄葦，蓋皆蕘圃、澗蘋諸老爲之評定，故絕無僞刻。」

〔註134〕見葉昌熾《藏書記事詩》卷六，頁376。

時陸心源在閩，迨歸，《毛詩》等精槧已爲日昌所得，大慊之〔註 135〕。日昌其所聚雖眾，旋復分散，而歸涵芬樓及日本。

袁芳瑛字漱六，湖南湘潭人。藏書樓曰臥雪廬。

道光二十五年（1845）進士，官至松江知府，嗜蓄書，「生平所搜羅之書，得蘭陵孫星衍祠堂者十之三，杭郡故家者十之二，官編修時者十之四五〔註 136〕。」藏書極富，同治十一年（1872）旋由其子析售之德化李盛鐸，書散後目竟無聞，書卷聚散之速，良可嘆也。

陸心源既獲宜稼堂之書，又得周星詒諸家之殘，插架益富，置皕宋樓，自喪亂以來，藏書之家多不能守，皕宋樓之藏遂雄於江南，與楊紹和海源閣，瞿鏞鐵琴銅劍樓，錢塘丁丙八千卷樓稱四大藏書家。有此四家，清之季世，藏書史上亦添增光彩。

楊以增（乾隆五十二年至咸豐五年，1787～1855）字益之，一字至堂，山東聊城人。藏書樓曰海源閣。

道光二年（1822）進士，以知縣發貴州，先教化後刑政，有兩漢循吏風。後官至江南河道總督，咸豐初，以豐工漫口革職留任，旋卒，諡端勤。

生平無他嗜好，一專於書，然博而不溺，所收數十萬卷，建海源閣十二間藏之，樓上爲宋元精本，樓下爲充宋、充元明板、清初板、殿板、手抄本，至於帖片、字畫、古玩，另貯閣之後院。「又別闢書室曰宋存，貯天水朝舊籍，而以元本校本附焉〔註137〕。」又得宋本《毛詩》、《三禮》皆鄭氏箋者，及《史記》、《兩漢書》、《三國志》，顏其室曰四經四史之齋〔註 138〕。其子紹和，字彥合，亦能承先業，累積益富，然其書藏，亦各有來自。

楊氏官江南河道總督時，正汪士鐘藝芸書舍書散之時，其樓台近水，得之甚眾。而汪氏收藏，乃得黃丕烈、顧之逵、袁廷檮、周錫瓚四大家之書，既博又精。

又樂善堂之書藏，乃積毛晉、錢曾、徐乾學、季振宜之書，庋藏溫溢。四庫開館之日，彼且秘而不獻。至端華以狂悖見誅，於是毛錢徐季之珍，始又流落人間。斯時紹和正官北京，得之頗多，於是傳是、述古之舊，又隨百宋一廛而趨入海源閣矣。

〔註 135〕見洪有豐《清代藏書家考》，頁 318 所云。(《圖書館學季刊》第一卷第二期，頁 309
　　　　～320，民國 15 年 6 月)。
〔註 136〕見洪有豐《清代藏書家考》，頁 316 所云。
〔註 137〕見楊紹和《楹書隅錄續錄》冊一，頁 5 自序所云。(廣文書局，《書目叢編》，民國 56
　　　　年 7 月)。
〔註 138〕見葉昌熾《藏書記事詩》卷六，頁 345 引桐鄉陸敬安《冷廬雜識》所云。

綜上二支，可知楊氏藏書，半得於南，半得於北。吸兩地之精緻，萃於山左一隅。清代私人藏書，初以江浙爲中心，展轉流播，迨楊氏而轉變，在地域上有此重大之變遷。

海源閣書藏既豐，所藏吳中書籍十居八九，丕烈之藏又八九中居其七焉。紹和編有《海源閣書目》，記其所藏普通板本，另有《楹書隅錄》五卷，則記其宋存書室所儲善本也。大抵皆爲宋元刊本及影鈔校本，而明本必擇其罕見者，每書記其板本序跋，諸家題記則備錄之。

咸豐十一年皖寇之亂，閣藏燬十之三四。楊紹和跋宋本《毛詩》條云：

> 辛酉（咸豐十一年，1861）皖寇擾及齊魯之交，烽火互千里，所遇之區，悉成焦土。二月初，犯肥城西境，據予華跗莊陶南山館一晝夜，自分珍藏圖籍，必已盡付劫灰。及寇退，收拾燼餘，尚什存五六。而宋元舊槧，所焚獨多，且經部尤甚。此本僅存卷十八至末三卷，監本只卷首至十一而已，嗚呼，豈眞大美忌完，理同如是乎〔註139〕。

迨至民國十八年（1929）、十九年（1930）又二次遭匪劫，損失慘重，而告式微。

瞿鏞字子雍，江蘇常熟人，有藏書樓曰鐵琴銅劍樓。

歲貢生，居菰里村。其藏書肇端於其父紹基（字蔭棠）。紹基性喜購書，廣購善本，收藏稽瑞樓、愛日精廬及士禮居諸家宋元善本，不吝重値。築恬裕齋以藏之，積書十餘萬卷，由是藏書遂甲吳中。鏞克承先志，益肆力搜討，遂有鐵琴銅劍樓之建。時汪士鐘藝芸書舍之書於咸豐十年（1860）再次而全部散出，長編鉅冊歸瞿氏，一歸上海郁氏宜稼堂，是以汪氏所收，於百宋一廛、水月亭、五研樓、小讀書堆者，鐵琴銅劍樓與海源閣分而有之。道光二十年（1840）黃庭堅嘗爲《恬裕齋藏書記》，以紀紹基父子好書之盛云：

> 出閶湯門十里，其塘曰南塘，辛峰左峙，清水東瀠，有村曰罟里。沃壤千畦，桑竹彌望，故學博蔭棠先生，隱居在焉，有齋曰恬裕，其藏書之所也。君以明經選授廣文，一試職即歸隱，讀書樂道，廣購四部，旁搜金石，歷十年，積書十萬餘卷，昕夕窮覽，嘗繪檢書圖以寓志。時城中稽瑞、愛日兩家，競事儲藏，先後廢散。君復遴其宋元善本爲世珍者，拔十之五，增置插架，由是恬裕藏書，遂甲吳中。嘗慨世之好典籍者，皆爲造物所忌，今君之哲嗣子雍，明經，克成先志，搜奇羅逸，不

〔註139〕見楊紹和《楹書隅錄續錄》冊一，卷一，頁46〈宋本毛詩條〉所云。

懈益勤，則藏書爲造物忌之説，於是不售矣〔註140〕。

按是年正爲鴉片戰爭之前年，英人入寧波取《一統志》等書而去。四百年來之天一閣，至此日漸頹衰，而瞿氏之藏正欣欣向榮矣。

太平天國亂起東南，浙東天一閣，與杭州振綺堂、松壽堂等書藏，即以此役遭燬。而鐵琴銅劍樓則以鏞有賢子孫，扶書避難，雖稍有損失，而珍秘之本，維護未墜。按瞿鏞有子二人，秉淵字敬之，秉溶字性之。依張瑛《虹月歸來圖記》云：

> 咸豐庚申（十年，1860）四月，粵寇陷蘇州。吾邑瞿氏，家世藏書，
> 聞警，敬之昆仲，檢世所罕有者，分置邑北之荷花漊，西之桑壩及香塘
> 角，又取經部寄於周涇口張氏。八月常熟陷，親至各處捆載，舍去十之
> 二三，擇千餘種一寄歸市董氏，再寄張市秦氏，復運至鹿阿唐氏。已而
> 土寇蜂起，復運至定心潭蘇氏。同治六年（1867）十二月，吾邑首先反
> 正，四鄉躁躪殆遍，瞿氏之書，一劫於菰里，再劫於香塘角，所存僅蘇
> 氏一處，乃更擇宋元刊及秘鈔精校本，彙集十夾板，二年二月渡江，藏
> 之海門大洪鎮。五月寇退，載書回里，其幸存者，計若干種，可謂艱矣
> 〔註141〕。

瞿氏藏書，能尚巍然無恙，實賴敬之昆仲，不避艱險，載赴江北，寇退而載歸。更因喪亂之後，江南各地藏書，一時俱出，鏞與楊以增購藏最多，益使所藏發皇滋大。

且瞿氏亦可謂善藏其書者矣。平日有人管理，每歲必取出一曝，而曝書有一定之時日，故所藏書，因保存與曝書之得法，能歷久不蠹。又因管理有人，歷久不失，即宋元舊槧，視之一如新裝而無一部散佚，此爲海內藏書家所未見者。至嗜書之人，有欲觀珍秘者，瞿氏亦許入樓參閱；但不許假出，而於閱書之人，闢有專室，供人飽覽，且供茶水饍食，蓋瞿氏所藏書，實有一筆款〔註142〕。

自錢塘丁氏之書售於南京國學圖書館；歸安陸氏之藏又舶赴日本，私人藏書南瞿北楊而已。

陸心源（道光十四年至光緒二十四年，1834～1896）字剛甫，號存齋，晚號潛園老人，歸安人，藏書樓曰皕宋樓、曰守先閣、曰十萬卷樓。

咸豐九年舉人，援例授知府，光緒間官至福建鹽運使，其藏書蓋籾於洪楊役

〔註140〕見陳登原《中國典籍史》卷三章八，頁360引黃庭堅《恬裕齋藏書記》所云。

〔註141〕見葉昌熾《藏書記事詩》卷六，頁355引張瑛〈虹月歸來圖記〉所云。

〔註142〕見陳登原《中國典籍史》卷三章八，頁362引《中國新書月報》一卷四號覺述談鐵琴銅劍樓所云。

後者，亦即咸同兵燹以後之事。陸氏幼即有蒐書之癖，一逢秘籍，必不吝重價以購求，時或典衣以易之，用是精校名著，多歸其手。當其爲諸生時，所獲已不下萬卷云。咸同之交，髮匪猖獗，大江南北，亂靡有已，故家臣室之收藏，以是散佚於各處，正如「方是時喪亂後，藏書之家不能守，大江南北，數百年沈霾於瑤台牛篋者，一時俱出〔註143〕。」是以陸氏蒐羅甚易。陸氏既好書，又饒於貲，乃斥萬金，以羅致群籍，藏書之富，遂甲海內，於是庋所獲宋元舊槧於一，顏之曰皕宋樓，復別就隱居之地潛園建守先閣以藏明以後刊鈔諸本，及近人著撰之善本。後又分皕宋樓中別室爲十萬卷樓，以藏明代以後之珍本與名人手校手抄本，守先閣則專收普通之刻本及鈔本，以供好古者之取資。光緒八年（1882）李宗蓮爲陸氏作《皕宋樓藏書志·序》，極道其收藏之盛云：

> 余少識潛園先生於鄉校，先生博聞綴學，偶見異書，傾囊必購。備兵南詔，丁封翁艱歸。裝有書百櫝，乃復近鈔遠訪，惟日孳孳。林居六年，有何假南面之樂。詔書再起，權總閩嵲，被構罷歸，誓墓不出，而求書之志益勤，殆蘇長公所謂薄富貴而厚於書者耶？十餘年來，凡得書十五萬卷，而坊刻不與焉。其宋元刊，及名人手鈔手校者，儲之皕宋樓中。若守先閣，則皆明以後刊，及尋常鈔帙。案《四庫書目》編序，而以近人著述之善者附益之。念自來藏書，未能垂遠，今春奏記大府，以守先閣所儲歸之於公，而以皕宋樓藏舊刻精鈔，爲世所罕見者，輯其原委，仿貴與馬氏、竹垞朱氏、月霄張氏例，成《藏書志》一百二十卷。自古言藏書者，琅嬛石室，蓬來道山，皆荒渺無足徵信。若吾鄉富於典籍者，梁沈約聚書二萬卷，見於本傳。宋元之際，月河莫氏，齋齋倪氏，寓公若資中三李、陵陽牟氏，皆不下數萬卷。周草窗三世積累，有書四萬卷。《癸辛雜識》稱石林葉氏有十萬卷。然考少蘊《避暑錄話》，亦祇謂家舊藏書三萬卷而已。惟直齋陳氏《書錄解題》之作，可考見者五萬一千餘卷。明代白華樓茅氏，其卷數不可考，然九學十部之編，以制藝爲一部，則其取盈緗帙者亦僅矣。近乾嘉間，石家嚴氏芳茮堂、南潯劉氏疏雨山房，皆以藏書名。余嘗見二家書目，著錄寥寥。豈足與先生比長挈短哉〔註144〕！

陸氏藏書如許豐富，又喜許鄭之學，其讀亭林遺書喜之，儀顧顏其堂。其所

〔註143〕見島田翰《皕宋樓藏書源流考》，頁7所云。
〔註144〕見陸心源《皕宋樓藏書志續志》冊一，頁1李宗蓮序所云。（廣文書局，《書目續編》，民國57年3月）。

得書十五萬卷，就月河街居，分樓上購書室爲皕宋樓及十萬卷樓，實則分一室爲二而已。另則於潛園中建守先閣以此爲藏書之所。

原皕宋所以名樓者，謂儲宋本二百種，今分併原目所載，分析一書爲數種，以充二百種。實不過宋板百十部，元本一百五十五部，約五千餘冊。而更嚴汰其假宋本，仿宋修本，當減其三之一〔註145〕。

陸氏之有大半出於郁氏宜稼堂，當時所購去總四萬八千餘冊，三千二百元。而其備兵南詔，權總閩鹺，饒於財，於是網羅墮簡，搜抉縹帙，書賈奔赴，捆載無虛日。上自苕溪嚴氏芳茉堂、烏鎮劉氏暝琴山館、福州陳氏帶經堂，下迄歸安韓子蘧，江都范石湖、黃蕘圃、仁和平甫、季言二勞、長洲周謝盦、歸安楊秋室、德清許周生、歸安丁兆慶、烏鎮溫鐵華及元，錢塘陳彥高等，有一無二手稿草本，從飄零之後擭拾之，盡充插架，以資著作，素縹緗帙，部居類彙，遂爲江南之望矣。陸氏掇拾於兵火倖存，搜羅於蟫斷怠朽，有功於藝林者甚鉅。

陸氏歿於光緒中葉，其子樹藩，因故鬻其藏書，而爲日人購去，爲靜嘉堂文庫所得，良可嘆也。烏田氏序其收買經過云：

> 乙巳（光緒三十一年，1905）丙午（光緒三十三年，1906）之交，予因江南之游，始破例數登陸氏皕宋樓，悉發其藏讀之。太息塵封之餘，繼以狼藉：舉凡異日之部居類彙者，用以飽蠹魚；又嘆我邦（日本）藏書家未有能及之。顧使此書在我邦，其補益文獻非鮮少。遂慫恿其子純伯觀察樹藩，必欲之於我邦。而樹藩居奇，需值甚昂，始號五十萬兩，次稱三十五萬圓，後稍減退至二十五萬兩，時丙午正月十八日事也。二月返槎，歸而謀諸田中青山先生，不成。先生曰：「能任之者，獨有岩崎氏耳，余將告之。」而予亦請諸重野成齋先生。今茲丁未（光緒三十三年，1907）三月，成齋先生有西歐之行，與樹藩會滬上，四月，遂訂議爲十萬圓，五月初二日，吾友寺田望南赴申浦，越六月，陸氏皕宋樓，十萬卷樓，守先閣之書，舶載盡歸於岩崎氏靜嘉堂文庫，（中略）昔遵義黎蒓齋駐節我邦，與宜都楊君惺吾（守敬）購求古本，一時爲之都市一空，數窮必復，陸氏之書，雖缺其《四庫》附存本，《道藏》及明季野乘不無遺憾。而予知今之所獲，倍蓰於昔日所失也。然則此舉也，雖曰「於國有先」可矣〔註146〕。

楊守敬，字惺吾，號鄰蘇，湖北宜都人，光緒間出使日本之時，搜羅放佚，日遊

〔註145〕見陳登原《中國典籍史》卷三章八，頁366所云。
〔註146〕見島田翰《皕宋樓藏書源流考》，頁8所云。

於市，值彼邦維新伊始，唾棄舊學，故以賤償得善本，載以歸國。又助黎庶昌公使刻《古逸叢書》，守敬力任搜訪，以所攜古金石文字互易，於是古鈔舊槧，孤本秘籍，紛入於篋，每得一書，即考其源委，而成《日本訪書志》十六卷。凡此活動，日人常引爲一代之憾，至皕宋歸日之後，日人始忻忻有喜色矣。

陸氏之書歸日人，歸安人沈杏野深憾其事，斥私財數萬，建崇宏之吳興圖書館，以收陸氏殘本，及當地學者之藏書，用警秘籍之淪亡於方來；陸家掌書人李氏延適，亦嘗登樓而嘆曰：「嗟夫，追懷曩昔，眞有『武夷山中白日鬼哭』之思〔註147〕！」董康刻《皕宋樓藏書源流考題識》亦云：

> 按陸氏藏書志所收，俱江浙諸名家舊本，古芬未墮，異域言歸，反不如臺城之炬，絳雲之爐，魂魄猶長守故都也。（中略）而我國淺躁之士，方且藉新學之名，以便其不學之實，拙儈者視書之存亡，淡然漠然，無與於己。其猖狂恣肆者，直欲投書一炬而後快，聞皕宋樓書歸日本，全國學子，動色相告，彼此相較，同異如斯，世有賈生，能無痛苦，嗟呼！往事已矣，目見日本書估之輩，重金來都下者，未有窮也。海內藏書家與皕宋樓埒者，如鐵琴銅劍樓，如海源閣，如八千卷樓，如長白某氏某氏等，安知不爲皕宋樓之續？前車可鑒，思之能勿懼與〔註148〕！

皕宋之藏爲日人所得，殊爲可嘆。中華文獻，淪落異域，除敦煌經卷外，以此爲鉅。丁氏八千卷樓之歸江南，蓋即怵此前車之鑒。

其有《皕宋樓藏書志》行於世，凡一百二十卷。是書仿張氏金吾《愛日精廬藏書志》例，載舊槧舊鈔之流傳罕見者，惟張氏以元爲斷，而此斷自明初。其未經《四庫》所採入之書，仿晁陳兩家例，略附解題以識流別。所載序跋斷自元人止，明初人之罕見者，間錄一二，至先輩時賢手跡題識校讎歲月，皆古書源流所繫，悉爲登錄，其收藏姓氏印記，間錄一二，不能備載。所載序跋或鈔帙輾轉傳寫類多舛譌，或槧本字跡蠹落，間有缺失，凡無別本可據者，悉仍其舊。是編約書十五萬卷，而坊刻不與焉，載有宋刻二百餘種，（備載行款缺筆，以備考核），元四百餘種，其標題一依原書舊式，所增時代及撰著等字，則以陰文別之。一書而兩本俱勝者，仍仿《遂初堂書目》例並存之。

丁丙（道光十二年至光緒二十五年，1832～1899）字嘉魚，號松生，晚年自改松存，浙江錢塘人，藏書樓曰嘉惠堂。

〔註147〕見張鍫《靜嘉堂文庫略史》，頁 67 所云。（《浙江省立圖書館館刊》第二卷第一期，頁63～68，民國 22 年 2 月）。
〔註148〕見島田翰《皕宋樓藏書源流考》，頁 16 董康〈題識〉所云。

其父英，其兄申，字竹舟，人有「雙丁」之目。事親以孝聞，親歿，丙爲風木
盦圖以誌哀思，居鄉好爲義舉。同治間浙撫左宗棠委辦善後，薦授江蘇知縣不赴。

太平天國陷杭，丙「出城至留下市中買物，以字紙包裹，取視皆四庫書，驚
曰：文瀾閣書得無零落在此乎」〔註149〕，隨地檢拾得數十大冊，遂搜輯文瀾遺書。
請人抄補，修復文瀾，勞績甚著。當此之亂，儲家之藏均流離道路，丁氏以嗜古
之誠，乘此集殘補缺之良機，廣加蒐羅之。

丙之先世本富藏書，其祖掌六隱君慕先世名覯者，藏書八千卷。其言曰：「余
藏書多矣，必有好學者爲吾子孫。爰築小樓於梅東里，梁山舟題其額曰八千卷樓〔註
150〕。」其父洛耆觀察英，能讀父書，往來南北，輒得秘籍以歸。丁丙昆仲晨夕鈔
寫，插架益富，益以二樓，曰後八千卷，曰小八千卷。其所藏固不止三八千也。
丙經營文瀾，事畢，因檢家藏四庫著錄之書，作堂儲之，額曰嘉惠，以曾奉「嘉
惠士林」之諭，是以總名藏書之所曰嘉惠堂。

嘉惠堂後築室五楹，上爲八千卷樓，將四庫著錄之書（存目）一千五百餘種
分藏樓之兩廂。及書出較後未經採入四庫者庋此，皆分排次第，悉遵《簡明目錄》，
綜二千五百部，內侍補者一百餘部。又將《圖書集成》、《全唐文》附其後。繩祖
武而志舊德也。又闢一室於西，曰善本書室，曰小八千卷樓，樓三楹，中藏宋元
刻本，約二百種有奇。擇明刊之精者，舊鈔之佳者，及著述稿本，校讎秘冊，合
計二千餘種，附儲左右。此皆《四庫》所未收采者，以甲乙丙丁標其目，凡得八
千餘種。上如制藝釋道藏書，下及傳奇小說，悉附藏之。計前後兩樓書廚，凡一
百六十。以後歷年所貯之書，悉因類編入，因有遺珠及續得者，丙子和甫又爲撰
《藏書續志》，以繼其美焉〔註151〕。

丁氏之書，宋槧祇四十種，元刊逮百種。視百宋千元，良不逮焉，然其書之
可貴凡四：一爲四庫修書底本，可見當時修書之法制也。二爲多日本高麗刊本，
以見異國風光，三則多名儒宿學所校，四則近代校勘家收藏家所藏之書，丁氏亦
有之甚夥〔註152〕。

而其最著者，則在能吸收前代著名藏書家之一二，令人有豹窺一斑之感。自
明以來收藏家，如范氏天一閣，項氏萬卷樓，祁氏澹生樓，毛氏汲古閣，錢氏絳

〔註149〕見葉昌熾《藏書記事詩》卷七，頁 383 引俞陰甫〈先生丁松生家傳〉所云。
〔註150〕見丁丙輯《善本書室藏書志》冊六，頁 2110，張濬萬〈嘉惠堂八千卷樓記〉所云。（廣
　　　　文書局，《書目續編》，民國 56 年 8 月）。
〔註151〕見丁丙輯《善本書室藏書志》冊六，頁 2122，〈八千卷樓記〉所云。
　　　　又陳登原《中國典籍史》卷三章八，頁 370 所云。
〔註152〕見陳登原《中國典籍史》卷三章八，頁 370 所云。

雲樓，曹氏靜惕堂，朱氏潛采堂，黃氏千頃堂，王氏池北書庫，顧氏秀野艸堂，錢氏述古堂，曹氏棟亭，趙氏小山堂，吳氏瓶花齋，孫氏壽松堂，王氏十萬卷樓，馬氏小玲瓏山館，汪氏開萬樓，鮑氏知不足齋，黃氏士禮居，吳氏拜經樓，袁氏五研樓，何氏蝶隱園，許氏鑑止水齋，嚴氏芳茉堂，張氏愛日精廬，陳氏稽瑞樓，馬氏漢晉齋，袁氏臥雪樓，汪氏藝芸精舍，瞿氏恬裕堂，蔣氏別下齋，勞氏丹鉛精舍，郁氏宜稼堂，朱氏結一廬，季氏瞿硎石室之書，其有展轉流入丁氏者，少或一二，多則數十百焉〔註153〕。

光緒三十三年，丁氏以經商失敗，虧耗鉅萬，官方責償，乃盡鬻其產，始免。適端方督兩江，有刱創圖書館之議，遂以七萬五千元之代價，盡輦其書，歸之金陵，庋之江南圖書館，即今龍蟠里國學圖書館也。

子和甫受父命嘗舉重寫文瀾閣之底本，暨所藏群籍四十萬卷有奇，編為《八千卷樓書目》。其編目之例，頂一格者為文瀾閣著錄，低一格者為《四庫》附存，低二格者為《四庫》未收。每書若干卷，及某朝某人撰，一準諸家之例，其板本不同者，則備載之。

光緒以降，藏書家若吳縣潘祖蔭、宗室盛昱、元和江標、常熟翁同龢，亦相與競美，卒以子孫不能承其家學，所蓄蕩然無存。其後藏書家如江安傅增湘，德化李盛鐸，武進董康，長沙葉德輝，烏程張鈞衡，上元鄧邦述亦皆均足與瞿楊之藏相發明矣。

綜觀有清一代藏書，不啻四、五百家，難以一一列舉，而江浙幾為獨占。然圖書聚散無常，皆不能為累世之守，而聚散循環，輾轉相沿至今，亦各有其源流，如傅增湘〈海源閣藏書紀要〉頗道及楊氏得書之源，彼云：

> 楊氏收書，始於致堂河督，其子毓卿太史繼之，其孫鳳阿舍人又繼之。致堂於道光季年，在南中所得，多為汪閬源之物，汪氏得之黃堯圃，黃氏所得，多為清初毛錢徐季諸家所藏。至毓卿鳳阿所收，咸在京師。值咸同間怡府書散，其時朱子清、潘伯寅、翁叔平，爭相購致；而毓卿亦頗得精秘之本。然怡府舊藏，亦由徐季而來，其流傳之緒，大率如此（中略）楊氏既以三世藏書聞其家；舉明季清初諸名家所有古刻名鈔，又益以乾嘉以來黃顧諸人之精校秘寫，萃於一門，蔚然為北方圖書之府〔註154〕。

〔註153〕見江蘇省立國學圖書館編《江蘇省立國學圖書館圖書總目附補編》冊一，頁19所云。（廣文書局，民國59年1月）。

〔註154〕見陳登原《中國典籍史》卷三章八，頁358引《大公報》傅增湘〈海源閣藏書紀要〉所云。

又日人島田翰，字彥楨，嘗作《皕宋樓藏書源流考》，其云：

> 道光之末，海上郁萬枝松年善搜羅典籍，獲其郡先輩山塘汪閬源士
> 鐘藝芸書舍所收吳縣黃堯圃丕烈士禮居及長洲周仲連錫瓚水月亭、吳縣
> 袁又愷延橋五研樓、元和顧抱沖之遠小讀書堆之藏，更以兼金購書於儀
> 徵鹽商家，又稍討致錢受之、曹秋岳舊弄。諸老既稱東南之甲，而萬枝
> 梯航訪求，窮老盡器，叢書之親鈔，暴書之手校，不惜重貲以羅鄴架，
> 用是江浙數百里之間，簡籍不脛而走，雜然入滬瀆矣。先是自明季劉子
> 威僉事脽載閣、錢叔寶處士父子懸磬室、楊五川副使七檜山房、趙汝師
> 力宰二世脈望館四家書歸於虞山絳雲之藏。一傳爲述古、汲古，爲延令、
> 傳是，再傳爲怡府明善、明氏穴研，匯爲黃氏士禮居，爲汪氏藝芸書舍。
> 又再傳爲聊城楊氏海源閣、常熟瞿氏鐵琴銅劍樓及郁氏宜稼堂。流爲仁
> 和朱氏結一廬，湘潭袁氏臥雪廬，吳縣潘氏滂憙齋，常熟翁氏寶瓠齋。
> 而溯流窮源，數典尊祖，則諸藩秦晉，蜀趙周寧，陂上之西亭，豫章之
> 鬱儀，家藏與天府垺。而通經學古之士，崛起白屋，搜殘守缺者，後先
> 相望。淡生、世學雄長於會稽，小草、紅雨、世善風動於閩嶠。南中則
> 抱寶、千頃，吳興則白華、玩易，吳中則辛夷、昌安、蓁竹眞賞之精洗，
> 得月、小宛之醇正，各據壇坫，卓犖一方。康雍乾嘉，流澤益衍，浙東
> 西有靜惕、潛采、雲在、道古、小山、振綺、瓶花、開萬、壽松、知不
> 足、拜經、向山、蜨隱、漢唐、文瑞。吳會有樸學、紅豆、桂宦、小玲
> 瓏、來雨、陶廬、滋蘭、稽瑞、愛日，河北則有沽水、梧門、萬卷、筍
> 河、寶蘇、南澗。卿雲輪囷，芸籤縹帶，足以與絳雲、延令、傳是、十
> 禮掩前絕後之藏相發明。而馮空居、盧抱經、錢潛揅、段經韻、孫平津、
> 阮揅經、顧思適諸君，得因以校勘異同，裨補經術，然後天下知校勘之
> 果足以繼往開來，然後知藏書之與骨董兩途也。（中略）同治初元，宜稼
> 之書散出，其宋元舊槧，名校精鈔，大半光爲豐順丁禹生中丞日昌于觀
> 察蘇松太時豪奪去，歸於持靜齋，更有江蘇候補道洪觀察者多購獲之，
> 又爲獨山莫子偲友芝所借，失者亦不甚勘，而其餘精帙，俱歸於歸安陸
> 剛甫心源有〔註155〕。

可知各藏家藏書源遠而流長，書猶海也，各支流均匯聚於斯，構成邦國文獻。時至
今日，公共圖書館事業興起，書籍之活用已較便，因之私人藏書之風，漸次衰微。

〔註155〕見島田翰《皕宋樓藏書源流考》，頁 1 所云。

第五章 結 論

第一節 清代圖書館事業與清學

清學，以一言以蔽之，則為考據學者也，亦稱考證學。其淵源出於顧炎武，自閻若璩、胡渭而後，至乾嘉時惠棟、戴震、段玉裁、王念孫及其子引之等而號稱極盛，遂一統清代學術界。特尊之為漢學，以示別於宋學。一時聰明才智之士，咸趨此途，清代學術史，也於是以考據學獨稱。

考據學之獨盛於清代，在政治上歸因於帝王專制，一則以高壓，禁止士子結社講學及大興文字獄；另則以籠絡，詔舉博學鴻儒及廣開恩特科以優越文人。在學術上乃為針對晚明王學流弊而思矯之，及規撫明弘嘉間前後七子擬古風氣，和對八股制義之一種反動，轉自古經中求真義。凡此可以說是促使考據學產生之原因，然而兩者之間是否有其必然之因果關係？就近取譬，明代也有文字獄，卻沒有考據學。文字獄可以使純學術性之考據學產生，亦能使言心言性之王學或其他學問產生。是以，文字獄迭興與考據學之間，並無必然關係。考據學之所以在有清能經過百年之間之醞釀、發展而蓬勃，必有其主要的推動力。

考據學，具體析之，乃為研究古籍字義、及歷代之名物典章制度等，將其一一考核辨證，確鑿而有據者也。經營此學，不離古籍。而研究古籍之方法，大別之可分訓詁與校勘兩種，前者求學義之整理貫通，後者求本文之釐正也。凡此二者，皆不離圖書典籍。換言之，考據學為「書本子」之學問。

清之盛世康雍乾三代，官方（內府）從事大規模之刊印欽定圖書。禮親王《嘯亭雜錄續錄》有云：

> 列聖萬幾之暇，博覽經史，爰命儒臣選擇簡編，親為裁定，頒行儒

宮，以爲士子模範〔註1〕。

從前文所列書目〔註2〕，清晰可見，清盛初官刻書之氣魄。雕板鏤刻，不曾間斷，佳篇鉅製，琳瑯滿目，在中國史上造成罕有之鮮例。

刻書與校書相輔進行，自不待言。而刻書之先，必爲編書。當時編書，有天子自編，所謂「御製」者也；有爲大臣編妥進呈；然類多天子下令編撰，亦即「敕撰」者也。此即由上而下，雷厲風行之編書工作。其編卷帙最爲浩繁者，厥爲《古今圖書集成》及《四庫全書》。凡此官方修書，延攬大批文人學者，工作其間。

斯時，私人學者亦醉心於此道，而樂此不疲，蔚成爲藏書家。彼輩首爲購書，到處採訪秘籍，偶見異書，典衣取債必致之無憾。是以，遊書肆成爲一種風尚。宋元舊槧，最爲人寶之，搢紳士林，佞宋秘宋之風成爲一時佳話。古刻愈稀，而嗜書者日眾，以致零篇斷葉，皆寶若球琳，不惜傾重貲以購。銀購不得，或希有之本，則借鈔之。各藏家也嘗參合有無，互爲借鈔。購書抄書之後，繼之以校書，參稽互證，別其眞僞，凡經披覽，無不丹黃。書精校之後，又繼之刊刻。此時所刻大抵爲古書，將所藏古書善本，刻之以公諸海內，以傳先哲精蘊，啓後學困蒙，爲利濟之先務，亦積善之雅談。刻書之外，亦爲編書。一則爲輯佚書，將已散佚之古書，復從他書所列，蒐輯成書，此亦嘉惠學林之義舉，肆力此業者，比肩接踵，眾之矣。另則爲編目錄，或將己之書藏排比勒成書目，以供檢尋，或成學術性之目錄以供研究探討。

其次，亦有顯達人士，在幕府養大批學者編書、校書、刻書，與官方遙遙相對，如畢沅、阮元等輩。

這些無論由官私所從事之編著、校書、刻書、編書目種種，均爲考據學茁壯成長之溫室，亦皆屬官私圖書館事業。換言之，清學之推動力即爲圖書館事業之發展。

考據學既是「書本子」之學問，離開書便難談考據學。凡購書、鈔書、校書、刻書、編書都與書結緣，且使書之數量激增，考據學家旁證博引，糾繆發覆，自可有左右逢源之神妙。而官方亦能將官藏公開，如江南三閣允士子願讀中秘書者，就閣中傳鈔。而私人每富於藏書，亦有能將秘籍公諸同好。書既公開，讀書人能偏窺秘冊，博覽群籍，考據學自然能由之應運而生。而斯時所刊刻編校，更屬利於考據之材料爲多，而屬於思想爲少。

〔註1〕禮親王《嘯亭雜錄續錄》，939～940〈本朝欽定諸書〉所云（台灣文海出版社，近代中國史料叢刊第七輯之六十三，民國56年）。

〔註2〕見本文第二章各節。

　　另則，清官刻編書，必網羅大批學者，參與工作。彼等有官祿可食，生活無慮，自可安心研究。有此安定恬靜之環境，四周皆爲書，與校書、刻書、編書結了不解緣，而左右亦皆知書之人，所言及者亦爲書。凡此，考據學發展臻極盛自是水到渠成之事。其肯殫畢生力，埋首於故紙堆中，以治考據之學，自是合乎情理。

　　而這種圖書結集工作，本身亦內涵考據色彩。如鈔書爲考據學之基本工作，考據家做學問便是始於鈔書。其治學乃將讀書心有所得記之於箚記、冊子，記之既多，乃組織成書。如顧炎武《日知錄》、錢大昕《十駕齋養心錄》皆爲此種方式下之作品。是以，鈔書方能奠定考據學之良好基礎。

　　又「實事求是」爲考據家所篤守之原則，而藏書家校訂其藏書，丹黃並下，亦是此種原則之表現。是以購書鈔書以藏，考據學即發生於其中。同時，考據家多得力於藏書家之珍藏，以行考據工作。如周錫瓚藏書研六齋，而錢大昕、段玉裁皆常過從借閱。吳中書富甲天下，也是考據學家薈萃之所，藏書與考據學關係密切，是可周知。

　　校書亦爲考據學範圍，清之考據家無不精於校書，王鳴盛嘗曰：

　　　　予識暗才懦，一切行能，舉無克堪，惟讀書、校書頗自力。嘗謂好著書不如多讀書，欲讀書必先精校書。校之未精而遽讀，恐讀亦多誤矣，讀之不勤而輕著，恐著且多妄矣。二紀以來，恒獨處一室，覃思史事，既校始讀，亦隨讀隨校。購借善本，再三讎勘；又搜羅偏霸集史，稗官野乘，山經地志，譜牒簿錄，以及諸子百家，小說筆記，詩文別集，釋老異教；旁及於鐘鼎尊彝之款識，山林冢墓祠廟伽蓋碑碣斷闕之文，盡取以供佐證，參伍錯綜，比物連類，以互相檢照。所謂考其典制事蹟之實也〔註3〕。

可知王氏治學之法，既爲校書。其鉅作《十七史商榷》，亦依校書而告成。

　　校書爲刻書之先著工作，而大刻書家必爲大校勘學家，方能校刻之書皆精。刻書與考據學其重要如是。

　　由上可知：清學，即考據學，乃以購書、鈔書、校書、刻書、編書爲推動力；而此購、鈔、校、刻、編等關於書本之活動，既屬清代圖書館事業之範疇。是以，圖書館事業與清學，其關係不待辨而可知之。

〔註3〕見王鳴盛《十七史商榷》序（台灣廣文書局，民國49年3月）。

第二節　清代圖書館與近代圖書館

　　清保守時期之圖書館可謂對考據學作了甚大之貢獻，而到了甲午戰爭之後，鑒於民眾教育之重要，眾多之公共圖書館建立，而對近代圖書館之貢獻，更是居功厥偉，可得而述之者，有下列數端：

一、圖書館立法

　　宣統元年〈圖書館通行章程〉之頒行，足堪稱中國圖書館事業，劃時代之創舉。

　　章程開章明義宣稱「圖書館之設，所以保存國粹，造就通才」為旨，圖使「碩學專家研究學藝，學生士人檢閱考證之用，以廣徵博採，供人瀏覽」。此較諸乾隆年間，將江南三閣，諭令「該省士子有願讀中秘書者，許其呈明到閣抄閱」，已有公開所藏，造就學者之恢宏大旨。然章程將館藏分為保存及觀覽二類，保存之書「別藏一室，由館每月擇定時期，另備卷據，以便學人展視」，而觀覽之書「任人領取繙閱，惟不得污損翦裁，及攜出館外」，此與乾隆不讓三閣之書「任（士子）私自攜歸，以致稍有遺失」其意略同，未能突破傳統之觀念。但章程要求京師及各省省治、各府廳州縣治，得各依籌備年限以次設立圖書館一所，又獎勵私人籌設圖書館，這種圖書館普及之概念，足以啟發近代公共圖書館之廣設矣。

二、圖書館之設立

　　民國初，公共圖書館之設立，莫不規撫遵清遺緒而光大之。如國立北平圖書館依由京師圖書館與北京圖書館合併而成，江蘇省立國學圖書館承襲江南圖書館，河北省立第二圖書館乃繼保定直隸圖書館。他如浙江、安徽、湖北、雲南、廣東、山東、甘肅、遼寧、吉林、黑龍江等省立圖書館亦皆沿襲前清宣統年間所設。

　　而清之私人藏書事業，至民國亦漸成為公共圖書館館藏，供人利用矣。如丁丙藏書歸江南圖書館，成為江蘇省立國學圖書館所藏善本之骨幹。

　　吾人可以說清公私所藏，大抵薈萃成為民國各省立圖書館珍善本書藏之主力。我國近代圖書館之蓬勃發展，亦胚根於清。

三、圖書館之教育

　　近代之中國圖書館事業，深受韋棣華女士之影響。女士於清末創文華公書林，實為近代公共圖書館之嚆矢。而於文華大學開設圖書館學課程，派遣學生赴美專攻圖書館學，更促中國圖書館事業之近代化。遂使其後在民國九年（1920）有創設圖書館科於文華大學之業，由韋女士擔任教授。十四年（1935）文華大學改組為華中大學。十六年（1927）華中大學停辦此科，於是圖書館科單獨設立，稱為

武昌文華圖書館學專科學校。

　　韋棣華女士在宣統二年（1910）獨力創辦了文華公書林，其後在民國九年創辦了文華圖書館學專科學校，這實在是一種奇蹟。文華圖專祇是一棟兩層樓房子，做為圖書館及圖書館學課室之用，稍嫌簡陋，在經費短絀、圖書不足之情況下，慘淡經營，居然能有成效，實非易事，遂造就了不少人才，在中國近代新圖書館事業上，貢獻厥偉。文華圖專開辦時只有學生六人，此後每年學生約在八名左右，其後漸有增加，到民國二十五年已達二十名，抗戰期間，學生人數曾達一百二十名。在民國十六年開始有三個女生，民國二十六年增至五名。學生入學須經考試，修業期間訂為二年。畢業學生通常再赴美深造，並有許多人留在哈佛、耶魯及其他美國大學的圖書館的東方部門工作。但大多數學生學成歸國，服務於各大學或政府機關的圖書館中。

　　民國六年，中國因參加協約國對德宣戰，協約國為便於中國參戰起見，決議自是年十月一日起，准中國停付庚款本息五年。在民國十一年，五年期限行將屆滿，美國朝野有識之士呼籲將民國六年以後所有中國對美庚子賠款一併退還中國，做為教育與文化之用。這是美國第二次退還庚子賠款，其數約六百餘萬美元。民國十二年韋女士接受文華大學一有力校友之建議，北上至北京提出全國性運動之建議。中國各界領袖遂聯名向美國請求撥還庚子賠款餘額，作為發展公共圖書館之用。女士遂有華盛頓之行，嘗於六個月中，奔走遊說了八十二個參議員與四百二十個眾議員。女士衣著守舊，然性格感人，不久即成為京中名人。由於女士對人們之瞭解，不倦的毅力，大公無私之精神，贏得國會議員們之贊佩，而於民國十三年五月，國會通過了庚子法案，將六百萬美元庚子賠款，退還中國，做為文化教育之用；並由中美雙方合組一個中華教育文化基金董事會（簡稱中基會）以管理這筆款項之使用。

　　當時亦有部分中國知識份子很熱心於圖書館運動，希望能從美國退還之庚子賠款中得到經費補助，女士早期學生余日章就為其中之一。當時中國知識界的領導人物為達到設立圖書館之目標，曾統合了一百五十名學人簽名上書給「中華教育改進社」，而在華之美國人也贊助這一行動，有六十五人簽署。該文件中指出中國對於美式公共圖書館之興趣，以及在這方面需要美國人之友誼與支持。韋女士將請願書上呈美國總統。中基會為實現韋女士之初衷，撥款一百萬銀元辦了一所北京圖書館，後與京師圖書館合併改稱國立北平圖書館。此外於民國十五年至民國十八年設圖書館學助學金二十名，每名每年得國幣二百元，在女士所辦的文華圖專選習課程，此與女士憧憬在全國普設圖書館的夢想相去甚遠。

民國十三年美國庚款法案通過後，女士代表中華教育改進社，向美國圖書館協會接洽聘 St.Louis 公立圖書館館長鮑士偉（Dr.A.E.Bostwick）於民國十四年訪華，調查圖書館事業狀況，並於在華期間，成立中華圖書館協會於北京。

韋女士與中國近日之教育文化及圖書館事業貢獻諸多，其一生事業可得而言之者，厥為一為執教於文華大學，二為創辦文華公書林，三為創辦文華圖書科，四為努力使美國退還庚子賠款。凡此四項，前項皆為後項之因，後者亦皆為前項之果。

女士在華期間，適為清末民國初，然女士對中國新圖書館事業之發軔之貢獻，不能因朝代之陵替而強為劃分。

四、圖書館之分類

綜觀清代無論公私藏，其圖書之分類亦大都依四部分類，都採用經史子集四部；而《四庫全書》之編製，並使四分法臻於完備之境界。四部之起源，雖是始於魏秘書郎鄭默，而荀勗因之，然經史子集之成立，則始於《隋志》。其分類法一直能而唐而宋元明而至《四庫》，其淵源不可謂不遠，其流派不可謂不廣。《四庫》乃為部凡四，部之下為類，類之下又有屬。此種分類法雖亦有不當之處，然其對後世之影響，在有清一代以及民國成立後的一段時期，成為分類法之典型。僅有少許之士，不被此股勢力所籠罩，以考鏡淵流，辦章學術為分類之基礎。如孫星衍《祠堂書目》凡七卷，內篇四卷，外篇三卷；以學有淵源者為內，詞有枝葉者為外。分為十二類，依《七略》之大旨。

《四庫》到了張之洞《書目答問》出，四部法又得了進一步之改革。張氏雖採用《四庫》分類法，然已有大不同點，如將叢書另列一門，詞曲分入總別集門，均甚有意義。至於類屬亦因《四庫》而有所出入。

然而自鴉片戰爭後，西學再輸入，中國學術界即因此而起了變動，哲學、群學、物理學等等新名詞被介紹進來，過去舊分類法，遂已不能再包含這批新興學術，於是因時勢之要求，新之分類法，即因此而發生了。吾人欠缺史料，實難得知清末各省圖書館所採用分類法為何，然視其摺中所指蒐集之方向，不外經史子集之舊籍及東西各國科學書，或亦有金石鼎彝者，由之推想，四部分類亦無法兼包。今以光緒三十年所建《古越藏書樓書目》為例，其分為經史子集及時務五部，凡三十八卷，旋又改為政部學部二部，編為二十卷。前者亦仿《書目答問》之例，對無法包容之圖書，特新置一部列之；而後者將中國固有之各門，均加以「學」字，如易學、書學、群經總義學以與生理學、物理學等新學科並列，此雖駭異，亦不難見其在分類上尋求改革之苦心。由於圖書之存古與開新，使圖書之分類，

由於四部之不足而成混亂，有創造亦甚武斷，在類目及歸類上甚難妥當。可以說清末已發現圖書分類之困擾而展開從事興革的第一步，然始終未獲答案，然此舉亦開近代圖書館分類法研究之端倪。使在民國初年有眾多之分類法產生，其有就原四部以增加類目的。在杜威《十進分類法》介紹入中國後，更使這方面之研究欣欣向榮，有仿造杜式分類法者，如沈祖榮及胡慶生合著之《仿杜威十類分類法》等，有補充杜氏方法者，如查修《杜威書目十類法》補編等；有適用於中西籍的仿杜法，如杜定友《杜氏圖書分類法》等；更有新加以發明，比較各家方法，參考互證而成者，如劉國鈞《中國圖書分類法》，王雲五《中外圖書統一分類法》等，假若沒有清代之起步，必將無近代眾多之研究，是以在分類法之研究，清代亦處一種承先啟後之地位。

由上觀之，清光緒宣統時所經營之圖書館事業，吾人不能以近代圖書館之觀念加以評斷，然而其於普設圖書館為啟發民智的機構，已具有近代所謂社會教育之功能。而其在圖書館立法、設立、教育、分類上，亦足為近代圖書館啟新，而居於一種承先啟後之地位。

參考書目

1. 丁仁，《八千卷樓書目》（台灣廣文書局，《書目四編》，民國 59 年 6 月）。

2. 丁丙，《善本書室藏書志》（台灣廣文書局，《書目叢編》，民國 56 年 8 月）。

3. 于敏中，《天祿琳琅書目續目》（台灣廣文書局，《書目續編》，民國 57 年 3 月）。

4. 于敏中，《國朝宮史正續編》（台灣學生書店，《中國史學叢書》第一四五至一四九冊，民國 54 年）。

5. 《大清太祖高皇帝實錄》（台灣華聯出版社，民國 53 年 9 月）。

6. 《大清太宗文皇帝實錄》（台灣華聯出版社，民國 53 年 2 月）。

7. 《大清世祖章皇帝實錄》（台灣華聯出版社，民國 53 年 9 月）。

8. 《大清聖祖仁皇帝實錄》（台灣華聯出版社，民國 53 年 9 月）。

9. 《大清世宗憲皇帝實錄》（台灣華聯出版社，民國 53 年 9 月）。

10. 《大清高宗純皇帝實錄》（台灣華聯出版社，民國 53 年 1 月）。

11. 《大清仁宗睿皇帝實錄》（台灣華聯出版社，民國 53 年 6 月）。

12. 《大清宣宗成皇帝實錄》（台灣華聯出版社，民國 53 年 6 月）。

13. 《大清文宗顯皇帝實錄》（台灣華聯出版社，民國 53 年 6 月）。

14. 《大清穆宗毅皇帝實錄》（台灣華聯出版社，民國 53 年 1 月）。

15. 《大清德宗景皇帝實錄》（台灣華聯出版社，民國 53 年 1 月）。

16. 《大清宣統政紀實錄》（台灣華聯出版社，民國 53 年 1 月）。

17. 大陸雜誌社，《目錄學》（大陸雜誌社，《大陸雜誌語文叢書》第一輯第二冊，民國 52 年）。

18. 方豪，《方豪六十自訂稿》（台灣撰者自印，民國 58 年 12 月）。

19. 王省吾，《圖書館事業論》（台灣華夏文化出版社，民國 52 年）。

20. 王重民，《圖書與圖書館論叢》（上海世界出版社，民國 38 年）。

21. 王鳴盛，《十七史商榷》（台灣廣文書局，民國 49 年 3 月）。

22. 中國營造學社，《文淵閣藏書全景》（北平中國營造學社，民國 24 年 12 月）。

23. 永瑢等，《四庫全書總目提要》（台灣商務印書館，《萬有文庫薈要》第○○○二至○○四一號，台一版，民國 54 年 2 月）。

24. 左宗棠，《廣西通志》（台灣文海出版社，《中國邊疆叢書》第二輯，民國 55 年 1 月）。

25. 江藩，《漢學師承記》（台灣商務印書館，《人人文庫》第一四七九號，台一版，民國 59 年 11 月）。

26. 江蘇省立國學圖書館，《江蘇省立國學圖書館總目附補編》（台灣廣文書局，民國 59 年 6 月）。

27. 任松如，《中國典籍知識精解》（香港震旦圖書公司，民國 55 年）。

28. 任松如，《四庫全書答問》（上海啓智書局，民國 17 年 8 月）。

29. 全祖望，《鮚埼亭集》（上海商務印書館，《四部叢刊初編》縮本第三七三至三七七冊，民國 25 年 12 月）。

30. 朱彝尊，《欽定日下舊聞考》（台灣廣文書局，民國 57 年）。

31. 朱彝尊，《曝書亭集》（台灣世界書局，《中國學術名著》第六輯文學名著第六集第十七至十九冊，民國 53 年 2 月）。

32. 沈翼機《浙江通志》（台灣京華書局，《中國省志彙編》之二，民國 56 年 8 月）。

33. 宋如林，《松江府志》（台灣成文出版社，《中國方志叢書》華中地方第十號，民國 59 年 9 月）。

34. 李元度，《國朝先正事略》（台灣文海出版社，《近代中國史料叢刊》之一一一，民國 55 年）。

35. 李桓，《國朝耆獻類徵初編》（台灣文友書店，民國 59 年 3 月）。

36. 那志良，《故宮四十年》（台灣商務印書館，民國 55 年）。

37. 阮元，《揅經室集》（台灣世界書局，《中國學術名著》第六輯第二十七冊，民國 53 年 2 月）。

38. 吳仰賢，《嘉興府志》（台灣成文出版社，《中國方志叢書》華中地方第五十三號，民國 59 年 8 月）。

39. 吳哲夫，《清代禁燬書目研究》（台灣嘉新水泥公司文化基金會，《嘉新水泥公司文化基金會研究論文》第一六四種，民國 58 年）。

40. 何多源，《中文參考書指南》（台灣進學書店，《嶺南大學圖書館叢書》，民國 59 年）。

41. 何治基，《安徽通志》（台灣京華書店，《中國省志彙編》之三，民國 56 年 8 月）。

42. 岳珂等，《九經三傳沿革例》、《遂初堂書目》、《百宋一廛賦注》、《徵刻宋秘本書目》、《流通古書約》、《澹生堂藏書約》、《藏書紀要》（台灣廣文書局，《書目續編》，民國 57 年 3 月）。

43. 洪有豐，《圖書館學論文集》（台灣洪餘慶，民國 57 年 12 月）。

44. 柳詒徵，《中國文化史》（台灣正中書局，台五版，民國 53 年 5 月）。

45. 《政治官報附內閣官報》（台灣文海出版社，民國 54 年 12 月）。

46. 姚名達，《中國目錄學史》（台灣商務印書館，《中國文化史叢書》，台一版，民國 46 年 3 月）。

47. 姚名達，《中國目錄學年表》（台灣商務印書館，《人人文庫》第三三七、三三八號，台一版，民國 56 年 6 月）。

48. 袁枚，《隨園詩話》（台灣萬國圖書公司，民國 49 年 2 月）。

49. 夏原吉，《明實錄》、《明實錄校勘記》、《明實錄附錄》（台灣中央研究院歷史語言研究所，民國 57 年）。

50. 孫星衍，《孫氏祠堂書目內外編》、《平津館鑑藏書籍記》、《廉石居藏書記》（台灣廣文書局，《書目三編》，民國 56 年）。

51. 徐宗澤，《明清間耶穌會士譯著提要》（台灣中華書局，台一版，民國 47 年 3 月）。

52. 倚劍生，《光緒二十四年中外大事彙記》（台灣華文書局，《中華文史叢書》之四十一，民國 57 年 6 月）。

53. 清史編纂委員會，《清史》（台灣國防研究院，民國 50 年）。

54. 章鈺，《讀書敏求記校證》（台灣廣文書局，《書目叢編》，民國 56 年 7 月）。

55. 許世瑛，《中國目錄學史》（台灣中華文化出版事業委員會，《現代國民基本知識叢書》，台二版，民國 43 年）。

56. 郭伯恭，《四庫全書纂修考》（北平商務印書店，民國 26 年）。

57. 郭伯恭，《永樂大典考》（台灣商務印書館，《人人文庫》第四六二、四六三號，台一版，民國 56 年 10 月）。

58. 梁啓超，《中國近三百年學術史》（台灣中華書局，台四版，民國 55 年 3 月）。

59. 梁啓超，《戊戌政變記》（台灣中華書局，台二版，民國 54 年 2 月）。

60. 梁啓超，《清代學術概論》（台灣商務印書館，《人人文庫》第○四四號，台三版，民國 58 年 10 月）。

61. 黃之雋，《江南通志》（台灣京華書局，《中國省志彙編》之一，民國 56 年 8 月）。

62. 黃丕烈，《蕘圃藏書題識》（台灣廣文書局，《書目叢編》，民國 56 年）。

63. 黃汝成，《日知錄集釋》（台灣世界書局，《增補中國思想名著》第一集第三七、三八冊，民國 51 年 4 月）。

64. 黃宗義，《南雷文定》（台灣世界書局，《中國學術名著》第六輯文學名著第六集第十六冊，民國 53 年 2 月）。

65. 黃彭年，《畿輔通志》（台灣京華書局，《中國省志彙編》之十一，民國 57 年 12 月）。

66. 黃虞稷，《千頃堂書目》（台灣廣文書局，《書目叢編》，民國 56 年 7 月）。

67. 黃鴻壽，《清史紀事本末》（台灣三民書局，民國 48 年 7 月）。

68. 陸又言,《中國七大典籍纂修考》(台灣啓業書局,《啓業文庫》之一,民國 57 年)。

69. 陸心源,《皕宋樓藏書志·續志》(台灣廣文書局,《書目續編》,民國 57 年 3 月)。

70. 陸心源,《儀顧堂題跋·續跋》(台灣廣文書局,《書目續編》,民國 57 年 3 月)。

71. 張之洞,《書目答問補正》(台灣新興書局,《國學基本叢書》,民國 51 年 7 月)。

72. 張仲炘,《湖北通志》(台灣京華書局,《中國省志彙編》之五,民國 56 年 12 月)。

73. 張廷玉等,《明史》(台灣藝文印書館,民國 45 年)。

74. 陳昌齋,《廣東通志》(台灣京華書局,《中國省志彙編》之十,民國 57 年 10 月)。

75. 陳登原,《中國文化史》(台灣世界書局,《中國學術名著》第一輯、中國史學名著第一三三集合編第二九冊,台二版,民國 55 年 2 月)。

76. 陳登原,《中國典籍史》(台灣樂天出版社,《樂天人文叢書》之二十,民國 60 年 4 月)。

77. 陳登原,《古今圖書聚散考》(上海商務印書館,民國 25 年)。

78. 陳壽祺,《福建通志》(台灣京華書局,《中國省志彙編》之九,民國 57 年 10 月)。

79. 陳夢雷,《古今圖書集成》(台灣文星書店,民國 53 年 10 月)。

80. 國立中央圖書館,《近百年來中譯西書目錄》(台灣中華文化出版事業委員會,《現代國民基本知識叢書》第五輯,民國 47 年)。

81. 國立中央圖書館,《書目舉要》(中華叢書編審委員會,民國 53 年 6 月)。

82. 國學圖書館,《國學圖書館小史》(江蘇省國學圖書館,民國 17 年)。

83. 郵傳部,《郵傳部奏議類編續編》(台灣文海出版社,《近代中國史料叢刊》第十四輯之一四○,民國 55 年)。

84. 馮作民,《清康雍兩帝與天主教傳教史》(台灣撰者,民國 59 年 7 月)。

85. 馮桂芬,《蘇州府志》(台灣成文出版社,《中國方志叢書》華中地方第五號,民國 59 年 5 月)。

86. 曾國荃,《湖南通志》(台灣京華書局,《中國省志彙編》之六,民國 56 年)。

87. 彭國棟,《清史文藝志》(台灣商務印書館,《人人文庫》第一一九一至一一九二號,民國 58 年 9 月)。

88. 彭國棟,《重修清史藝文志》(台灣商務印書館,民國 57 年)。

89. 嵇璜,《續通志》(上海商務印書館,《萬有文庫》第二集,民國 24 年 9 月)。

90. 嵇璜,《續通典》(上海商務印書館,《萬有文庫》第二集,民國 24 年 9 月)。

91. 楊士奇,《文淵閣書目》(台灣商務印書館,《國學基本叢書》,民國 56 年)。

92. 楊中傑,《圖書館學概論》(台灣中華書局,民國 52 年)。

93. 楊立誠等,《中國藏書家考略》(浙江省立圖書館四庫目錄發行處,民國 18 年 4 月)。

94. 楊守敬,《日本訪書志》(台灣廣文書局,《書目叢編》,民國 56 年)。

95. 楊家駱,《四庫大辭典附四庫提要補正》(中國辭典館復館籌備處,台五版,民國 56 年 4 月)。

96. 楊家駱,《四庫全書學典》(上海世界書局,《世界學典中文版》,民國 35 年)。

97. 楊家駱,《四庫全書概述》(台灣中國辭典館復館籌備處,民國 57 年 10 月)。

98. 楊家駱,《四庫學典與四庫全書》(台灣世界書局,民國 42 年)。

99. 楊家駱,《夢溪筆談校證》(台灣世界書局,《世界讀書箚記叢刊》第一集,民國 50 年 2 月)。

100. 楊家駱,《叢書大辭典——附叢書總目類編》(台灣中國學典館復館籌備處,民國 56 年)。

101. 楊紹和,《楹書隅錄·續錄》(台灣廣文書局,《書目叢編》,民國 56 年 7 月)。

102. 楊昌熾等,《藏書紀事詩》等五種(《百宋一廛附注》、《武林藏書錄》、《吳興藏書錄》、《皕宋樓藏書源流考》)(台灣世界書局,《中國學術名著》第二輯、中國目錄學名著第一集第六冊,民國 54 年 3 月)。

103. 葉德輝,《書林清話》(台灣世界書局,《中國學術名著目錄學名著》第二輯第一冊,民國 50 年 9 月)。

104. 端方,《端忠敏公奏稿》(台灣文海出版社,《近代中國史料叢刊》第十輯之九十四,民國 55 年)。

105. 趙之謙,《江西通志》(台灣京華書局,《中國省志彙編》之四,民國 56 年 12 月)。

106. 鄭元慶等,《湖錄經籍考》、《吳興藏書錄》(台灣廣文書局,《書目三編》,民國 58 年 2 月)。

107. 鄭鶴聲等,《中國文獻學概要》(台灣商務印書館,《人人文庫》第三九七、三九八號,台一版,民國 56 年 8 月)。

108. 鄧衍林,《中國參考書舉要》(台灣進學書局,民國 58 年)。

109. 蔣元卿,《中國圖書分類沿革》(上海中華書局,民國 29 年)。

110. 蔣元卿,《校讎學史》(台灣商務印書館,《人人文庫》第三〇六、三〇七號,台一版,民國 56 年 5 月)。

111. 蔣良騏等,《十二朝東華錄》(台灣文海出版社,民國 52 年 9 月)。

112. 蔣復璁等,《故宮文物》(台灣商務印書館,《人人文庫》第一三九五、一三九六號,民國 59 年 7 月)。

113. 蔣復璁,《珍帚集》(台灣自由太平洋文化事業公司,《自由太平洋叢書》十九,民國 54 年 8 月)。

114. 蔣復璁,《圖書與圖書館》(台灣中華文化出版事業社,《現代國民基本知識叢書》第六輯,民國 48 年)。

115. 蔡冠洛,《清代七百名人傳》(台灣文海出版社,《近代中國史料叢刊》之六二三,民國 55 年)。

116. 劉廷璣,《在園雜誌》(台灣文海出版社,《近代中國史料叢刊》第二十六輯之三

七七，民國 55 年）。

117. 劉錦藻，《清朝續文獻通考》（台灣新興書局，《國學基本叢書》，民國 47 年 10 月）。

117. 盧文弨，《抱經堂文集》（上海商務印書館，《四部叢刊初編》縮本第三八五至三八六冊，民國 25 年）。

119. 盧震京，《圖書學大辭典》（台灣商務印書館，台一版，民國 60 年 3 月）。

120. 錢大昕，《潛研堂文集》（上海商務印書館，《四部叢刊初編》縮本第三八七至三八九冊，民國 25 年）。

121. 錢芳燦，《四川通志》（台灣京華書局，《中國省志彙編》之七，民國 56 年 12 月）。

122. 錢謙益，《牧齋有學集》（上海商務印書館，《四部叢刊初編》縮本第三五〇至三五二冊，民國 25 年）。

123. 錢謙益，《牧齋初學集》（上海商務印書館，《四部叢刊初編》縮本第三四四至三四九冊，民國 25 年）。

124. 錢謙益等，《絳雲樓書目》、《述古堂藏書目》（台灣廣文書局，《書目三編》，民國 58 年 2 月）。

125. 鮑廷博，《知不足齋叢書》（台灣藝文印書館，《百部叢書集成》之二十九，民國 58 年）。

126. 謝國楨，《黃梨洲學譜》（台灣商務印書館，《人人文庫》第三〇三號，台一版，民國 56 年 4 月）。

127. 禮親王，《嘯亭雜錄·續錄》（台灣文海出版社，《近代中國史料叢刊》第七輯之六十三，民國 56 年）。

128. 薛福成等，《天一閣見存書目附天一閣藏書考》（台灣古亭書屋，民國 59 年 11 月）。

129. 繆荃孫，《藝風藏書題識》（台灣廣文書局，《書目叢編》，民國 56 年 8 月）。

130. 藍乾章，《圖書館經營法》（台灣立志出版社，《中國圖書館學會叢刊》第二種，二版，民國 53 年）。

131. 瞿鏞，《鐵琴銅劍樓藏書目錄》（台灣廣文書局，《書目叢編》，民國 56 年 8 月）。

132. 蕭一山，《清代通史》（台灣商務印書館，台一版，民國 52 年 4 月）。

133. 魏允恭，《江南製造局記》（台灣文海出版社，《近代中國史料叢刊》之四〇四，民國 55 年）。

134. 譚卓垣，《清代圖書館發展史（英文稿）》（上海商務印書館，民國 24 年）。

135. 羅錦堂，《歷代圖書版本志要》（台灣中華叢書委員會，《中華叢書國立歷史博物館歷史文物叢刊》第一輯，民國 47 年 7 月）。

136. 顧炎武，《亭林文集》（上海商務印書館，《四部叢刊初編》縮本，民國 25 年）。